법정에 선 성경

법정에 선 성경

초판 1쇄 인쇄일 2015년 1월 13일
초판 1쇄 발행일 2015년 1월 19일

지은이 이웅
펴낸이 양옥매
디자인 이윤경, 신지현

펴낸곳 도서출판 책과나무
출판등록 제2012-000376
주소 서울특별시 마포구 월드컵북로 44길 37 천지빌딩 3층
대표전화 02.372.1537 **팩스** 02.372.1538
이메일 booknamu2007@naver.com
홈페이지 www.booknamu.com
ISBN 979-11-5776-013-8 (03230)

이 도서의 국립중앙도서관 출판시도서목록(CIP)은 서지정보유통지원 시스템 홈페이지(http://seoji.nl.go.kr)와 국가자료공동목록시스템 (http://www.nl.go.kr/kolisnet)에서 이용하실 수 있습니다.
(CIP제어번호 : CIP2015001012)

법정에 선 성경

이웅 지음

책과나무

서문

기독교는 2,000여 년 동안 인류사를 지배해 온 종교이다. 현재에도 기독교는 불교, 이슬람교와 더불어 세계에서 사람들이 가장 많이 믿는 종교 중의 하나이다. 필자는 10여 년을 교회에 열심히 다닌 독실한 기독교인이었다. 하지만 기독교 경전인 성경을 읽으면서 생각이 바뀌게 되었다. 성경 속에 있는 모순, 오류, 악惡, 배타성을 느끼며 기독교가 진리가 아니라는 것을 알 수 있었다.

이 책은 다섯 장으로 구성되어 있다. 첫째 장은 성경에 나타난 모순과 오류, 두 번째 장은 성경의 부당성, 세 번째 장은 성경 기적의 비현실성을 다루었다. 네 번째 장은 성경의 순기능, 다섯 번째 장에는 진리에 대한 고찰과 기독교 비판을 담았다.

비판하려면 정당한 이유가 있어야 한다. 필자는 감정적으로 기독교를 비판하지 않았다. 진리에 대한 열정의 일환으로 기독교가 왜 진리가 될 수 없는지 그리고 성경 속에는 무엇이 들어 있는지를 객관적으로 분석했다.

진리는 명확해야 하며 오류가 없어야 하고 선해야 한다. 하지만 필자가 바라본 성경은 진리가 될 수 없는 결격 요건들을 갖추고 있었다. 사람들은 흔히 성경은 하자가 없는 완벽한 신의 말씀이라고 여긴다. 필자 역시 처음 성경을 읽을 때에는 그런 줄 알고 읽었다. 하지만 성경 속에 모순과 불합리 그리고 인간의 이성을 파괴시키는 비현실성이 존재함을 깨달았고 이를 비판하기로 결심했던 것이다.

종교를 비판하는 것은 그리 기분 좋은 일은 아니다. 하지만 인류는 분명히 오도된 진리 속에서 살아왔고, 이제는 오류에서 벗어나 새 길을 찾아야 한다고 본다. 그동안 인간의 이성을 암흑으로 이끈 주범인 성경 속에서 인류는 허덕여 왔고, 맹신과 비이성이 만연하는 세상을 살아왔다. 중세의 암흑기가 그랬고, 현재 한국에서도 기독교는 맹위를 떨치고 있다. 인류의 지성을 가로막고 맹신으로 이끄는 성경을 비판함으로써 이 책이 인간의 정신적 지배물인 성경에 대한 정당한 반론으로 기능할 수 있기를 바란다.

필자는 성경을 오랜 시간 분석하며 성경이 말하고 있는 가르침을 깨달을 수 있었다. 인간을 죄인으로 몰고 비현실적인 기적으로 사람들을 속이며 눈에 보이지 않는 천국으로 사람들을 유혹하는 성경이란 책에서 분명한 악惡을 발견할 수 있었다. 아울러 성경 속에는 분명히 오류가 있었고, 사실이 아님을 증명할 수 있는 문구들이 많았다. 이 책을 읽으면 성경이 무엇을 말하고 있었는지 그리고 성경 속에 어떠한 오류와 모순 그리고 악惡이 들어 있는지를 파악할 수 있을 것이다.

필자는 최대한 객관적인 관점에서 성경을 분석했다. 그리고 성경의 순기능까지 언급함으로써 객관적인 책이 될 수 있도록 노력했다. 첫째 장을 읽으면 성경의 진술이 사실이 아니란 것을 깨달을 수 있을 것이다. 두 번째 장을 읽으면 성경의 가르침 그리고 성경 속의 신이 얼마나 부당하고 잔인한가를 깨달을 수 있을 것이다. 세 번째 장을 읽으면 성경이 그동안 사람들을 기만해 온 기적의 본모습을 파악할 수 있을 것이다. 네 번째 장을 읽으면 성경 속에도 좋은 구절이 있기는 하지만, 그 구절에도 그 한계가 있음을 파악할 수 있을 것이다. 마지막으로 다섯 번째 장을 통해 진정한 진리란 무엇이고 세계 종교와 기독교 가르침의 차이, 기독교가 진리가 아니라는 깨달음을 얻을 수 있을 것이다.

기독교인이든 비기독교인이든 객관적이고 공정한 마음으로 이 책을 읽을 수 있었으면 좋겠다. 아울러 성경에 대한 전체적인 판단은 독자들에게 맡긴다.

차례

3부 성경의 비현실성 비판

4부 기독교의 순順기능

5부 진리에 대한 고찰과 기독교

1부

성경의 오류 증명

성경은 매우 오래된 책이다. 기원전 1,000여 년경부터 기원후 2세기까지 쓰여진 66권의 문서이다. 성경은 로마가 기독교를 공인하고 종교 회의가 열리면서 공인되었고 대중에게 읽혀졌다. 사람들은 흔히 '성경은 오류가 없는 책이다.', '하나님의 책이다.'라는 표현을 쓴다. 하지만 정말 성경이 진리일까? 먼저 여기서 성경을 파헤침으로써 오류가 있음을 밝히고자 한다.

4대 만에 400년

성경에서 여호와(기독교 신의 이름) 하나님은 이스라엘 민족에게 400년 4대 만에 이집트에서 이스라엘 민족이 떠날 것이라고 하신다. 그런데 이 예언은 치명적 모순이 있다. 4대 만에 400년이 지나려면 평균 100세에 아기를 낳아야 하고, 그것이 3번 반복되어야 한다. 현재 시간을 기준으로 계산해 보자. 예컨대 1614년에 살던 A란 사람이 1714년에 B를 낳고, B는 1814년에 C를 낳고 C는 1914년에 D를 낳고 D가 100세가 되었을 때(2014)에 출애굽이 있을 것이란 예언이다.

이런 일이 실제로 일어날 수 있을까? 그럼 정말 성경에서 400년에 4대라고 기록해 놓았는지 확인해 보자. 성경 〈역대상〉이란 문서에서는 레위의 족보에 모세의 가계 4대를 명시함으로써 직접 4대라고 말하고 있다.

다음과 같이 성경에서 언급된 구절로 성경의 허구성을 입증해보도록 한다.

(창세기 15:13)

여호와께서 아브라함에게 이르시되 너는 반드시 알라 네 자손이 이방에서 객이 되어 그들을 섬기겠고 그들은 사백 년 동안 네 자손을 괴롭히리니

(창세기 15:16)

네 자손은 사대 만에 이 땅으로 돌아오리니 이는 아모리 족속의 죄악이 아직 가득 차지 아니함이니라 하시더니

그러면 이 4대의 이름을 살펴보자.

(역대상 6:1~3)

레위의 아들들은 게르손과 그핫과 므라리요

그핫의 아들들은 아므람과 이스할과 헤브론과 웃시엘이요

아므람의 자녀는 아론과 모세와 미리암이요

위에서 든 예를 보면 레위가 A, 그핫이 B, 아므람이 C, 모세가 D이다.

평균적으로 A가 100살에 B를 낳고, B가 100살에 C를 낳고, C가 100살에 D를 낳고, D가 100살에 출애굽이 있어야 400년이 채워진다.

400년이라는 숫자가 어림값이라고 쳐도 백의 자리 숫자 4까지 어림값은 아니었을 것이다. 100살에 아기를 낳는 일은 매우 어렵다. 그리고 그것이 3번이나 반복된다는 것은 더더욱 어렵다. 그렇기에 성경의 진술은 사실이 아니란 것을 추론할 수 있다.

반론을 생각해 보자. 기독교인들은 그 당시에는 오래 살았기에 100살에도 아기를 낳는 일이 가능하다고 주장한다. 하지만 성경에서 노아의 사건 이후로 사람의 수명은 120년이 상한선이라고 명시하고 있다. 그리고 '성경'에서 아브라함이 100살에 아기를 낳은 일을 기적으로 묘사한 것은 '출애굽 이전 시기'이다. 즉 출애굽 이전에 이미 100살에 아기를 낳는 일이 '기적'으로 묘사된 기록이 있었던 것이다. 성경은 100살에 아기를 낳는 일이 기적이라는 것을 스스로 밝히고 있다.

그렇다면 기독교인의 반론은 타당성을 잃게 되는 것이다. 왜냐하면 기독교인들이 옳다고 주장하는 성경이 기독교인의 주장을 탄핵하고 있기 때문이다. 그리고 성경은 스스로 모순을 내포하고 있다.

400년 만에 4대가 지나는 일은 불가능하다. 현대에도 고대에도 100살에 아기를 낳았다는 기록은 성경 외에는 찾기 힘들다. 상식적으로 100살에 아기를 낳는 일은 불가능하다는 것이다. 그리고 100살에 아기를 낳는 일이 한 번도 아니고 3번 반복되었다니, 이것은 명백한 '신화'이다.

유대인들은 신화를 만들었지만, 그 이야기 속에는 현실적인 오류가 있었다. 원래 신화를 현실적으로 분석하지는 않는다. 하지만 필자가 성경의 모순을 지적한 이유는 성경을 'Fact'로 받아들이는 주장에 대한 반론의 제시하고 싶기 때문이다.

천국에 올라간 사람의 모순

구약 성서 〈열왕기하〉에 보면 엘리야라는 이스라엘의 선지자가 하늘로 올라가는 장면이 있다. 이런 신비한 이야기가 사실이라고 믿는 건 각자의 자유이다. 그런데 이 진술을 정면으로 부정하는 곳이 있다. 바로 성경 속 요한복음이다. 성경의 구약과 신약에서 대립되는 진술을 살펴봄으로써 성경이 스스로 모순된 주장을 하고 있음을 밝혀보고자 한다.

(열왕기하 2:11)

두 사람이 길을 가며 말하더니 불수레와 불말들이 두 사람을 갈라놓고 엘리야가 회오리바람으로 하늘로 올라가더라

이 구절을 보면 엘리야가 회오리바람으로 '하늘'로 올라갔다고 진술되어 있다. 다음 성경을 살펴보자.

(요한복음 3:13)

하늘에서 내려온 자 곧 인자 외에는 하늘에 올라간 자가 없느니라

즉 구약 성경에서는 엘리야가 하늘로 올라갔다고 하고, 예수님께서는 자기(인자) 말고는 하늘에 올라간 자가 없다고 하신다. 마치 모든 것을 뚫는 창과 모든 것을 막는 방패처럼 모순된 진술이다.

이로써 성경의 진술들 간에 모순 관계가 성립됨을 입증하였다.

다른 말을 하는 여호와와 예수

기독교에서는 하나님은 한 분이신데 성부와 성자, 성령의 세 위격으로 나뉘어 계신다고 한다. 이것을 기독교의 삼위일체론이라고 한다. 그런데 이 삼위일체를 부정하는 곳이 있다. 바로 성경이다. 성경에서는 여호와의 진술과 예수의 진술이 서로 다르다. 만일 같은 하나님이라면 일관된 진술을 하실 것이 아닌가?

여호와의 말과 예수님의 말이 다른 부분을 살펴본다.

(창세기 6:3)

여호와께서 이르시되 나의 영이 영원히 사람과 함께하지 아니하리니 이는 그들이 육신이 됨이라

이곳에서 여호와께서는 자신의 영이 영원히 사람과 같이 있지 않겠다고 하신다. 하지만 신약을 살펴보자.

(요한복음 14:16)

내가 아버지께 구하겠으니 그가 또 다른 보혜사를 너희에게 주사 영원토록 너희와 함께 있게 하리니

신약에서 예수님께서는 성령을 보내시겠다고 약속하고 '성령은 너희와 함께 있을 것'이라고 하신다. 성령이라는 것은 성부 즉 여호와의 영이다. 구약에서 여호와께서는 자신의 영이 영원히 사람과 같이 있지 않겠다고 하시더니, 신약에서 예수님은 하나님의 영(성령)을 보내시며 함께 있겠다고 하신다. 명백한 모순이 아닌가?

그렇다면 여호와와 예수님이 주장이 일치하지 않으니 삼위일체설은 틀린 것이 아닌가? 삼위일체를 부정하는 곳은 바로 성경이다. 만일 삼위일체가 맞는다고 주장한다면 여호와는 일관성이 없는 분이 되어버린다.

실제로 신약 성경 저자들이 신약을 기술할 때에 구약의 저 구절을 생각지 못했을 것이다. 그들은 성령이라는 개념을 착안해서 신약 성경을 기술했지만, 그들이 '진리'라고 주장하는 구약 성경에 명백히 위배되는 진술이었다.

성경은 이렇듯 모순으로 가득 차 있다. 그 이유는 무엇인가? 그것은 성경이 진실을 말하고 있지 않기 때문이다. 이렇게 지어내고 저렇게 지어내면 당연히 말이 얽히고설킨다. 구약에서 지어낸 이야기와 신약에서 지어낸 이야기가 다름은 당연하다. 만약에 성경이 한 하나님에게서 나온 진리의 말씀이었다면 저런 모순은 존재하지 않았을 것이다.

예수님의 성령 잉태설

정자와 난자가 만나야만 인간이 탄생한다는 것은 동서고금 불변의 법칙이다. 그런데 이 법칙의 예외를 주장하는 곳이 있다. 바로 성경이다. 성경에서 예수님은 처녀 마리아의 몸에서 성령으로 잉태되었다고 한다. 하지만 일반 경험 법칙상 도저히 받아들일 수 없는 주장이다. 예수님의 염색체가 46개였을진대 나머지 23개의 염색체는 어디서 받았단 말인가? 예수는 성염색체를 포함한 46개의 염색체를 가지고 있었다.

기독교인들은 구약에 예수님 탄생이 예언되어 있다고 한다. 마리아의 처녀 잉태가 예언되었기에 사실이라는 주장이다. 이 예언에 대한 오류를 밝히도록 하겠다. 일단 예언을 살펴본다.

(이사야서 7:14)

그러므로 주께서 친히 징조를 너희에게 주실 것이라 보라 처녀가 잉태하여 아들을 낳을 것이요 그의 이름을 임마누엘이라 하리라

이 구절만 떼어 놓고 보면 그럴듯해 보인다. 하지만 임마누엘이 예수님을 지칭하지 않는다는 것은 문맥상으로 명백하다. 뒤의 이사야서 구절을 본다.

(이사야서 7:16~17)

대저 이 아이가 악을 버리며 선을 택할 줄 알기 전에 네가 미워하는 두 왕의 땅이 황폐하게 되리라

여호와께서 에브라임이 유다를 떠날 때부터 당하여 보지 못한 날을 너와 네 백성

과 네 아버지 집에 임하게 하시리니 곧 아시리아 왕이 오는 날이니라

아시리아 제국은 예수님이 태어나셨던 로마 시대와는 다른 시대이다. 예수님이 사시던 때에 아시리아란 나라는 존재하지 않았다. 그런데 이사야서에는 임마누엘의 탄생을 예언하면서 아시리아 군대가 침입한다고 나와 있다. 예수님이 태어나신 연도는 유대 민족이 로마 제국의 식민지가 되어 있던 시기이니 이 임마누엘 예언은 예수님을 두고 한 예언이 아님이 분명하다.

오히려 처녀 잉태 구절만 따로 떼어 예수님께 적용한 신약 저자들의 의도에 문제가 있어 보인다. 무슨 의도로 구약 성서를 인용해서 예수님에게 적용했을까? 그것은 메시아(구원자) 사상을 조작하려는 의도였기 때문이다. 즉, 구약 성서의 권위를 인정해서 예수님을 메시아로 만들려고 했던 신약 저자들의 저의가 분명히 드러난다. 무리하게 구약 성서의 구절을 끌어들인 정황을 살펴보면 신약 저자들의 예수님에 대한 주장이 거짓임이 드러난다.

또한, 구약 성경에 처녀 잉태가 예언되어 있다고 해도 처녀 잉태는 사실이 아니다. 해리포터 시리즈에 마법이 기록되었다고 해서 마법이 실재하지 않는 것과 같다. 예언이라는 신적인 권위를 이용해서 거짓을 사실로 만들려는 지록위마의 논리가 기독교에 있다. 불확실하면 사람은 일반 경험 법칙으로 사실을 평가하는데, 예수가 성령으로 잉태되었다는 것은 일반 경험 법칙상 불가능하다. 일어날 수 없는 이야기라는 것이다.

고대에는 특정 인물을 신격화하기 위해 출생에 대한 허구적 신화를 많이 만들었다. 예수뿐 아니라 부처도 겨드랑이에서 나왔다고 하고, 알에서 나왔다는 사람도 있다. 이러한 것은 인간을 신격화하기 위한 일종의 수단

이지 진실은 아니다.

고대 사람들은 저런 신화를 그대로 믿어버렸다. 그들에게는 진실을 분별할 힘이 없었던 것이다. 신약 저자들은 예수를 의도적으로 신의 아들로 만들었고, 저러한 불가능한 신화를 덧붙였다. 성경은 진실만을 말하지 않는다. 물론 부분적으로 사실에 부합하는 내용도 있겠지만, 성경의 핵심인 예수의 신성은 만들어진 이야기라는 것이다.

회개한 강도의 모순

성경 속에서 예수님은 두 강도와 함께 십자가에 못 박히셨다. 그런데 성경 구절에서 이 두 강도를 묘사한 구절이 흥미롭다. 마태복음서에는 십자가에 같이 매달린 두 강도가 형벌을 받는 과정에서 예수님께 욕을 했다고 나온다. 하지만 성경의 다른 문서 누가복음에서는 한 강도의 이야기를 재미있게 풀어냈다.

십자가에 매달린 사람 중 한 강도가 예수님을 믿고 예수님께 간구하자 예수님은 이 강도의 말을 들어주신다는 내용이다. 하지만 마태복음과 누가복음은 일치하지 않는다. 같은 상황에서 두 진술이 일치하지 않으니 한 진술은 분명히 틀린 것이고, 두 진술 모두 틀렸을 가능성이 있다.

다른 두 목격자의 이야기를 소개한다.

(마태복음 27:44)

함께 십자가에 못 박힌 강도들도 이와 같이 욕하더라

마태복음에 보면 강도'들'도 라는 복수형으로 두 강도 모두 예수님께 욕을 했다고 나와 있다. 이제 누가복음을 살펴보자.

(누가복음 23:39~42)

달린 행악자 중 하나는 비방하여 이르되 네가 그리스도가 아니냐 너와 우리를 구원하라 하되

하나는 그 사람을 꾸짖어 이르되 네가 동일한 정죄를 받고서도 하나님을 두려워하지 아니하느냐

우리는 우리가 행한 일에 상당한 보응을 받는 것이니 이에 당연하거니와 이 사람이 행한 것은 옳지 않은 것이 없느니라 하고

이르되 예수여 당신의 나라에 임하실 때에 나를 기억하소서 하니

누가복음은 한 강도가 예수님께 사정을 하였고 예수님은 그를 천국에 보내주었다는 내용이다. 여기서 마태복음과 누가복음의 진술이 서로 다른 것을 알 수 있다. 만일 성경이 모두 사실을 말한다면 두 진술이 일치해야 할 텐데, 같은 사건을 두고 두 진술이 일치하지 않으니 성경에 거짓이 있다는 것은 명백하다.

누가복음의 회개한 강도 이야기는 누가복음 저자가 꾸며낸 것일 확률이 높다. 죽기 전에 예수를 믿어서 천국에 가는 사람을 만들기 위해 그리고 예수의 그리스도성을 강조하기 위해 만들어졌을 것이다.

역사는 '진실'을 이야기해야 한다. 성경책을 역사책이라고 부르기에는 무리가 있다. 왜냐하면 진술에 현실성이 없고 모순되는 부분이 많기 때문이다. 나관중의 역사 소설 삼국지를 두고 칠실삼허라고 표현한다. 즉, 7할은 사실이고 3할은 거짓이라는 것이다. 성경도 이와 비슷하지 않을까? 굳

이 비율을 따지자면 성경은 삼실칠허일 것이다. 즉 3할 정도는 진실이고 7할은 거짓일 것이다.

성경에 픽션이 들어가 있는 것은 매우 위험한 일이다. 그 이유는 사람들은 성경 말씀을 신의 말씀으로 받아들여 한 구절 한 구절 소중히 여기는데 그 구절들이 실상은 누가 지어낸 것이라면 많은 사람들을 속이는 것이 되기 때문이다.

회개한 강도의 복음서 간 불일치는 성경에 저자가 자신이 만든 이야기를 넣었다는 확실한 증거를 제시하고 있다. 그렇기에 성경은 신이 쓴 것이 아니라 인간이 쓴 것이고, 사실이 아니라 꾸며낸 픽션이 개입되어 있음을 알 수 있다.

예수 부활 상황의 모순

그럼 성경에서 일치하지 않는 또 다른 부분을 살펴보자. 예수님께서 부활하시고 막달라 마리아에게 먼저 나타나셨다고 성경에 기록되어 있다. 그런데 부활할 때의 천사의 수가 일치하지 않는다. 한 복음서에는 천사의 수가 한 명인 반면 다른 복음서에서 천사의 수는 2명이다.

성경을 살펴보자.

(요한복음 20:11~12)

마리아는 무덤 밖에 서서 울고 있더니 울면서 구부려 무덤 안을 들여다보니 흰 옷 입은 두 천사가 예수의 시체 뉘었던 곳에 하나는 머리 편에, 하나는 발 편에 앉았더라

(마가복음 16:5)

무덤에 들어가서 흰 옷을 입은 한 청년(천사)이 우편에 앉은 것을 보고 놀라매

복음서에서 천사의 수가 불일치하는 것은 성경의 진술이 사실인지 여부를 두고 강한 의심을 불러일으킨다. 만일 진술이 객관적이고 사실이라면 불일치하는 일은 없었을 것이다. 만일 당신이 천사를 보았다고 가정하자. 그런데 천사 수가 한 명인지 두 명인지를 헷갈리겠는가? 그런 결정적인 순간은 장기기억 속에 저장된다. 잊으려 해도 잊을 수 없는 장면들인 것이다. 그렇지만 두 복음서에서 천사의 수가 불일치하니 이것은 성경 진술에 하자가 있음을 입증한다.

부활한 예수가 막달라 마리아에게 나타났다는 것은 재미있는 이야기이지만, 상황 구성이 일치하지 않는다. 만일 진술이 사실이라면 일치해야 할 것이다. 특히 믿기 힘든 기적을 이야기할 때에는 논리적이고 정확해야 하는 것이 증인의 요건이다. 이쪽에서는 이렇게 말했다가 저쪽에서는 저렇게 말한다면 누가 그 증언을 진실이라고 믿어 주겠는가?

성경의 진술은 법정에서는 채택할 수 없는 증언인 것이다. 증인은 보고 들은 것을 정확히 진술해야 하는데 성경의 증인들은 그렇지 못했던 것이다.

일치하지 않는 예수의 족보

다음은 예수님의 족보를 살펴보자. 예수님에 대해 기록된 책을 4복음서라고 한다. 그중 예수에 대한 족보가 들어 있는 문서는 마태복음과 누가복음이다. 마태복음에는 42대의 예수님 족보를 명시하고 있다. 그리고 시

대 순서에 맞추어 아브라함부터 다윗까지 14대, 다윗부터 바벨론 포로까지 14대, 바벨론 포로부터 예수 탄생 때까지 14대를 끊어 예수님의 탄생이 신비한 듯 설명해 주고 있다. 하지만 누가복음의 족보는 '대수代數'도 이름도 다르다. 기독교인들은 누가복음의 족보는 예수의 어머니 마리아의 족보라고 항변한다. 하지만 누가복음 역시 예수의 명목상 아버지인 요셉의 족보이다. 누가복음에 '요셉의 위'라고 명시되어 있기 때문이다. 성경은 하나밖에 일어날 수 없는 사실에 대해 다른 진술을 하고 있다. 같은 사건에 대해 두 복음서가 다르니 성경에 거짓이 있다는 것은 100% 입증된 셈이다. 거짓이 있다면 결코 '진리'가 될 수 없다.

(누가복음 3:23~24)

예수께서 가르치심을 시작하실 때에 삼십 세쯤 되시니라 사람들이 아는 대로는 요셉의 아들이니 요셉의 위는 헬리요

그 위는 맛닷이요 그 위는 레위요 그 위는 멜기요 그 위는 얀나요 그 위는 요셉이요

(마태복음 1:15~16)

엘리웃은 엘르아살을 낳고 엘르아살은 맛단을 낳고 맛단은 야곱을 낳고

야곱은 마리아의 남편 요셉을 낳았으니 마리아에게서 그리스도라 칭하는 예수가 나시니라

이곳에서 성경의 모든 족보를 인용할 수 없다. 하지만 대표적으로 예수의 명목상 아버지인 요셉 윗대의 이름이 다른 것을 살펴볼 수 있다. 성경 족보 전체를 살펴보면 이름도 대수도 다 다르기에 완전히 다른 가계라는 것을 알 수 있다. 법정에서 두 증인의 증언이 일치하지 않으면 한 증언은

틀렸다는 것은 분명하다. 그리고 두 증언 모두 틀렸을 가능성이 있다. 성경에 오류가 없다는 주장은 여기서 타당성을 잃게 되는 것이다. 왜냐하면 논리 법칙상 한 성경 구절은 거짓을 말하고 있는 것이 분명하기 때문이다.

그리고 예수님께서 처녀에게서 잉태되었다면 요셉의 족보를 왜 언급한 것일까? 성경에 의하면 요셉과 예수는 아무런 혈연 관계가 없다. 유대인들은 메시아가 다윗 왕(이스라엘의 2번째 왕, 유대인들이 매우 존경한다)의 자손에서 나올 것이라고 예언했다. 그런데 예수님이 메시아가 되려면 다윗의 자손이 되어야 했다. 그러기 위해서 족보를 조작해서 예수님의 아버지 요셉을 다윗의 자손으로 만든 것이다. 하지만 이 족보는 조작이다. 왜냐하면 성경은 한 쪽에서는 예수님이 마리아에게서 성령으로 잉태되었다고 하고, 다른 한 쪽에서는 예수의 아버지 요셉을 다윗의 자손이라며 예수님 역시도 다윗의 자손으로 부르고 있기 때문이다.

그 당시는 여성에 대한 차별이 심해 예수님의 어머니 마리아가 다윗의 자손이라는 것을 조작하기에는 어려웠을 것이다. 그렇기에 신약 성경 저자들은 예수님의 아버지 요셉을 다윗의 자손이라고 꾸몄고 또한 성령 잉태설을 동시에 주장한 셈이다. 즉, 성경의 주장은 2가지로, 예수님이 다윗의 후손이라는 것과 성령에서 잉태되었다는 주장이다. 이 주장은 결코 양립할 수 없는 주장인 것이다. 왜냐하면 요셉의 아들이면서 동시에 성령이 잉태할 수는 없기 때문이다. 한 사람의 입에서 대립되는 두 주장이 나왔으니 거짓이라는 것은 입증된 것이 아닐까? 고대에 널리 퍼져있던 메시아사상(다윗의 후손 중에서 메시아가 나올 것이라는 구약성서의 진술)을 맞추기 위해 억지로 조작한 족보가 바로 요셉의 족보일 것이다.

창세기 창조 순서의 모순

성경의 시작인 창세기 1장에는 창조순서가 명시되어 있다. 즉 성경 창세기 1장에는 여호와 하나님이 동물들을 만들고 사람을 가장 나중에 만들었다고 나온다. 그런데 창세기 2장에 보면 사람을 만들고 그 후에 동물 등을 만들었다고 나온다. 무엇이 진실인가? 어째서 같은 사건을 두고 성경은 다르게 말하고 있는 것일까? 성경은 시작부터 모순에 빠져 있다. 논리를 사용한다면 성경의 진술이 사실이 아님을 입증할 수 있다. 왜냐하면 진실에는 모순이 없기 때문이다.

그러면 성경이 쓴 창조순서의 모순을 살펴본다.

(창세기 1:25~26)

하나님이 땅의 짐승을 그 종류대로, 가축을 그 종류대로, 땅에 기는 모든 것을 그 종류대로 만드시니 하나님이 보시기에 좋았더라

하나님이 이르시되 우리의 형상을 따라 우리의 모양대로 우리가 사람을 만들고 그들로 바다의 물고기와 하늘의 새와 가축과 온 땅과 땅에 기는 모든 것을 다스리게 하자 하시고

창세기 1장에서는 사람의 창조는 맨 마지막이었다. 성경은 동물들을 만들고 그 후에 인간이 나왔다고 서술하고 있다. 이제 2장을 살펴보자.

(창세기 2:19)

여호와 하나님이 흙으로 각종 들짐승과 공중의 각종 새를 지으시고 아담이 무엇이라고 부르나 보시려고 그것들을 그에게로 이끌어 가시니 아담이 각 생물을 부

르는 것이 곧 그 이름이 되었더라

창세기 2장에서는 아담(최초사람)이 존재하고 여호와가 들짐승을 만드신 후 아담이 이름을 붙이는 장면이 나온다. 창세기 1장에 있는 창조 순서와 명백히 모순되는 진술인 것이다. 성경은 처음부터 1장과 2장이 일치하지 않는다.

성경 저자는 자기가 쓰고도 그 순서를 착각한 것이다. 그래서 생각나는 대로 이야기를 풀어나가다 보니 이런 모순이 등장하는 것이다. 성경이 인류 창조의 비밀을 담고 있을 것이라고 기대하고 보는 사람의 마음을 상심시키는 구절일 것이다.

성경이 기록된 시기는 청동기 시대였고, 당시 사람들은 제대로 된 교육도 받지 못했다. 그러니 성경 내용에 비현실적인 것과 비과학적인 것이나 모순이 존재함은 당연한 것이다.

고대 국가의 신화를 '진리'로 받아들이는 것은 문제가 있다. 물론 성경 내용은 그냥 읽어 보면 재미있는 부분도 많다. '신화로서의 성경'은 인정해 줄 수 있지만 '인류 창조의 비밀을 담은 성경'으로는 인정해 줄 수 없다. 왜냐하면 명백한 모순이 존재하기 때문이다.

아울러 21세기에 사는 사람들이 성경 내용을 곧이곧대로 믿기보다는 사고하고 생각해 보며 성경을 객관적으로 바라보는 것이 필요하다고 본다.

창세기 가인을 죽이려는 사람들 모순

여호와 하나님은 최초 인류인 아담과 하와를 만드셨다고 한다. 그리고 이 인간들로부터 모든 인류가 파생되어 나왔다고 한다. 하지만 성경은 인류가 어떻게 번성할 수 있었는지를 서술하지 못했다. 아담과 하와의 아들이 가인과 아벨인데 가인이란 사람이 아벨을 죽인다. 그런데 가인은 여호와 하나님께 아벨의 일로 벌을 받자 사람들이 자신을 죽일 것이라며 두려워한다. 그러면 가인을 죽이려는 사람들은 어디서 생겼단 말인가? 아담과 하와로부터 모든 인류가 나왔다면 모든 사람이 아담과 하와의 자손이 되어야 한다. 하지만 아담의 첫째 아들 가인은 둘째 아들 아벨을 죽이고 '다른 사람들'이 자신을 죽일 것을 두려워하고 있다. 이들은 어디서 태어난 인간들이었을까? 성경을 살펴본다.

(창세기 4:14)

주께서 오늘 이 지면에서 나를 쫓아내시온즉 내가 주의 낯을 뵈옵지 못하리니 내가 땅에서 피하며 유리하는 자가 될 지라 무릇 나를 만나는 자마다 나를 죽이겠나이다

이는 성경이 기록된 청동기 시대에 이미 사람이 많이 살았음을 추론할 수 있게 해 준다. 구약 성서 저자는 아담과 이브라는 태초 인류를 만들었지만, 어떻게 하여 인류가 번성할 수 있었는지는 생각하지 못하고 인간이 많이 있다는 것을 전제하고 이야기를 풀어간 셈이다.

결국 성경은 인류가 어떻게 그토록 빨리 번성할 수 있었는지의 문제에서 명백한 모순을 보여 주고 있다. 왜냐하면 성경이 말하는 것은 인류의 번성은 최초인류로부터의 파생인데 최초인류의 첫째 아들 가인이 두려워할 '다른 사람들'의 존재는 명백히 부자연스럽기 때문이다. 그렇기에 한 쌍의 인간들로부터 모든 인류가 파생되었다는 성경의 주장은 스스로의 모순을

내포하고 있는 것이다.

유다의 사인死因의 불일치

예수님을 유대인 지도자들에게 판 유다는 예수님의 제자였다. 이 사람은 예수를 판 죄책감에 자살했다고 나오는데, 그의 죽음이 성경 내에서 일치하지 않는다. 성경을 살펴본다.

(사도행전 1:18)
이 사람이 불의의 삯으로 밭을 사고 후에 몸이 곤두박질하여 배가 터져 창자가 다 흘러나온지라
이 일이 예루살렘에 사는 모든 사람에게 알리어져 그들의 말로는 그 밭을 아겔다마라 하니 이는 피밭이라는 뜻이라

이 구절을 보면 유다의 사인은 배가 터졌다는 것이다. 반면 성경의 다른 구절을 보면 사인이 다르다.

(마태복음 27:5)
유다가 은을 성소에 던져 넣고 물러가서 스스로 목매어 죽은지라

마태복음서에는 유다가 목 매 자살한 것으로 나와 있다. 상식적으로 목을 매 자살했으면 배가 터지지 못한다. 성경은 한 쪽에서는 배가 터져 죽었다고 하고, 다른 한쪽에서는 목을 매 자살했다고 한다. 같은 사건에 대한

두 가지 서술이 명백히 불일치하고 있다. 이는 논리 필연적으로 거짓된 진술이 섞여 있는 것을 입증한다. 왜냐하면 같은 사건에 두 진술이 다르다는 것은 적어도 한 진술은 틀렸다는 것은 절대적인 명제이기 때문이다. 실제로 유다가 자살했는지는 알 수 없지만 성경 저자들은 아마 예수를 배반한 유다의 비참한 죽음을 강조하기 위해 무리수를 둔 것 같다.

말라버린 무화과나무의 모순

예수는 길에서 한 무화과나무를 저주한다. 그 후 그 나무는 말라 죽어 버렸다고 기술되어 있다. 그런데 성경 내용을 보면 무화과나무의 기적에 대해서도 모순이 있다. 성경을 살펴본다.

(마태복음 21:19~20)

길가에 무화과나무 한 그루가 서 있는 것을 보시고 그리로 가셨다. 그러나 잎사귀밖에는 아무것도 보이지 않았으므로 그 나무를 향하여 '이제부터 너는 영원히 열매를 맺지 못하리라.' 하고 말씀하셨다. 그러자 무화과나무는 곧 말라버렸다. 제자들이 이것을 보고 놀라서 '무화과나무가 어찌하여 그렇게 당장 말라버렸습니까?' 하고 물었다

마태복음서라는 성경의 문서에서는 무화과나무가 '곧' 말라버렸다고 나와 있다. 제자들이 '당장'이라는 표현을 쓰는 것으로 보아 기적이 곧바로 일어났다고 기록되어 있음이 분명하다.

다음 성경 구절을 보자.

(마가복음 11:13~14, 20~21)

멀리서 잎이 무성한 무화과나무를 보시고 혹시 그 나무에 열매가 있나 하여 가까이 가 보셨으나 잎사귀밖에는 아무것도 없었다. 무화과 철이 아니었기 때문이다. 예수께서는 그 나무를 향하여 '이제부터 너는 영원히 열매를 맺지 못하여 아무도 너에게서 열매를 따 먹지 못할 것이다.' 하고 저주하셨다. 제자들도 이 말씀을 들었다.

이른 아침, 예수의 일행은 그 무화과나무 곁을 지나다가 그 나무가 뿌리째 말라 있는 것을 보았다.

베드로가 문득 생각이 나서 '선생님, 저것 좀 보십시오! 선생님께서 저주하신 무화과나무가 말라버렸습니다.' 하고 말하였다.

마가복음을 보면 저주했던 시각이 아니라 다른 날에 무화과나무가 마른 것을 발견했다고 기록되어 있다. 이 무화과나무의 모순은 예수의 기적에 대한 증언이 사실이 아니라는 것을 말해준다. 물론 열매가 없는 무화과나무에 저주를 해서 말라버리게 한 예수도 문자 그대로 해석하면 문제가 있지만, 중요한 것은 이 기적이 사실이 아니라는 결정적인 증거가 있다는 점이다. 왜냐하면 같은 사건을 두고 다르게 기술했으니 분명 한 사람은 거짓을 말한 것이 되기 때문이다. 물론 한 주장이 맞을 가능성이 있기는 하다. 하지만 무화과나무가 예수의 저주로 말라죽었다는 사실 자체가 신빙성이 없다. 원래 '기적'이란 것 자체가 믿기 어려운 일이 아닌가? 만일 '기적'을 문자적으로 납득시키려면 정확한 진술이 필요한 것이다. 하지만 성경의 진술은 정확하지 않고 서로 다르다. 오히려 불일치하는 구절은 성경이 조작되었다는 강한 의심을 불러일으키고 있는 것이다.

'성경무오설'을 주장하는 것은 성경에 대한 선입관으로 생기는 견해이다. 성경은 오류가 있고 완전한 책이 아니다. 같은 사건에 대해서도 이렇게 차이가 나는데 성경을 어떻게 진실이라고 받아들일 수 있겠는가? 설령 두 복음서가 똑같이 기록되어 있다고 해도 믿을 수 없는 사실인데 하물며 모순되게 진술된 허황된 기적은 말할 나위도 없는 것이다.

노아 방주의 비현실성

성경 창세기에는 노아의 방주 이야기가 나온다. 노아의 방주 이야기는 인간이 죄를 지어 여호와가 노아 가족을 제외한 인간 모두를 죽이고 세상을 새롭게 시작하였다는 내용이다. 방주를 만들어 모든 생물종種을 태워 보존하고 홍수 이후에 번식시켰다고 하는데, 이 글에서 성경 속 노아 방주 이야기의 오류를 입증한다.

노아는 모든 생명체를 몇 쌍씩 방주(일종의 배로 생각하면 된다)에 태웠다고 나와 있다. 이게 가능한 일일까? 지구상에는 수많은 생물종들이 있다. 육식 동물을 비롯해서 초식 동물, 곤충류 식물류 등등이다. 홍수가 나면 죽는 동물과 식물들을 노아가 다 생포해서 방주에 태울 수 있었을까? 한마디로 '불가능(Impossible)'하다.

성경은 무엇이라고 대답하는가? 성경은 모든 동물들이 둘씩 노아에게 나아왔다고 한다.

(창세기 6:20)

새가 그 종류대로, 가축이 그 종류대로, 땅에 기는 모든 것이 그 종류대로 각기 둘씩 네게로 나아오리니 그 생명을 보존하게 하라 여기서 성경의 오류를 짚어 보자면, 식물은 방주에 태울 수 없다는 것이다. 대홍수가 나면 식물도 죽는다. 성경에서는 산까지 물에 잠겼다고 한다. 하루 이틀의 물이 아니고 150일간 물에 잠겨 있으면 식물도 죽는다. 성경 저자는 소설을 그럴듯하게 썼지만, 하나님이 나무를 뽑아 방주에 넣었다는 소설까지는 쓰지 못했던 것이다. 식물이 노아에게 나아왔다는 기록은 없고 나아올 수도 없다.

노아의 방주가 신화라는 증거는 또 있다. 그것은 방주에 설령 모든 종을 태웠다 하더라도 방주에서 생존하도록 유지할 수 없다는 것이다. 동물들은 각기 먹는 것도 양도 다르다. 특히 곤충류의 경우에는 희귀한 것을 먹고 사는 종류도 있다. 예컨대 누에는 뽕잎만 먹고 애호랑나비는 족도리풀만 먹고 산다고 한다. 그 조그마한 방주에서 이러한 생물들의 먹이는 어떻게 주는가? 쉽게 생각해 보자. 사자는 고기가 필요하고 소는 풀이 필요하다. 그 먹이를 구해서 주는 것도 불가능하다. 성경에서 노아는 150일간을 동물들과 방주에 있었다고 나온다. 노아는 절대로 방주에 지구상의 생물종을 모두 태울 수 없었고 150일 동안 유지할 수도 없었다.

그리고 자연계는 약육강식의 법칙이 지배한다. 노아의 방주에 모든 종을 태웠다면 필연적으로 생태계에서 일어나는 사냥 등이 일어났을 것이다. 그 배에서 사자는 뛰어서 소를 잡아먹고 멸종시켰을 것이다. 길이 135m의 배에 동수의 사자와 소가 같이 타고 있다고 생각해 보라. 노아의 방주에 우리가 있었다고 상상하는 것은 자유이다. 당시 기술로 길이 135m의 배에 수많은 육식 동물들을 가둘 우리를 설계했다니 정말 놀라운 상상이다. 그리고 우리가 있다고 해도 육식 동물은 고기를 먹어야 산다. 어떻게 고기를 노아가 다 조달할 수 있었단 말인가?

노아가 방주에 있던 기간은 150일이다. 150일이면 냉장고도 없는 방주에서는 고기는 썩는다. 150일간을 모든 육식 동물의 먹이를 주었을 수가 없다. 여호와가 하늘에서 고기를 떨어뜨렸다고 생각하면 할 말이 없다. 그런 답변은 심각한 논점 이탈이자 사실로부터의 도피일 것이다.

현실적으로 방주에 식량은 제한되어 있을 것이고 150일간의 모든 동물의 식량을 저장할 수 없었을 것이다. 그렇다면 육식 동물은 방주에서 사냥으로 자급자족했다고 설명해야만 하는데, 몇 쌍밖에 태우지 않은 생물종이 먹고 먹혔다면 그 종은 당연히 멸종한다.

노아의 홍수가 신화라는 또 다른 증거는 '비'이다. 홍수를 일으킨 '비'가 거짓이었다는 것을 입증해 보자. 성경 속 노아의 홍수에는 진실과 다른 고대인의 우주관이 반영되어 있다. 고대인들은 지구가 평평하다고 생각했다. 그리고 하늘에 물을 내리는 창고가 있다고 생각했다. 이것이 창세기에 나오는 '궁창'이다. 노아의 홍수 이야기를 보면 '하늘의 창문'에서 물이 쏟아졌다고 나온다. 그리고 지하에 있는 샘들이 물을 뿜었다고 기록되어 있다.

그런데 궁창이란 것은 실제로 존재하지 않았다. 비는 궁창에서 쏟아지는 것이 아니다. 지구의 물이 순환되는 과정에서 비가 내리는 것이다. 고대인들은 이 과학적 사실을 알지 못했다. 또한, 지구의 법칙상 전 지구를 덮을 물이 하늘에서 쏟아질 수는 없다. 그리고 땅에 있는 지하수가 그러한 대홍수를 만들어내지도 못한다. 즉, 지구의 구성 요소 중 물이란 분자는 제한되어 있어 그렇게 많은 양의 물이 한꺼번에 만들어질 수 없다는 이야기이다. 다시 말해 지구를 뒤덮을 '물'은 지구상에 존재하지 않는다. 그러니 '홍수' 이야기는 단순한 신화라는 것이다.

그리고 진짜로 홍수가 났다고 가정해 보자. 그러면 홍수로 흘러내렸다는 물은 어디로 증발했을까? 성경에서는 하나님이 바람을 불게 해서 물이

줄어들었다고 나와 있다. 하지만 전 지구를 덮은 물이 바람으로 증발되지는 않는다. 만일 그러한 양의 대홍수가 있었다면 증발하는 데도 오랜 시간이 걸렸을 것이다. 그러나 노아는 150일 만에 물이 빠져나갔다고 한다. 지구의 물을 퍼내서 우주로 날려 보내지 않는 한 자연 현상으로는 불가능한 이야기이다. 고로 전 지구를 덮은 대홍수는 없었던 것이다.

또한, 그러한 홍수가 있었다면 방주에 생물종을 보존했다 하더라도 전 지구의 식물, 동물, 곤충이 전멸한다. 그 이유는 생태계의 균형이 깨지기 때문이다. 성경에 의하면 정결한 짐승 14마리, 부정한 짐승 4마리씩 살아남았다. 방주에서 내리면 널려 있는 것은 시체뿐이다. 그러면 초식 동물은 무엇을 먹고 사는가? 식량이 없는 초식 동물은 멸종한다. 그러면 초식 동물을 먹고사는 육식 동물도 멸종한다. 이렇듯 전 지구적 대홍수가 있으면 생물종은 필연적으로 멸종할 것이다.

방주에서 나오면 사자 등 육식 동물 종은 자연 법칙상 초식 동물 종을 공격해야만 산다. 사자나 하이에나, 표범 등은 초식 동물들을 사냥했을 것이다. 초식 동물도 공격당하면 죽는다. 그런데 한 동물의 종류는 최대 7쌍 14마리만 살아남았다. 이 중에 한 성姓(7마리의 암수)이 멸종하면 그 동물 종은 영원히 멸종한다. 생태계의 균형은 방주에 태운 7쌍의 동물로 결코 유지될 수 없다. 사자가 오늘은 말을 먹고 다른 날은 소를 먹고 그 다음 날은 사슴을 먹는 것이 아니다. 또한, 새끼가 날 때까지 기다리다가 잡아먹는 것도 아니다. 그리고 부정한 짐승은 4마리밖에 타지 못했는데 그중 한 수컷이나 암컷인 2마리가 사냥당하면 그대로 멸종한다.

성경에 의하면 돼지는 부정한 짐승으로 4마리만 탔을 것이다. 방주에 탄 4마리의 돼지가 육식 동물의 사냥을 피해서 135m짜리 방주에서 150일간을 버티다가 땅에 내려와서 다시 포식자를 피해 온 세상에 돼지를 번식시켰다는 것은 명백한 '허구'이다. 세상에 4마리밖에 없으면 희귀종이다. 그런데 그 희귀종이 사냥을 당한다. 정말로 각고의 노력을 다해 보살펴도 멸종될 확률이 높다. 그런데 4마리의 희귀종을 자연에 방생한다. 포식자들과 함께…… 그러면 결코 종이 유지될 수 없다.

현재 지구의 생태계는 생산자가 1차 소비자보다 많고, 1차 소비자가 2차 소비자보다 많음으로써 균형을 유지하고 있다. 14마리라는 동수의 1차 소비자와 2차 소비자가 있다면 둘 다 멸종하는 것은 명약관화이다. 초식 동물의 종류가 육식 동물의 종류보다 많다고 하더라도 육식 동물은 계속해서 고기를 먹어야 산다. 균형이 맞을 수 없다. 이 논리는 동물의 영역뿐만 아니라 곤충의 세계에도 마찬가지로 적용된다. 방주에 태운 생물의 수로는 생태계를 결코 유지할 수 없다.

노아의 방주는 '청동기 시대'의 사람이 만들어낸 신화다. 즉, 현실성이 전혀 없는 신화라는 것이다. 신화를 굳이 거짓말이라고 매도하고 싶지는 않다. 왜냐하면 신화란 것은 원래 비현실성을 내포하고 있기 때문이다. 하지만 신화를 사실이라고 주장하는 것은 심각하게 문제가 있는 것이다. 또한, 바벨론의 신화, 그리스 신화에는 노아의 방주와 비슷한 신화가 있다. 이름과 신은 다르지만 줄거리는 비슷하다.

굳이 생각해 보면 당연하게 인식할 수 있는 노아의 방주 '신화'를 분석한 이유는 신화가 사실이 되어서 인간 생활을 개입하는 기독교의 망상에 대한 반작용이다. 성경을 살펴보자.

(창세기 7:1~4)

주님께서 노아에게 말씀하셨다. '내가 보니, 이 세상에 의로운 사람이라고는 너밖에 없구나. 너는 식구들을 다 데리고, 방주로 들어가거라.

모든 정결한 짐승은 수컷과 암컷으로 일곱 쌍씩, 그리고 부정한 짐승은 수컷과 암컷으로 두 쌍씩, 네가 데리고 가거라.
그러나 공중의 새는 수컷과 암컷 일곱 쌍씩 데리고 가서, 그 씨가 온 땅 위에 살아남게 하여라.
이제 이레가 지나면, 내가 사십 일 동안 밤낮으로 땅에 비를 내려서, 내가 만든 생물을 땅 위에서 모두 없애 버릴 것이다.'

성경의 기록에는 식물을 태웠다는 기록이 없다. 하지만 홍수가 나면 식물도 죽는다. 노아 후에도 지구의 생태계가 유지되려면 필연적으로 식물이 보존되어야 한다. 다시 말하지만 전 지구적 노아의 홍수는 없었던 것이다. 앞서 분석했듯 만일 그러한 홍수가 있었다면 지구의 생명체는 생태계의 균형상 멸종한다.

다음으로 노아의 방주가 거짓이라는 근거는 지구 생물의 종류와 방주의 크기이다. 이해를 돕기 위해 세상에 몇 종류의 동물과 식물이 있는지를 제시한다.

지구상에 현서 동물은 100만 종을 넘는다고 추정되며, 동물 분류학상 약 32문門으로 나누어진다.(출처: 네이버 백과사전)

현재 지구상에는 35만여 종의 식물이 살고 있는데, 이들은 대략 조류藻類 3만여 종, 선태식물蘚苔植物 2만 2500여 종, 양치식물羊齒植物 1만 500여 종, 겉씨식물 800여 종, 속씨식물 25만여 종으로 구분되는 것으로 알려져 있다.(출처: 네이버 백과사전)

노아 방주의 거짓을 증명하기 위해 방주의 크기를 제시한다.

〈창세기〉에는 신이 만들라고 명했던 방주의 해설이 기록되어 있다. 우선 재질은 고페르 나무로, 이것은 지금의 전나무로 여겨진다. 그리고 이 재질을 길이 3백 큐빗, 폭 50큐빗, 높이 30큐빗(큐빗은 일반적으로 척尺과 비슷하다. 이렇게 산출해 보면 방주의 크기는 길이 약 1백35미터, 폭 약 23미터, 높이 약 14미터가 된다)의 방주 모양으로 짰다.(출처:이나바 요시아키, 송현아 역, 부활하는 보물-노아의 방주 편, 들녘, 2002)

동물은 화물이 아니다. 즉, 행동 반경이 있어야 한다. 길이 135m, 폭 23m, 높이 14m의 크기에 움직이는 동물과 식물들의 모든 종을 태웠다는 것은 불가능(Impossible)하다.

노아의 방주를 증명하려는 시도도 있었는데, 이런 실험은 단군 신화에 등장하는 곰이 마늘 먹고 웅녀가 되었다는 이야기를 과학적으로 증명하겠다는 것과 같다.

논거를 정리하면 이렇다. 첫째, 노아는 방주에 지구의 전 종을 2쌍씩 혹은 7쌍씩 다 태울 수 없다. 둘째, 방주에서 모든 생물체의 생명을 150일간 유지할 수 없다. 셋째, 노아의 방주 부피는 전 생물종을 태울 수 없는 부피이다. 넷째, 전 지구를 덮을 물이란 분자가 산까지 덮을 정도로 생성될 수 없다. 다섯째, 대홍수가 있다면 물이 단기간 내에 증발할 수 없다. 여섯째, 생태계의 먹이사슬의 법칙상 방주에 태운 수로는 균형을 유지할 수 없다.

이로써 충분히 노아의 홍수가 '신화'임이 입증되었다고 본다.

예수와 베드로 만남의 모순

예수에게는 베드로란 제자가 있었다고 한다. 예수와 베드로는 매우 유명하여 영화로도 곧잘 만들어질 정도이다. 그런데 성경에 보면 이들의 만남 장면이 일치하지 않는다. 한 부분에서는 고기를 잡는 베드로에게 예수가 다가갔다고 나와 있고, 다른 성경에서는 한 제자가 예수를 베드로에게 소개시켜 주었다고 나온다. 이 모순을 살펴본다.

(누가복음 5:3~11)

예수께서 한 배에 오르시니 그 배는 시몬의 배라 육지에서 조금 떼기를 청하시고 앉으사 배에서 무리를 가르치시더니

말씀을 마치시고 시몬에게 이르시되 깊은 데로 가서 그물을 내려 고기를 잡으라

시몬이 대답하여 이르되 선생님 우리들이 밤이 새도록 수고하였으되 잡은 것이 없지마는 말씀에 의지하여 내가 그물을 내리리이다 하고

그렇게 하니 고기를 잡은 것이 심히 많아 그물이 찢어지는지라

이에 다른 배에 있는 동무들에게 손짓하여 와서 도와 달라 하니 그들이 와서 두 배에 채우매 잠기게 되었더라

시몬 베드로가 이를 보고 예수의 무릎 아래에 엎드려 이르되 주여 나를 떠나소서 나는 죄인이로소이다 하니

이는 자기 및 자기와 함께 있는 모든 사람이 고기 잡힌 것으로 말미암아 놀라고

세베대의 아들로서 시몬의 동업자인 야고보와 요한도 놀랐음이라 예수께서 시몬에게 이르시되 무서워하지 말라 이제 후로는 네가 사람을 취하리라 하시니

그들이 배들을 육지에 대고 모든 것을 버려두고 예수를 따르니라

누가복음서에는 예수가 기적을 보여 주어 베드로가 예수를 따랐다고 나와 있다. 다음 성경을 보자.

(요한복음 1:40~42)

요한의 말을 듣고 예수를 따르는 두 사람 중의 하나는 시몬 베드로의 형제 안드레라 그가 먼저 자기의 형제 시몬(베드로)을 찾아 말하되 우리가 메시아를 만났다 하고 데리고 예수께로 오니 예수께서 보시고 이르시되 네가 요한의 아들 시몬이니 장차 게바라 하리라 하시니라(게바는 번역하면 베드로라)

요한복음에는 누가복음서와 다르게 형제 안드레가 시몬 베드로에게 말을 해서 예수께 데리고 왔다고 기록되어 있다. 이렇듯 예수와 베드로의 만남 장면은 성경 속에서 일치하지 않는다. 기적을 일으켜서 베드로가 따랐다는 것은 믿기 어려운 부분이다. 실제로 베드로란 제자가 예수에게 있었을 것임은 부정하지 않겠다. 하지만 성경이 묘사한 예수와 베드로의 만남 장면은 일종의 꾸며낸 '픽션'이 담겨있다고 본다. 왜냐하면 성경 간 진술이 일치하지 않기 때문이다.

차라리 사람의 소개로 예수의 제자가 되었다던 요한복음이 더욱 더 현실에 가까워보인다. 베드로가 어떻게 해서 예수의 제자가 되었는지에는 관심 없다. 필자가 이 불일치를 통해 말하고 싶은 것은 성경에 '픽션'이 들어가 있다는 것을 입증하는 것이다.

역사란 것은 사실을 기록한 것이다. 그리고 성경이 진리가 되려면 거짓이 없는 사실이어야 한다. 실제로 일어나지 않았던 일을 역사로 그리고 진리로 보아줄 수는 없는 것이다.

복음서 간의 불일치는 성경에 픽션이 들어가 있음을 명백히 입증한다.

혹자는(특히 기독교인이라면) 이 불일치를 관점의 차이로 항변하려고 시도할 수 있다. 하지만 'Fact'의 영역은 관점과 상관없이 일치해야 한다. 예컨대 법정에서 한 살인 사건을 증언한다고 하자. 살인이 일어났는지 안 일어났는지는 Fact의 영역이고 진실 아니면 거짓이라는 두 가지 결론밖에는 없다. 성경에서 일어난 사건들도 Fact의 영역이고 진실 또는 거짓이라는 결론을 내려야 한다. 그런데 증언이 일치하지 않는다. 한 사람은 이렇게 말하고 다른 사람은 저렇게 말한다. 그런데 기독교인들은 이 두 사람의 주장이 모두 참이라고 생각한다. 예컨대 '성경무오설'을 주장하는 사람들의 생각이다. 하지만 그것은 불가능하다. 두 사람의 주장이 모두 맞으려면 'Fact'의 영역에서는 일치해야 한다. 그런데 불일치가 있으니 둘 다 맞는다는 것은 불가능한 이야기라는 것이다. 그러니 '성경무오설'은 명백히 틀린 주장이다. 그리고 성경 전체를 봤을 때에 '거짓'이 들어가 있다는 진술은 항상 참이 된다. 왜냐하면 같은 사건에 대한 성경 서술의 불일치는 성경에 거짓이 있음을 분명히 입증해 주고 있기 때문이다.

간단하게 명제를 만들어 살펴보자.

1. 성경은 모두 참이다.

위 명제가 맞으려면 최소한 성경 속에 같은 사건에 대한 불일치가 없어야 한다. 하지만 불일치가 있으니 1의 명제는 항상 틀린 것이다.

2. 성경에는 거짓이 들어가 있다.

이번에는 거짓이 들어가 있다는 명제이다. 이 명제는 항상 참이다. 왜냐하면 같은 사건에 불일치가 있으니 거짓이 들어가 있다는 것은 명백하기 때문이다. 필자가 증명하고 싶은 결론은 바로 2의 명제 '성경에는 거짓이 들어가 있다는 것은 참'이라는 점이다.

예수의 마지막 말의 불일치

예수는 유대인들에게 범죄자로 낙인 찍혀 로마 당국에게 사형 판결을 받는다. 성경에는 예수가 십자가 위에서 했던 말이 적혀 있다. 그런데 각 복음서 간에 예수가 숨질 때 했던 말이 일치하지 않는다.

먼저 성경 중 마태복음이란 문서를 살펴본다.

(마태복음 27:50)

예수께서 다시 크게 소리 지르시고 영혼이 떠나시니라

이곳에서는 예수가 마지막으로 했던 말이 나와 있지 않다. 다만 크게 소리를 지르고 숨을 거두었다고 나온다. 그럼 성경의 다른 문서인 누가복음을 살펴보자.

(누가복음 23:46)

예수께서 큰 소리로 불러 이르시되 아버지 내 영혼을 아버지 손에 부탁하나이다 하고 이 말씀을 하신 후 숨지시니라

이처럼 누가복음에는 예수가 마지막에 했던 말이 기록되어 있다. 여기까지는 마태복음에 기록된 예수의 큰 소리가 누가복음의 말이었구나 하고 생각해 볼 수도 있다. 하지만 요한복음을 보면 이와 다르다. 요한복음을 살펴보자.

(요한복음 19:30)
예수께서 신 포도주를 받으신 후에 이르시되 다 이루었다 하시고 머리를 숙이니 영혼이 떠나가시니라

예수가 마지막에 했던 말이 누가복음과 다르다. 정리하자면

1. 큰소리를 지름.
2. 아버지께 영혼을 부탁하고 죽음.
3. 다 이루었다고 말하고 죽음.

이렇게 3군데가 다르다. 1의 큰 소리를 2의 소리로 보아 준다 해도 2와 3은 명백히 다르다.

실제로 예수가 무슨 말을 하고 죽었는지는 알기 어렵다. 하지만 분명한 것은 성경에 불일치가 있고 이 불일치는 거짓에서부터 비롯된다는 것이다. 만일 성경이 모두 사실이라면 누가복음과 요한복음의 불일치는 없어야 할 것이다. 그리고 저자가 정말로 진실을 말했다면 사실과 다른 부분을 만들어서 서술하지는 않았을 것이다. 신약 성경 저자들의 불일치는 성경이 주장하는 사실이 모두 진실이 아니라는 것을 우리에게 말해 준다.

물론 복음서에는 일치하는 부분도 있다. 예수가 십자가에 달려 죽었다는 것 그리고 부활했다는 것 등이다. 그렇지만 복음서의 진술이 일치한다는 것이 그 내용이 사실이라는 증거는 아니다. 예수가 십자가형으로 죽었다는 것은 의심 없이 받아들일 수 있다. 그것은 현실에서 가능한 영역이기 때문이다. 하지만 예수가 부활했다는 복음서의 주장은 받아들일 수 없다. 기독교인 4명의 거짓말이 일치한다고 해서 거짓이 사실로 바뀌는 것은 아니기 때문이다.

만일 비기독교인들이 공인된 책으로 예수의 부활을 목격했다고 기록했

고, 그 기록이 신빙성이 있다면 이야기가 다르다. 하지만 예수의 부활은 기독교 측의 주장일 뿐 비기독교인 중에서 예수를 보았다는 기록은 전무하다. 더군다나 살아있을 때의 예수에 대한 비기독교 측의 역사적 기록도 거의 찾기 힘들다.

예수란 사람이 실제로 있었고 어떻게 죽었는지는 다른 자료가 거의 희박한 만큼 성경에 의존해야 한다. 필자는 성경이 모두 거짓이라고 주장하려는 것이 아니다. 성경 내용에도 사실이 포함되어 있을 것이다. 그렇지만 성경이 사실만을 기록한 것은 아님이 명백하다. 왜냐하면 성경 간 불일치가 성경에 분명히 픽션이 개입되어 있다는 것을 증명해 주기 때문이다.

성경 내용을 어떻게 받아들이든지 그 과정은 개인의 자유이다. 혹자는 성경의 기적들을 믿고 있을 수도 있고 부정할 수도 있다. 예수의 실존 자체까지 부정하는 사람도 있다. 이렇듯 다양한 스펙트럼 속에서 성경을 해석하는 것은 개인의 취향에 속한다. 하지만 분명한 것은 성경 내용에 픽션이 있음은 객관적으로 100% 입증되었다는 점이다.

물론 사람들이 역사를 서술할 때 주관적인 개입이 있을 수 있다는 것은 부정하지 않는다. 하지만 '사실(Fact)'의 영역에서는 진실을 말해야 함은 분명하다. 예컨대 예수에 대한 인물 평가가 동일할 수는 없지만, 위의 예에서처럼 예수가 어떤 말을 하고 숨을 거두었는지는 '사실' 즉 Fact의 영역이고 진실이라면 결코 달라서는 안 되는 부분이라는 것이다.

하나님을 본 사람 모순

성경에는 하나님이 종종 등장한다. 그런데 이 하나님에 대해 구약 성경과 신약 성경이 일치하지 않는다. 다음 성경 구절을 통해 성경에 어떤 모순이 있는지를 살펴본다.

먼저 성경 구절을 살펴보자.

(요한1서 4:12)

어느 때나 하나님을 본 사람이 없으되 만일 우리가 서로 사랑하면 하나님이 우리 안에 거하시고 그의 사랑이 우리 안에 온전히 이루어지느니라

신약 성경 요한 1서 4장 12절에는 하나님을 본 사람이 없다고 서술되어 있다. 그런데 이 진술은 구약 성경과 명백히 배치된다. 다음 구절을 살펴보자.

(창세기 32:30)

그러므로 야곱이 그 곳 이름을 브니엘이라 하였으니 그가 이르기를 내가 하나님과 대면하여 보았으나 내 생명이 보전되었다 함이더라

구약 성경 창세기에는 야곱이란 사람이 하나님을 보았다고 나와 있다. 여기서 나오는 엘(EL)이란 표현은 이스라엘 신, 즉 하나님을 가리키는 용어이다. 야곱과 요한 중 한 명은 분명히 거짓말을 하고 있는 것이다.

그러면 왜 성경에 이런 모순이 생기는 것일까? 그것은 성경이 사실이 아니기 때문이다. 성경은 여기서 이런 거짓말을 하고 저기서 저런 거짓말을 해 놨으니 일관성이 없고 일치하지 않는 것이 당연한 것이다.

만일 성경이 진실을 말했다면 이런 모순은 없었을 것이다.

성경 속에 나타난 예수의 오류

이번 내용은 심지어 '성경'의 내용에서 등장한 예수의 거짓말이다. 이 글을 읽으면 신약 성경 저자들이 신격화한 성경 속에서 예수가 거짓말을 하는 부분을 살펴 볼 수 있을 것이다. 먼저 제자들이 예수를 어떻게 평가했는지를 살펴보자. 예수를 바로 옆에서 보았다던 베드로는 예수를 묘사하면서 이러한 말을 했다.

(베드로전서 2:22)
그는 죄를 범하지 아니하시고 그 입에 거짓도 없으시며

성경은 예수가 거짓말을 하지 않는다고 말하고 있다. 그러나 이 말이 진실일까? 다음 성경 구절을 살펴본다.

(요한복음 7:8~10)
너희는 명절에 올라가라 내 때가 아직 차지 못하였으니 나는 이 명절에 아직 올라가지 아니하노라
이 말씀을 하시고 갈릴리에 머물러 계시니라
그 형제들이 명절에 올라간 후에 자기도 올라가시되 나타내지 않고 은밀히 가시니라

예수는 명절에 올라가지 않는다고 말하고 숨어서 명절에 예루살렘으로 올라갔다. 명백히 거짓말을 한 것이다. 예수는 거짓말을 하지 않는다는 성경의 구절이야말로 거짓이라는 것이 입증된 셈이다

필자가 이번 오류 분석을 통해 밝히고 싶은 점은 예수의 거짓말이 성경

속에 적혀 있다는 점이다. 성경 속에서 예수님은 분명히 거짓을 말한 적이 있다.

기억상실증에 걸린 사울

성경 〈사무엘상〉이란 책에서 사울이란 이스라엘 왕에게 여호와가 부리는 악령이 들어가자 사울은 다윗이란 사람을 불러 수금을 타서 악령을 몰아냈다는 내용이 나온다. 그런데 그 일이 있은 후에 다윗이 골리앗이란 블레셋 거인을 쓰러트리자 이스라엘의 왕 사울은 다윗이 누구의 아들인지를 묻는다. 자신이 불러서 시종으로 만든 다윗 아버지의 이름을 잊어먹었던 것이다. 사울이 기억상실증에 걸렸거나 성경이 모순된다는 증거이다. 필자는 후자라고 본다. 자 이제 성경을 살펴보자.

(사무엘상 16:21~23)

다윗이 사울에게 이르러 그 앞에 모셔 서매 사울이 그를 크게 사랑하여 자기의 무기를 드는 자로 삼고

또 사울이 이새에게 사람을 보내어 이르되 원하건대 다윗을 내 앞에 모셔 서게 하라 그가 내게 은총을 얻었느니라 하니라

하나님께서 부리시는 악령이 사울에게 이를 때에 다윗이 수금을 들고 와서 손으로 탄즉 사울이 상쾌하여 낫고 악령이 그에게서 떠나더라

이곳에서 보면 사울이 이새(다윗의 아버지)에게 사람을 보내 다윗을 자기의 부하로 삼는 것을 확인할 수 있다. 그리고 이 일이 있은 후 다윗은 골리

앗이란 블레셋 사람과 전투를 하고 그를 죽인다. 그때 사울이 옆에 있는 사람에게 다윗에 대해 묻는 구절이다.

(사무엘상 17:55~58)

사울은 다윗이 블레셋 사람을 향하여 나아감을 보고 군사령관 아브넬에게 묻되 아브넬아 이 소년이 누구의 아들이냐 아브넬이 이르되 왕이여 왕의 사심으로 맹세하옵나니 내가 알지 못하나이다 하매

왕이 이르되 너는 이 청년이 누구의 아들인가 물어보라 하였더니

다윗이 그 블레셋 사람을 죽이고 돌아올 때에 그 블레셋 사람의 머리가 그의 손에 있는 채 아브넬이 그를 사울 앞으로 인도하니

사울이 그에게 묻되 소년이여 누구의 아들이냐 하니 다윗이 대답하되 나는 주의 종 베들레헴 사람 이새의 아들이니이다 하니라

사울은 자신이 앞에서 이새에게 다윗을 자신의 부하로 삼게 해 달라고 해 놓고 아브넬에게 다윗이 누구의 아들인지를 묻는다. 여기서 말할 수 있는 것은 두 가지로, 사울이 기억상실증이거나 성경에 모순이 있다는 것이다. 사울이란 사람은 한 나라의 왕인데 그 정도도 기억 못 한다면 이미 왕의 사무를 할 수 없었을 것이다. 아마 성경이 사울과 다윗의 만남의 장면을 모순되게 진술했을 것이다.

시험하는 하나님 모순

성경의 또 다른 모순은 신약의 하나님과 구약의 하나님은 같다고 서술

하는데 하나님에 대한 설명은 일치하지 않는다는 점이다. 다음 성경을 읽어 보자.

(야고보서 1:13)
사람이 시험을 받을 때에 내가 하나님께 시험을 받는다 하지 말지니 하나님은 악에게 시험을 받지도 아니하시고 친히 아무도 시험하지 아니하시느니라

신약 성경에서 야고보 사도는 하나님은 친히 아무도 시험하지 않는다는 표현을 썼다. 그런데 여호와가 인간을 시험한 구절이 있다. 다음 구절에서 위의 구절과 상치되는 표현을 발견할 수 있을 것이다.

(창세기 22:1)
그 일 후에 하나님이 아브라함을 시험하시려고 그를 부르시되 아브라함아 하시니 그가 이르되 내가 여기 있나이다

창세기 22장 1절에는 하나님이 아브라함을 시험하셨다는 내용이 나온다. 야고보서의 진술과 명백히 모순되는 진술이다. 둘 중 하나는 거짓을 말하고 있다는 점이 분명해진다.

예수는 다윗의 자손일까?

예수는 자기 자신을 설명하면서 그리스도는 다윗의 자손이 아니라고 한다. 하지만 다른 곳에서는 자신을 소개하면서 다윗의 자손이라고 한다. 일

관성이 없는 예수의 말을 들어보자.

(마태복음 22:45)
다윗이 그리스도를 주라고 불렀는데, 어떻게 그리스도가 그의 자손이 되겠느냐?

예수가 살아있을 때 했던 말이다. 그런데 다음 구절을 살펴보자.

(요한계시록 22:16)
나 예수는 교회들을 위하여 내 사자를 보내어 이것들을 너희에게 증언하게 하였노라 나는 다윗의 뿌리요 자손이니 곧 광명한 새벽 별이라 하시더라

예수는 이곳에서 스스로 다윗의 자손이라고 밝히고 있다. 앞의 말과 일관성이 없는 이야기이다. 실제로 예수가 저런 불일치를 보이지는 않았을 것이다. 성경 속에 있는 예수의 말이 조작되었기에 불일치가 생긴 것으로 추론한다.

제자들이 성령을 받은 시기

신약 성경을 보면 제자들은 예수 부활 후 성령을 받는다. 그런데 이 장면들이 일치하지 않는다. 사도행전이란 신약 성서 문서에서는 예수가 승천 후 성령을 보내었다고 나와 있고 요한복음에는 부활 후 즉시 성령을 주었다고 나와 있다. 이 모순을 살펴보자.

(요한복음 20:22)

이 말씀을 하시고 그들을 향하사 숨을 내쉬며 이르시되 성령을 받으라

예수가 부활 이후 제자들을 만나서 하는 소리다. 요한복음에는 이때 성령을 준 것으로 나와 있다. 그러면 사도행전을 살펴보자.

(사도행전 2:1~4)

오순절 날이 이미 이르매 그들이 다 같이 한곳에 모였더니

홀연히 하늘로부터 급하고 강한 바람 같은 소리가 있어 그들이 앉은 온 집에 가득하며

마치 불의 혀처럼 갈라지는 것들이 그들에게 보여 각 사람 위에 하나씩 임하여 있더니

그들이 다 성령의 충만함을 받고 성령이 말하게 하심을 따라 다른 언어들로 말하기를 시작하니라

사도행전에서는 예수 승천 후에 제자들이 모여서 기도할 때에 성령이 내려왔다고 나와 있다.

소결

지금까지 성경의 모순된 주장을 지적해 보았다. 위의 몇 가지 사례로 입증된 것은 성경에는 오류가 있으며 '진리'가 될 수 없다는 것이다.

'진리'란 오류가 없는 것을 의미한다. 그런데 '오류'가 있다면 그것은 진

리라고 부를 수 없을 것이다.

성경은 '하나님의 말씀'이고 '오류가 없다'는 진술은 명백히 틀렸다. 왜냐하면 누구나 인정해야 하는 '오류'가 성경 속에 포함되어 있기 때문이다. 어떤 변명으로도 오류를 정당화하지 못한다.

그리고 필자가 발견하지 못한 오류도 무척 많을 것이다. 그러니 지금까지 제시한 부분은 성경 오류의 일부분일 뿐이다.

논리를 정리하자면,

1. 만약에 창조주가 계신다면 그에게는 오류가 없을 것이다.
2. 성경이 창조주의 말씀이라면 오류가 없을 것이다.
3. 성경에는 오류가 있고 창조주의 말씀이 아니다.

로 요약된다.

그러면 기독교인의 주장을 들어 보자. 기독교인 중 성경의 저자로 유명한 사도 바울은 모든 성경이 하나님의 감동으로 쓰여졌다고 한다.

(디모데후서 3:16)
모든 성경은 하나님의 감동으로 된 것으로 교훈과 책망과 바르게 함과 의로 교육하기에 유익하니

기독교인들은 위의 글을 문자 그대로 믿고 성경무오설(성경에 오류가 없다는 설), 축자영감설(성경의 한 글자 한 글자가 모두 하나님의 영감에 의해 쓰여졌다는 주장, 위의 사도 바울의 주장과 동일하다) 등을 주장한다. 하지만 성경을 보았을 때 이미 오류가 있다는 것은 명백하지 않았는가? 성경을 정독한다면 누구나 오류를 한두 개쯤은 발견할 수 있을 것이다. 성경은 진리가 될 수 없고 위의 사도 바울이 기록한 것도 사실이 될 수 없음은 명백하다.

청동기 시대에 기록된 성경이 진리가 되어 사람들에게 각인되고 있는 현상은 바람직하지 않다. 성경의 모순과 오류는 성경이 진리가 될 수 없는 결정적인 증거이다.

사람들은 '하나님'이라는 표현에 약하다. 필자 역시도 처음 성경을 읽을 때는 신의 말씀이라고 생각하고 읽어 보았다. 하지만 성경 속에는 분명히 비현실성, 거짓, 모순, 오류 등이 존재하였고, 성경은 일종의 '신화 책'임을 알게 되었다.

물론 성경에 부분적으로 역사적 기록도 존재한다. 하지만 고대인들은 역사를 쓸 때 '사실로서의 역사'를 쓰지 못했다. 그들은 '신화적인 이야기'를 역사와 결부시키곤 했다. 이것은 성경만의 이야기가 아니다. 우리나라의 고대 역사서인 《삼국유사》 등에도 이러한 비현실적인 이야기가 많이 나온다.

성경을 정의하자면 결코 진리와 진실이 될 수 없는 '역사가 가미된 신화'라는 것이다. 성경을 읽을 때 한 구절 한 구절이 하나님의 말씀이라고 생각하며 읽는 것은 성경 저자들의 생각을 하나님의 생각으로 받아들이는 오류를 범하고 있는 것이다. 성경에서 '우상 숭배'를 금하는데, 진정한 우상은 바로 '성경'이 아닐까 생각해 보며 성경의 오류 분석을 마친다.

2부

성경의 부당성 비판

이번 장에서는 성경의 부당함을 중심적으로 살펴볼 것이다. 성경 속에 있는 내용은 결코 진리가 아니며, 끔찍하고 악한 부분이 있다는 것을 밝히는 데 중점을 두었다. 성경에 있는 사건을 개별적 · 종합적으로 분석해 보았다. 이번 장을 읽으면 성경 속에 있는 부당함을 발견할 수 있을 것이다.

이스라엘 민족주의에 빠진 성경

성경 특히 '구약 성경'은 '이스라엘 민족주의'에 입각해서 쓰였다. 구약 성서에서 세상의 중심은 이스라엘이고, 이스라엘은 유일하게 신에게 선택받은 민족이다. 구약 성서에서 이스라엘에 대적하는 사람들은 신에게 대적하는 사람들이다. 이것이 구약 성서가 우리에게 말하고 있는 가르침이다.

구약 성서에서 여호와는 여러 이방 민족을 멸망시킨다(가나안의 7부족, 아말렉, 바벨론, 에돔 등). 성경에서 여호와는 이방 민족을 저주하면서 그 이유가 이스라엘 민족을 대적했기 때문이라고 한다.

여호와는 실제로 존재하지 않을 수 있다. 그런데 여호와란 신이 현실로 숭배되는 지금 시점에서 여호와에 대한 정의를 분명하게 하지 않을 수 없다. 성경 내용을 통해서 여호와란 신이 세상 모든 민족의 '아버지'가 아니라 '이스라엘의 고유신'이었음을 밝힌다.

성경을 살펴보자.

(에스겔 25:8~11)

주 여호와께서 이같이 말씀하셨느니라 모압과 세일이 이르기를 유다 족속은 모든 이방과 다름이 없다 하도다

그러므로 내가 모압의 한편 곧 그 나라 국경에 있는 영화로운 성읍들 벧여시못과 바알므온과 기랴다임을 열고

암몬 족속과 더불어 동방 사람에게 넘겨 주어 기업을 삼게 할 것이라 암몬 족속이 다시는 이방 가운데에서 기억되지 아니하게 하려니와

내가 모압에 벌을 내리리니 내가 주 여호와인 줄을 너희가 알리라

여기서 유다는 이스라엘 족속을 뜻한다. 즉, 이방인들이 이스라엘에 몇 마디 말을 했다고 이방인들을 멸망시킨다는 여호와를 볼 수 있다. 여호와가 행한 것은 '이스라엘을 위한 민족들의 멸망'이었다. 이민족들이 불의를 행하거나 죄를 지어서 그들을 정의롭게 심판하기보다는 이스라엘에 '잘못' 해서 심판한다는 여호와의 모습이 드러난다. 성경 속 여호와는 '이스라엘 민족의 민족신'의 모습을 보여 주고 있다.

이런 구절 외에도 성경 곳곳에서 여호와는 이스라엘 주변에 있던 이방인들을 저주하는 모습을 많이 보여 준다. 이 구절을 살펴보자.

(이사야 60:12)
너(이스라엘)를 섬기지 아니하는 백성과 나라는 파멸하리니 그 백성들은 반드시 진멸되리라

이스라엘을 섬기지 않는 나라들은 파멸당할 것이라는 여호와의 저주이다. '인류의 화평', '인류의 복지', '인류의 평등'의 가치가 아닌 이스라엘 민족주의만이 성경에 넘쳐흐른다. 여호와의 민족신성民族神性이 그대로 드러나는 대목이다.

(에스겔 25:12~14)
주 여호와께서 이같이 말씀하셨느니라 에돔(이민족)이 유다 족속을 쳐서 원수를 갚았고 원수를 갚음으로 심히 범죄하였도다
그러므로 주 여호와께서 이같이 말씀하셨느니라 내가 내 손을 에돔 위에 펴서 사람과 짐승을 그 가운데에서 끊어 데만에서부터 황폐하게 하리니 드단까지 칼에

엎드려지리라

내가 내 백성 이스라엘의 손으로 내 원수를 에돔에게 갚으리니 그들이 내 진노와 분노를 따라 에돔에 행한즉 내가 원수를 갚음인 줄을 에돔이 알리라 주 여호와의 말씀이니라

에돔(이민족)이 이스라엘과 사이가 좋지 않다고 이스라엘을 위하여 심판하는 여호와의 모습을 보게 된다. 여호와는 이스라엘을 지칭하며 '내 백성'이라는 표현을 쓴다. 이스라엘 외의 이민족은 여호와에게 중요한 대상이 아니다. 여호와는 이스라엘을 우대하는 고대 국가의 신이었을 것이다. 구약 성서에서 나타나는 이민족 심판 구절은 여호와의 한계를 그대로 보여 준다.

유대인들은 자신들의 선민의식으로 여호와를 숭배하지만, 세계화가 진행된 지금에는 여호와는 유대인만의 신이라는 한계점으로 바뀌어 버렸다. 즉, '세계의 하느님'이 이스라엘 민족만을 선택한 것이 아니라, '이스라엘의 고유신'이 이스라엘 민족만을 우대했다고 여겨진다.

'세계의 하느님'이 이스라엘 민족만을 선택할 수 있을까? 그것은 아니라고 본다. 만일 하느님이 계시다면 그는 모든 민족을 만든 인류의 신일 것이다. 그렇지만 성경에서 나오는 신은 '이스라엘의 신'이다. 성경은 좁은 고대인의 신관을 그대로 보여주고 있다. 즉 민족신인 여호와의 한계가 성경 속에 포함되어 있다는 것이다.

또 성경에 나타난 여호와의 민족신성을 살펴보자.

(에스겔 26:2~6)

인자야 두로(이방 민족)가 예루살렘(이스라엘의 수도)에 관하여 이르기를 아하 만민의 문이 깨져서 내게로 돌아왔도다 그가 황폐하였으니 내가 충만함을 얻으리라 하였도다

그러므로 주 여호와께서 이같이 말씀하셨느니라 두로야 내가 너를 대적하여 바다가 그 파도를 굽이치게 함같이 여러 민족들이 와서 너를 치게 하리니

그들이 두로의 성벽을 무너뜨리며 그 망대를 헐 것이요 나도 티끌을 그 위에서 쓸어 버려 맨바위가 되게 하며

바다 가운데에 그물 치는 곳이 되게 하리니 내가 말하였음이라 주 여호와의 말씀이니라 그가 이방의 노략거리가 될 것이요 들에 있는 그의 딸들은 칼에 죽으리니 그들이 나를 여호와인 줄을 알리라

여호와는 계속해서 이스라엘 중심에서 민족들을 심판한다고 한다. 그 내용이란 이스라엘 민족주의에서 규정한 '죄'이지 실제로 '죄'가 아니다. 이스라엘에 대한 반감자체가 옳은 것은 아니지만 만물을 창조한 창조주가 민족들을 다스리는 데 있어서 이스라엘 민족을 중심으로 다른 민족들을 판단하는 것은 옳지 못하다. 아울러 이민족 모두가 반 이스라엘 감정을 가지고 있는 것은 아니었을 것이다. 여호와의 심판은 민족 전체를 포괄하고 있다. 그런 점에서 매우 부당함이 내포되어 있는 것이다.

예컨대 한국인들 중에 이스라엘에게 반감을 가진 사람이 있다고 가정해보자. 성경의 논리라면 여호와는 한국민족 전체를 심판할 것이다. 이것은 정당한 심판이 될 수 없다.

그리고 성경은 세계 모두를 다루지 못했다. 성경이 정말 모든 민족을 다스릴 만한 가치가 있는 책이었다면 적어도 중국의 한漢족까지는 예언했어

야 했을 것이다.

하지만 성경은 이스라엘 주변국에 대한 저주만을 기록해 놓았지 세상의 민족들에 대한 미래와 상황은 전혀 기술하지 못했다. 즉, 고대 근동에 있었던 여러 민족들만을 대상으로 삼았지, 세상을 거시적으로 바라보지 못한 책이었던 것이다. 이것은 당연한 것이 성경은 신의 말씀이 아니라 유대 민족에게서 나온 글이기에 중국이나 아메리카 대해서는 예언할 수 없었던 것이다. 즉, 성경은 이스라엘 중심으로 세계를 바라본 좁은 고대의 책이었을 뿐이다.

만일 여호와가 지구 전체를 관장하는 신이었다면 이스라엘 주변국에 대한 저주가 아니라 세계의 흐름을 성경 속에 담아 두어야 했다. 하지만 성경은 유대인들이 쓴 것이기에 세계 전체를 다루지 못했다. 여호와의 이름을 빌려서 예언했던 유대인들의 사상이 성경 속에 배어 있다. 즉, 성경 속 여호와는 유대인들이 가지고 있는 한계를 그대로 가지고 있다. 유대인들은 중국의 한족이나 아메리카에 대해서는 무지했다. 그렇기에 성경에 중국 이야기나 아메리카에 대한 예언이 없는 것이다. 유대인의 한계가 곧 성경의 한계이고 여호와의 한계였다.

계속해서 성경의 유대 민족주의를 살펴보자. 성경에서 나타난 이스라엘 민족주의는 단지 여호와의 말뿐만이 아니다. 실제로 이스라엘 민족은 다른 이방인들을 많이 죽이기도 하였다. 즉, 선민인 그들에게 이민족은 죄인이요, 여호와의 진노를 입은 민족이요, 살육의 대상이었다. 대표적으로 성경에 나타난 가나안 7부족의 살육을 들 수 있다. 성경을 살펴보자.

(신명기 20:17)

곧 헷 족속과 아모리 족속과 가나안 족속과 브리스 족속과 히위 족속과 여부스 족속을 네가 진멸하되 네 하나님 여호와께서 네게 명령하신 대로 하라

이 구절에서 가나안 7부족을 모두 진멸시키라는 모세(여호와의 종)의 명령이 나타나 있다. 이스라엘은 성전聖戰이라는 명목으로 전쟁을 일으켜 가나안 7부족을 모두 학살했다. 이뿐만이 아니다. 아말렉이란 민족이 이스라엘을 공격했다고 성경에서 여호와는 아말렉의 유아와 여자를 포함한 전 민족을 멸절시키라고 한다.

이런 점으로 미루어 보면 여호와가 과연 기독교인들의 주장처럼 세계 민족을 만든 아버지인지에 대한 깊은 의문에 직면한다. 여호와는 이스라엘을 우대하여 이민족들을 심판하는데, 정말 신이 계신다면 그러한 차별 행위를 하실 수 있으실까? 성경 속 여호와란 신은 이스라엘이 만들어낸 이스라엘 중심의 이스라엘을 위한 신이지, 세상사람 모두의 하느님으로 보이지는 않는다.

그럼 기독교인들의 반론을 들어보자. 기독교인들은 여호와는 공의로우시기에 이방의 죄인을 멸했다고 변명한다. 하지만 이스라엘을 위해서 이스라엘 중심으로 죄를 규정하고 이민족을 멸망시키는 것이 공의일까? 일종의 편애가 아닐까? 그리고 죄인이기에 죽여도 된다는 기독교의 논리는 섬뜩하기 그지없다. 그들은 인정과 사랑을 모두 내던진 듯하다. 여호와가 성경에서 행하셨던 일은 이스라엘의 민족주의에 입각한 편협한 심판이었지 결코 공의가 될 수 없다는 것이다. 공의란 공평하고 정의로워야 한다. 다른 민족의 유아까지 학살하는 것이 신의 공의인가? 죄인이라고 무조건 죽

이는 것이 신의 정의일까? 그렇지 않다고 본다.

다음 기독교인들의 반론을 들어보자. 그들은 신약 성경은 이방인들을 차별하지 않으며 예수는 이방 민족에게 선대했다고 주장한다. 먼저 신약 성경에서는 이방인들을 대상으로 어느 정도 호의를 보여 준다는 점에는 동의한다. 신약 성경이 이방인을 차별했다면 기독교는 세계 종교가 될 수 없었을 것이다. 그렇지만 신약 성경에서도 숨어 있는 이스라엘 민족주의를 발견할 수 있었다. 그것은 신약과 구약을 이어 주는 예수란 인물의 언행에 숨어 있었다. 예수의 어록을 살펴본다.

(마태복음 15:24)
예수께서 대답하여 이르시되 나는 이스라엘 집의 잃어버린 양 외에는 다른 데로 보내심을 받지 아니하였노라 하시니

여기서 예수는 자신 스스로 이스라엘만의 구세주임을 밝혔다. 예수의 언행을 살펴보면 그가 이방인들의 구원에는 그다지 마음을 쓰지 않았음을 알 수 있다. 예수는 스스로의 말대로 이스라엘의 구세주라고 주장했던 사람이었다.

유대인들은 이방 민족을 '개'라고 불렀다. 이는 심각한 모욕으로, 당시 유대인들의 지배적인 사고방식이었다. 그들은 스스로 선민으로 자처했으며, 스스로 신의 선택을 받은 민족이고 나머지 이방인은 동물과 같은 취급을 하였다. 그렇다면 예수는 어땠을까? 예수 역시 마찬가지였다. 자신의 딸을 고치러 예수에게 부탁하러 온 이방 여자에게 '개'라는 모욕적인 언사를 사용한 것이다. 이런 예수가 과연 세상의 구세주일까? 신이 자신이 창

조한 인간에게 '개'라는 표현을 쓸 수 있을까? 나는 절대 아니라고 본다. 예수는 결코 신이 될 수 없는 인물이었다. 계속해서 예수의 어록을 살펴본다.

(마태복음 15:26)

여자가 와서 예수께 절하며 이르되 주여 저를 도우소서

대답하여 이르시되 자녀의 떡을 취하여 개들에게 던짐이 마땅하지 아니하니라

쉽게 예를 들어 생각해 보자. 아파서 병원에 갔는데 의사가 '나는 사람은 고쳐 주지만, 개는 고쳐 줄 수 없다.'라고 말한다면 그 의사는 정상적인 의사일까? 정말로 모욕적인 언사를 한 것이 아닐까? 여기서 '자녀'는 이스라엘을 가리키고 '개'는 이방민족을 가리킨다.

예수는 이스라엘 민족주의에 입각해서 이방인들을 멸시했던 것이다. 그렇기에 기독교인의 반론은 타당성을 잃게 된다. 우선 기독교인들의 주장대로 신약 성경은 구약 성경에 비해 이방인을 선대하고 있다. 하지만 신약 성경에서 신으로 모시는 예수란 인물의 언행은 여전히 이스라엘 민족주의에 빠져 있다는 것이다.

성경은 세계 민족의 진리가 될 수 없는 이스라엘 민족의 종교 지침서였다. 신약 성경에서 이방인들을 선대한 것은 당시의 종교적 상황과 관련이 깊다. 유대인들이 예수를 메시아로 받아들이지 않자 기독교 유대인들은 '이방 개척'을 위해 이방인을 선택했을 따름이었다. 그리고 신약 성경에서 이방인을 선대한다고 해도 여호와와 예수가 이미 보여준 구약의 이스라엘 민족주의를 바꿀 수는 없다.

구약 성경은 이스라엘 민족 중심에서 기록된 책이다. 그리고 신약 성경은 이방인에게 선대하는 모습을 어느 정도 보여 주지만, 결국은 이스라엘

민족주의를 완벽히 극복해내지 못했다. 왜냐하면 신약 성경에 나타난 예수의 언행에 이스라엘 민족주의가 그대로 반영되어 있기 때문이다. 위에서 살펴본 예수의 표현은 이 사실을 입증한다.

이스라엘 민족주의에 빠진 성경은 사람들의 사고관을 잘못된 길로 이끄는 주범이다. 신의 선택이라는 명분으로 이스라엘을 선민으로 인식하는 것은 분명히 성경이 주는 잘못된 가르침이다. 아울러 이방인을 동물 취급한 예수를 세상의 메시아로 인정하는 것은 어불성설이다. 성경이 이스라엘 민족 중심에서 기록된 이스라엘의 종교서는 될 수 있어도 만인을 구원할 진리의 말씀은 될 수 없는 중요한 이유가 여기에 있다. 그리고 유대인에게 버림받고 이방인에게 포교된 예수란 인물도 스스로 언행 속에서 이스라엘만의 구세주라고 밝혔던 점으로 미루어 전 세계를 구원할 메시아는 아니었다는 점을 알 수 있다.

사랑의 하나님인가, 복수와 저주 멸망의 신인가?

신약 성경에서는 하나님은 사랑이시라고 한다(요한1서 4:16). 하지만 과연 여호와 하나님이 사랑이신가? 여호와 하나님이 했던 일을 성경 구절을 통해 살펴본다. 이 글을 읽으면 여호와가 결코 사랑의 신이 아닌 스스로 밝혔듯 질투하는 신이었음을 알 수 있다(출애굽기 34:14). 그리고 그 여호와가 행한 끔찍한 복수와 멸망을 살펴볼 수 있을 것이다.

(사무엘상 15:2~3)

만군의 여호와께서 이같이 말씀하시기를 아말렉이 이스라엘에게 행한 일 곧 애굽

에서 나올 때에 길에서 대적한 일로 내가 그들을 벌하노니

지금 가서 아말렉을 쳐서 그들의 모든 소유를 남기지 말고 진멸하되 남녀와 소아와 젖 먹는 아이와 우양과 낙타와 나귀를 죽이라 하셨나이다 하니

여호와가 행했던 것은 이스라엘에 대적하는 민족의 말살이었다. 물론 이스라엘의 입장에서는 하나님이 자신들을 우대하는 것이 좋을 수 있다. 그리고 아말렉이 정말로 이스라엘에 죄를 지었을 수도 있다. 하지만 정의의 관점에서 볼 때에 여호와의 행위는 합당하지 못하다. 특정 민족 특정 인간을 선택하여 우대하고 그에 대적하는 민족에 필요 이상의 가혹한 벌을 내리는 것은 합당하지 못하기 때문이다. 즉, 공평과 정의의 관점에서 여호와의 행위는 문제가 있는 것이다. 이런 여호와를 사랑의 신, 용서하는 신으로 부를 수 있을까? 아울러 여호와는 민족들이 평화롭게 지내야 한다는 것보다 전쟁하고 학살하라는 명령을 많이 내린다. 여호와를 사랑의 신으로 보기 어렵다.

또한, 여호와가 행한 처벌은 공의라고 부르기에는 무리가 있다. 왜냐하면 여호와는 아말렉 족속의 사람들을 멸절할 뿐 아니라 동물까지도 학살하라고 했기 때문이다. 생명을 존중히 여긴다면 이런 명령을 내릴 수 있을까? 인간을 학살하는 것을 넘어서서 아무 죄 없는 가축까지 학살하라는 것이 정당한 명령인가? 아말렉이 이스라엘을 공격했다고 유아까지 그리고 가축까지 전멸시킨다. 이것은 용서와 자비인가? 아니면 잔인한 복수인가?

구약 성경에서 여호와는 사랑의 신이 아닌 복수의 신에 가까워 보인다.

(출애굽기 11:5)

애굽 땅에 있는 모든 처음 난 것은 왕위에 앉아 있는 바로의 장자로부터 맷돌 뒤

에 있는 몸종의 장자와 모든 가축의 처음 난 것까지 죽으리니

여호와는 이집트의 파라오가 이스라엘 백성을 내보내주지 않았다는 이유로 장자와 가축을 모두 죽인다. 이스라엘의 입장에서는 '우리 하나님이 대단하다'라고 말할 수 있겠지만, 인본주의적 관점에서 보면 그렇지 않다. 아무 죄 없는 자를 처벌하는 것은 엄연히 부당하기 때문이다. 여호와를 거역한 것은 파라오인데 죄 없는 이집트의 장자들이 죽임을 당한다. 성경 속 여호와는 자신의 위대함을 알리기 위해 어린 생명들을 앗아간 존재이다.

(신명기 3:6)

우리가 헤스본 왕 시혼에게 행한 것과 같이 그 성읍들을 멸망시키되 각 성읍의 남녀와 유아를 멸망시켰으나

여호와의 이름으로 어린이들이 죽어간 것은 한두 번이 아니다. 모세는 유아까지 멸망시켰다고 자랑스럽게 말하고 있다. 이것이 사랑인가? 이것이 공의인가? 사랑과 공의라는 단어를 심각하게 왜곡하고 있는 것이 성경이다. 유아 학살은 어떤 변명을 대도 정당화될 수 없는 범죄였다. 기독교인들이 흔히 '죄로 인하여 살인은 정당화된다.'라고 주장하지만, 필자는 가나안인 모두가 죄인이었음에 동의하지 않는다. 그리고 설령 죄인이더라도 함부로 죽여서는 안 된다. 또한, 가나안 측의 죄는 이스라엘 측에서 붙인 죄목이고 일종의 종교적 죄였다. 더군다나 아직 유아는 죄도 짓지 않았다. 유아가 후에 죄인이 될 것으로 예상해서 죽였다고 변명한다면 그것은 정말 불합리한 변명이다. 아직 죄도 짓지 않은 유아 학살을 정당화하는 것은 부당하다. 여호와의 명령에 따라 이스라엘이 행한 이민족 심판은 일종의 제

노사이드(대량 학살)였지 정당한 심판이 아니었다는 점이다.

(신명기 33:27)
영원하신 하나님이 네 처소가 되시니 그의 영원하신 팔이 네 아래에 있도다 그가 네 앞에서 대적을 쫓으시며 멸하라 하시도다

여호와가 만일 세계의 신이라면 도대체 이방 민족을 왜 원수로 규정하는가? 공정하고 공평해야 할 신이 이스라엘의 대적들에게 저주를 내린다. 여호와는 이스라엘의 민족신일 뿐 세계를 주관하는 하느님이 될 수 없는 중요한 이유가 여기에 있다. 여호와께서 행하시는 일 중 하나는 이스라엘 대적들을 '멸'하는 일이다. 그리고 이스라엘은 자신들의 신의 이름으로 이 전쟁들을 정당화했다. 하지만 세계의 창조주가 이스라엘의 편을 들어 이스라엘의 대적들에게 저주를 내린다는 것은 상정하기 어렵다. 마치 지구를 중심으로 전 우주가 돌아가게 되는 것만큼이나 자민족 중심주의이다.

(예레미야 13:14)
또 그들로 피차 충돌하여 상하게 하되 부자 사이에도 그러하게 할 것이라 내가 그들을 불쌍히 여기지 아니하며 사랑하지 아니하며 아끼지 아니하고 멸하리라 하셨다 하라 여호와의 말씀이니라

여호와께서는 이스라엘이 다른 신을 섬겼다고 이런 저주를 내린다. 아버지가 있다. 그런데 아들이 아버지보다 다른 아저씨를 좋아한다. 그럼 아버지는 자식을 저주하고 죽일까? 그것이 진정한 아버지일까? 여호와는 질투에 사로잡혀 자신을 섬기지 않았다고 자기 입으로 사랑하지 않고 아끼지

않고 멸한다고 하신다. 여호와가 과연 사랑의 하나님인가? 그렇지 않다. 질투하는 신이 바로 여호와이다. 그리고 사랑과 질투는 엄연히 다르다. 이제는 이방 민족을 죽이다가 자신의 백성인 이스라엘 백성들도 서슴지 않고 죽이는 여호와를 볼 수 있다. 기독교인들은 여호와를 '아버지'라고 부른다. 하지만 이러한 아버지가 과연 아버지인가?

(사도행전 13:19)

가나안 땅 일곱 족속을 멸하사 그 땅을 기업으로 주시기까지 약 사백오십 년간이라

이스라엘은 그들의 신 여호와의 뜻에 따라 가나안 일곱 부족을 죄인으로 규정하고 모두 멸절시켰다. 하지만 필자는 여호와의 심판에 동의하지 않는다. 첫째로 종교적인 이유가 죄로 규정되었다는 점(예컨대 다른 종교를 가진 것을 죄로 보았다), 두 번째 아직 성숙하지도 않은 유아에 심지어 가축까지 학살했다는 점 때문이다. 여호와의 뜻이라며 이스라엘이 행한 일은 부당한 제노사이드(대량 학살)였지 결코 정의의 심판은 될 수 없었던 것이다.

예를 들어 보자. 히틀러가 독일 민족의 신의 뜻이라며 유대인들을 모두 학살한다. 그리고 그들이 죄인이었기에 죽였다는 변명을 한다. 이 변명을 받아들일 수 있을까? 그것은 정의를 심각하게 왜곡하는 말일 것이다. 이스라엘이 행한 일도 이와 비슷하다. 가나안 땅에 침입하여 유아는 물론 가축까지 죽인 후에 '여호와의 뜻'에 따라 심판했다고 한다. 이는 명백히 부당한 논리인 것이다. 이스라엘이 행한 것은 전쟁 범죄였다. 기독교인들은 이스라엘의 가나안 전쟁 살육에 대해 '여호와의 뜻'을 그대로 믿어버렸다. 그들은 하나님이 이스라엘을 통해 이방 죄인을 심판했다고 생각하겠지만,

그것은 사실이 아니다. 이스라엘이 자신의 전쟁과 영토 차지를 정당화하기 위해 만들어낸 일종의 신화적 논리인 것이다.

구약 성경을 전체적으로 조감해 보면 이스라엘의 신 여호와는 '자비'를 잊으신 듯하다. 그는 이스라엘에 대적하면 자신의 대적으로 삼고 저주하고 멸망시키신다. 그는 심지어 자신의 백성 이스라엘이 우상 숭배를 했다고 멸망시키고 저주하신다. 구약 성서에서 여호와가 보여준 것은 '진노'와 '심판'의 측면이 강했지 '용서'와 '사랑', '화합'의 모습은 보여 주시지 못하셨다고 평가한다. 그렇기에 구약성서에 등장하는 여호와를 '사랑의 신'으로 보는 것은 심각한 무리가 있다.

성경의 노예 제도

기독교인들은 흔히 구약성경이 여호와 하나님의 공의를 가르친다고 한다. 하지만 구약성경을 자세히 살펴보자. 그곳에 정의가 있는지 불의가 있는지를!

이번에 소개할 구절은 성경 안의 노예법이다. 성경 본문을 살펴본다.

(출애굽기 21:20~21)

어떤 사람이 자기의 남종이나 여종을 몽둥이로 때렸는데, 그 종이 그 자리에서 죽으면, 그는 반드시 형벌을 받아야 한다. 그러나 그들이 하루나 이틀을 더 살면, 주인은 형벌을 받지 않는다. 종은 주인의 재산이기 때문이다.

이 출애굽기의 노예법에서 주인이 종을 때려죽였는데, 종이 하루나 이틀을 더 살면 책임을 면한다고 나와 있다. 그리고 그 이유로 종은 주인의 재산(돈)이라고 나온다.

인류 평등의 관점에서 성경이 만고불변의 보편타당한 진리가 될 수 있을까? 성경은 정말 하나님의 말씀인가? 정말로 하나님이 계시고 하나님의 영감을 받아 성경이 쓰였다면 이런 부당한 법이 나올 수 있었을까? 성경은 노예를 물건 취급 하는데 어떻게 '사랑의 가르침'이라고 할 수 있겠는가? 진정한 사랑은 신분을 가리지 않고 베푸는 것이 아닌가? 노예가 주인의 재산이기 때문에 폭행을 당해도 며칠을 더 살다 죽으면 주인은 면책된다는 성경의 가르침이 버젓이 '진리'라는 이름으로 사람들에게 각인되고 있다.

노예 제도는 부당한 것이다. 인간 일부의 편의를 위해 인간 일부를 착취하는 전근대적인 소산이다. 성경은 이런 노예 제도를 허용함으로써 '신 앞의 평등'을 무너트린다.

모든 인간은 존엄하고 평등하며 신분제는 부정되어야 한다(대한민국 헌법 제 10조, 11조). 노예 제도를 허용하고 그 노예를 때려죽여도 하루만 더 살면 면책된다는 부당한 성경의 법은 성경이 하나님의 말씀이 아니라 당시의 관습을 신의 이름으로 적어놓았다는 것을 입증한다. 아울러 성경에 있는 모세의 법이 정의롭고 공평한 법이 아닌 전근대적이고 불공평한 법이었다는 것도 입증한다.

조금 더 객관성을 유지하기 위해 신약 성경의 노예에 대한 구절을 소개한다. 신약 성경이 쓰인 로마 제국 시대에도 노예제는 존재했다. 신약 성경 저자들은 노예 제도 자체는 인정한 반면 노예를 위로하는 듯한 표현을 쓴다.

(고린도전서 7:22)

주님 안에서 노예로서 부르심을 받은 사람은 주님께 속한 자유인입니다. 그와 같이 자유인으로서 부르심을 받은 사람은 그리스도의 노예입니다.

신약 성경은 노예를 분명히 위로하고 있다. 하지만 이 표현에는 한계가 있다. '신 앞의 평등'을 들어 노예 제도 자체를 부정하지 못하고 단지 노예에 대한 '위로'로 끝나고 있기 때문이다. 성경이 정말로 진리의 책이 되려면 노예 제도 자체를 부정했어야 한다. 예컨대 '신 앞에 모든 인간은 평등하다. 신분제는 철폐되어야 하며 모든 인간은 동등하게 대우받아야 한다.'라는 구절이 쓰여 있어야 했을 것이다. 물론 절대적 평등이란 것은 현실에서 성취되기 어렵다. 하지만 신분제와 같은 불합리한 제도는 종교가 취할 태도가 아니라고 생각한다.

신약 성경은 노예에 대해 다소 위로하는 표현을 썼지만, 결국은 노예제를 인정했다는 점에는 구약과 다를 것이 없고 '노예 제도'의 한계를 극복해내지 못했다.

링컨 대통령은 노예 제도를 인정하면서 선을 외치는 것은 위선이라고 했다. 이렇듯 노예 제도는 부당한 전근대적 소산인 것이다. 실례로 미국에서 노예 제도에 대해 찬반 논쟁이 있었을 때 노예 제도 찬성론자들은 성경을 근거로 노예 제도를 지지했다. 이렇듯 성경은 부당한 제도의 옹호에 이용되었던 것이다. 노예는 인간이면서 인간 취급을 받지 못했다. 그들은 동물과도 같은 취급을 받았다. 하지만 신이 계신다면 그분께서는 노예 제도를 지지하지 않으실 것이다. 그리고 선한 종교라면 모든 인간을 마땅히 존중할 것이다.

성경은 노예 제도를 기록해 놓았고, 노예는 주인의 재산이라는 표현을 썼다. 성경이 결코 인류의 지침서가 될 수 없으며 만고불변의 보편타당한 가르침이 될 수 없는 이유가 여기에 있다. 예수 역시도 구약 성경을 읽었지만, 노예 제도에 대해서는 비판하지 않았다. 진정한 사랑은 노예 제도와 같은 지배와 복종에서 나오는 것이 아니다. 진정한 사랑은 상대방을 존중해 주고 평등하게 여기는 사상에서 출발하는 것이다. 성경은 인간 존중 사상을 가르쳐 주지 못했고, 필자는 이를 비판하는 것이다.

이것은 현대의 관점에서 노예 제도가 구시대의 산물이기 때문이 아니다. 시대를 불문하고 보편타당한 진리의 관점에서 노예 제도는 과거에도 지금도 부당하다고 생각하기 때문이다. 결론은 노예 제도를 합리화한 성경은 인류의 지침서인 진리가 될 수 없다는 것이다.

구약의 율법 비판

구약 성경에서 여호와께서는 인간에게 여러 가지 율법을 가르치신다. 대표적으로 십계명이 있을 것이다. 그런데 이 율법에는 앞서 살폈듯 노예 제도 등이 섞여 있었다. 물론 합당한 부분도 있음을 인정하지만, 불합리한 법 역시 섞여 있었다. 정의의 관점에서 율법 중 대표적인 불합리한 점을 살펴본다.

(출애굽기 22:20)

여호와 외에 다른 신에게 제사를 드리는 자는 멸할지니라 율법에서는 사람에게 있는 종교의 자유(대한민국 헌법 제 20조 1항)를 부정하고 있다. 심지어 여호와 외에 다른 신을 섬기는 사람은 멸하라고 규정되어 있다. 이 말은 바꿔 말하면 죽이라는 것이다. 이것은 엄연히 부당하다. 이 율법의 말을 지킨다면 불교도나 힌두교도인들을 죽여야 하는 것이다. 종교에는 강요가 없다. 그러나 구약 성경은 인간을 공포로 몰아넣고 있다. 종교의 자유를 부정하고 여호와만을 강요하는 율법은 인간의 자유를 필요 이상으로 제약하고 있다.

북한에서는 김일성을 찬양하도록 하고 김일성을 숭배하지 않는 자는 수용소로 보낸다. 성경에서는 여호와를 유일신으로 규정하고 여호와에게 경배하지 않는 사람들을 죽이라고 한다. 무엇이 다른가?

여호와 외의 종교를 인정하지 않는 성경은 독재와 독선의 소산이지 진리가 될 수 없다. 기독교인들이 유일신을 주장하는 것 자체를 문제 삼고 싶지는 않다. 그것은 기독교인들이 누리는 신앙의 자유 영역 안에 포섭된다. 하지만 유일신 사상을 '강요'하고 다른 종교인들을 '멸하라'는 성경의 가르침은 분명히 잘못된 가르침이라는 것을 말하고 싶다.

(출애굽기 31:15)

엿새 동안은 일할 것이나 일곱째 날은 큰 안식일이니 여호와께 거룩한 것이라 안식일에 일하는 자는 누구든지 반드시 죽일지니라

성경은 안식일에 일하는 자는 죽이라고 말한다. 그리고 실제로 어떤 사람이 안식일에 일을 하자 모세는 여호와의 명령을 받아 이 사람을 돌로 죽인다. 안식일에 일을 하는 것이 악일까? 그것이 정말 죽여야 할 만큼 큰 죄일까?

법적으로 사고해 본다면 안식일에 일하는 것은 개인의 자유 영역에 속한다. 인간은 누구나 일반적인 행동 자유권(대한민국 헌법 제 10조)이 있다. 그런데 안식일에 일을 한다고 돌로 죽인다니 이러한 잔인한 법이 어디 있는가?

쉽게 예를 들어 설명해 보자. 한 기독교 국가가 있다. 그런데 일요일(안식일은 원래 토요일이다)에 일을 하는 자를 사형시키는 법률이 있다고 해 보자. 이것은 정당한 법치 국가에서는 있어서는 안 될 악법이다. 인간의 행동 자유권을 부당하게 침해하는 모세의 율법은 정의에 합당하지 않다.

그리고 실제로 이 부당한 법은 예수에게까지 적용되었다. 예수는 안식일에 병을 고쳤다는 등 안식일을 지키지 않았다고 성경에 기록되어 있다. 그래서 유대인들은 율법에 따라 예수를 정죄했다고 기록하고 있다. 요한복음에서 예수는 자기 자신이 여호와와 동일하다고 말했다. 만일 예수의 주장이 맞는다면 자기가 만든 법에 따라 자기가 죽임을 당한 것이다. 아이러니한 일이 아닐 수 없다.

안식일에 일을 한다는 이유로 죽이라는 법은 악법이다. 인간의 활동을 부당하게 제약하는 이 성경의 율법은 인간의 행동 자유권을 부당하게 '침해'하고 있는 것이다.

그럼 다음은 성경의 율법에서 이방인 차별에 대한 것을 살펴본다.

(레위기 25:46)

너희는 그들을 너희 후손에게 기업으로 주어 소유가 되게 할 것이라 이방인 중에서는 너희가 영원한 종을 삼으려니와 너희 동족 이스라엘 자손은 너희가 피차 엄하게 부리지 말지니라 성경의 율법은 동족 이스라엘 족속은 엄하게 부리지 말되 이방인은 영원한 종으로 삼아도 된다고 가르친다. 이러한 성서의 가르침은 보편적인 인류애와는 거리가 멀다. 성경은 이스라엘 민족을 우대하고 있으며 그 외 불신자와 이방인에게는 명백한 차별을 보여 주고 있다. 성경이 인류의 지침서가 될 수 없는 이유가 이러한 구절에 있다. 성경은 이스라엘 민족을 위해 쓰인 그들만의 종교 지침서였을 뿐이다.

이상 성경의 율법에서 부당한 점을 간략히 지적해 보았다. 율법은 잔인하고 전근대적인 법의 소산이다. 물론 율법에도 합당한 조항은 있다. 하지만 율법을 전체적으로 보았을 때

1. 종교의 자유를 부당하게 억압하고,
2. 용서와 자비가 없는 과한 처벌을 내리며,
3. 노예 제도를 인정하고,
4. 차별이 존재하고 있음을 확인할 수 있다.

이런 이유로 성경의 율법은 만고불변 보편타당한 진리가 될 수 없을 것이다.

예수님은 정말 원수를 사랑하셨을까?

예수님은 '원수를 사랑하라'라고 가르치신 것으로 유명하다. 그래서 사람들은 예수님께서 '원수까지도 사랑'하셨을 것으로 생각한다. 그러나 실제 예수님의 말들을 살펴보면 모순된 점이 등장한다. 예수님 말씀의 모순을 살펴본다.

(마태복음 5:44)

나는 너희에게 이르노니 너희 원수를 사랑하며 너희를 박해하는 자를 위하여 기도하라

예수님은 이런 가르침을 주셨다. 이 가르침은 좋은 것이다. 원수까지도 사랑하라는 예수님의 가르침은 분명히 매우 훌륭하다. 그러나 정작 예수님은 자신의 원수들을 사랑하지 못하셨다. 다음 구절을 살펴본다.

(누가복음 19:27~28)

그리고 내가 왕 됨을 원하지 아니하던 저 원수들을 이리로 끌어다가 내 앞에서 죽이라 하였느니라

예수께서 이 말씀을 하시고 예루살렘을 향하여 앞서서 가시더라

예수는 자신이 왕 되는 것을 원하지 않는 원수들을 죽이라고 명령한다. 이러한 예수의 모습은 독재자에 가깝다. 원수를 사랑하라던 예수님께서 스스로는 자신이 한 말을 지키지 못하셨던 것이다. 그러므로 원수를 사랑하라는 예수님의 가르침은 행위가 뒷받침되지 못한 위선이 되어버리는 것이다. 예수님은 원수를 사랑하라고 가르치셨지만, 실제로 원수를 사랑하시지는 않는 것 같다.

이것은 예수가 가르친 '사랑'이 허구라는 결정적 증거가 된다. 성경은 좋은 가르침을 넣어 예수를 현자로 만들었지만, 정작 예수란 인물은 성경 속에서도 모순된 행동을 취한다. 누군가가 무엇을 가르칠 때 스스로 실천하지 않는다면 그 가르침은 비웃음거리가 될 것이다.

예수는 원수를 사랑하라고 가르치면서도 정작 자기 자신은 원수들을 제

거함으로써 자신의 권위를 유지하려 하는 모습을 보여 준다.

평화가 아닌 분쟁을 주러 온 예수님

예수님께서는 흔히 평화의 왕이라고 묘사된다. 그러나 예수님이 하신 말씀을 보면 그렇지 않다. 부분적으로 평화를 말한 것도 있지만, 그의 말은 일치하지 않았다. 오히려 세상을 저주하고 종말과 비현실적인 믿음을 요구하셨다. 여기서 예수가 스스로 밝힌 말을 통해 그의 사상을 살펴본다.

(누가복음 12:51~53)

내가 세상에 화평을 주려고 온 줄로 아느냐 내가 너희에게 이르노니 아니라 도리어 분쟁하게 하려 함이로라

이 후부터 한 집에 다섯 사람이 있어 분쟁하되 셋이 둘과, 둘이 셋과 하리니

아버지가 아들과, 아들이 아버지와, 어머니가 딸과, 딸이 어머니와, 시어머니가 며느리와, 며느리가 시어머니와 분쟁하리라 하시니라

예수님께서는 스스로 화평이 아닌 분쟁을 일으키러 왔다고 하셨다. 예수님이 어떤 의도로 이런 말씀을 하셨는지는 상정하기 어렵다. 하지만 문자 그대로 해석한다면 예수님은 화평이 아닌 분열을 일으키러 왔다는 것이다. 그리고 이 말은 분명히 부당하다. 진정한 메시아라면 세상에 평화를 주어야 하지 않겠는가? 사람들을 싸우게 하고 미워하게 하는 것은 악惡이 할 일이지 메시아가 할 일은 아니다.

물론 기독교 성경 구절 중에도 사랑을 가르치는 구절이 많다. 하지만 기

독교 성경에는 종교로 인한 분열과 대립을 가르치는 부분 역시 많다.

여기서 지적하고 싶은 것은 예수님이 '평화의 왕'이라는 것은 만들어진 이미지라는 점이다. 예수님의 말을 보면 그렇지 못한 부분을 많이 찾아볼 수 있다. 이는 뒤에서 차근차근 살펴볼 것이다. 이 예수의 말을 자세히 분석해 보면 그가 평화보다는 분열을 원했음을 알 수 있다.

성경에 나타난 여성 차별

성경에는 여성 차별적인 구절들이 많다. 이곳에서는 성경에 나타난 여성 차별적인 구절들을 살펴볼 것이다. 그럼으로써 성경이 보편적인 인류의 가치와 배치된다는 측면을 밝히고자 한다.

(고린도전서 14:34~35)

여자는 교회에서 잠잠하라 그들에게는 말하는 것을 허락함이 없나니 율법에 이른 것같이 오직 복종할 것이요

만일 무엇을 배우려거든 집에서 자기 남편에게 물을지니 여자가 교회에서 말하는 것은 부끄러운 것이라

사도 바울은 여자는 오직 복종해야 하며 교회에서 말하지 못하도록 하고 있다. 여자 역시 사람이다. 그리고 남녀는 평등하게 대우받아야 한다. 기독교는 여성을 차별함으로써 보편적인 남녀평등의 가치를 어기고 있다. 여성을 차별하는 기독교를 진리라고 인정해 줄 수 있는가?

남성우월주의에 빠져 여자의 입을 막고 복종을 강요하는 성경! 이것을

어떻게 신의 명령이라 부를 수 있을 것인가!

(디모데전서 2장 11~15)

여자는 일체 순종함으로 조용히 배우라

여자가 가르치는 것과 남자를 주관하는 것을 허락하지 아니하노니 오직 조용할 지니라

이는 아담이 먼저 지음을 받고 하와가 그 후며

아담이 속은 것이 아니고 여자가 속아 죄에 빠졌음이라

그러나 여자들이 만일 정숙함으로써 믿음과 사랑과 거룩함에 거하면 그의 해산함으로 구원을 얻으리라

또한, 성경에서 사도 바울은 여자가 먼저 죄에 빠졌다면서 여자를 탓하고 여자에게 오직 복종을 강요한다. 이런 남성우월주의적인 기독교의 시각은 받아들이기 어려운 부분이다. 그리고 여자에게는 해산이라는 애매모호한 표현으로 구원의 조건을 더한다. 이는 로마서에서 언급한 '믿음'으로 구원받는다는 조건과 명백히 모순되는 진술이다(로마서 10:9). 기독교도들이 믿고 있는 구원의 길이 성경에서 일치하지 않는다. 여자의 구원에는 '해산'이란 조건이 더해져 있다.

여자를 차별하는 기독교의 전통은 아직까지도 이어져 오는 것 같다. 하지만 교회에는 남자보다 여자들이 많다. 그들이 이런 구절을 읽었을까? 그들이 이런 구절에 대해 진지하게 생각해 보았을까? 진지하게 고민한 사람이라면 기독교의 여성 차별 사상을 받아들일 수 없을 것이다.

다음으로 살펴볼 구절은 성에 관한 여성 차별 법이다. 모세는 여성의 정조를 중요시하여 여성이 처녀가 아니면 사형 판결을 받게 한다. 남자든 여자든 혼외 성관계가 잘한 일은 아니지만, 인간의 성적 자기 결정권이라는 측면에서 그토록 잔인하게 처벌하는 성경의 법에는 불합리가 숨어 있다고 본다.

(신명기 22:20~21)

그 일이 참되어 그 처녀에게 처녀의 표적이 없거든

그 처녀를 그의 아버지 집 문에서 끌어내고 그 성읍 사람들이 그를 돌로 쳐 죽일지니 이는 그가 그의 아버지 집에서 창기의 행동을 하여 이스라엘 중에서 악을 행하였음이라 너는 이와 같이 하여 너희 가운데서 악을 제할지니라

여자가 혼외 성관계를 했다고 사형 판결을 내리는 것은 정당한 법인가? 그렇게 정의가 세워지는 걸까? 우리는 여기서 여성의 정조를 중요시하는 고대인의 사상을 엿볼 수 있다. 하지만 시대는 바뀌고 정의라고 생각하는 것 역시 바뀌었다. 여자 역시 남자와 동등한 사람이라는 것이다. 여자의 정조를 생명보다 중요시 여기는 구시대의 사상은 대체되어야 한다. 아울러 성경의 여성 차별이 결코 동서고금 만고불변의 진리가 될 수 없다는 점도 밝혀 둔다. 성경은 '신의 말씀'을 기록해 놓은 것이 아니라 당시의 관습, 제도 등을 '신의 이름'으로 기록해 둔 책이다.

이상 성경의 여성 차별에 대해 살펴보았다. 여자 역시 남자와 동등한 인간이며 권리가 있다는 것을 인식해야 할 것이다. 기독교의 남성우월주의 전통은 낡은 구습이자 폐지되어야 할 부분이다.

성sex을 죄악시 하는 성경

예수는 한 사건의 재판장이 되어 '죄 없는 자가 간음한 여인을 돌로 쳐라'라고 하며 죄를 용서하는 듯한 자비로운 모습을 보여 준다(성경학자들은 이 부분이 후대에 추가되었을 것으로 해석한다). 하지만 예수는 다른 곳에서는 엄격한 율법주의를 취하고 있다. 예수의 율법주의를 살펴본다.

(마태복음 5:17)

내가 율법이나 선지자를 폐하러 온 줄로 생각하지 말라 폐하러 온 것이 아니요 완전하게 하려 함이라

(마태복음 5:27~30)

또 간음하지 말라 하였다는 것을 너희가 들었으나

나는 너희에게 이르노니 음욕을 품고 여자를 보는 자마다 마음에 이미 간음하였느니라

만일 네 오른 눈이 너로 실족하게 하거든 빼어 내버리라 네 백체 중 하나가 없어지고 온몸이 지옥에 던져지지 않는 것이 유익하며

또한 만일 네 오른손이 너로 실족하게 하거든 찍어 내버리라 네 백체 중 하나가 없어지고 온몸이 지옥에 던져지지 않는 것이 유익하니라

형법에서 심정형법은 금지하고 있다. 즉, 마음에 든 것을 처벌하는 것은 비합리적이라는 것이다. 물론 신의 입장에서 악한 생각을 했다면 처벌할 수 있다. 하지만 인간의 원초적 본능을 죄악으로 규정하여 잔인한 형벌을 내리는 것은 올바른 형벌권 행사가 아니다.

예수는 음욕을 품는 사람은 이미 간음했다고 말하며 죄로 규정하고 있다. 이렇게 된다면 형벌권이 부당하게 넓어지며, 모든 사람은 형벌에서 자유롭지 못하게 된다. 수행을 한 석가모니 등을 제외하고는 음욕에서 자유로울 수 없기 때문이다.

예수는 부당하게 처벌 범위를 넓혀 인간들을 죄인으로 몰고 지옥의 형벌을 내릴 것이라고 위협한다. 이는 엄격한 유대 율법주의의 소산이지 결코 정의의 법은 아니다.

예수의 기준에서는 지옥의 형벌을 피할 사람이 극히 드물다. 바꿔 말하면 사람이 잘못된 것이 아니라 부당하게 형벌권의 범위를 넓히는 예수의 말에 불합리가 있는 것이다.

인간은 원초적으로 남자와 여자가 성에 대해 생각하도록 되어 있다. 그런데 어찌하여 인간의 본성을 죄악시하라는 것인가? 물론 탐욕으로 성에 몰두하는 것은 좋지 않다. 하지만 인간의 정당한 성욕까지도 처벌하는 예수의 형법은 옳다고 볼 수 없다.

예수 역시도 수행하기 전에는 성욕이 있지 않았을까? 그는 정말 저런 말을 할 정도로 성욕에서 자유로운 인간이었을까?

여호와의 부당한 형벌권 행사

여호와의 총애를 받던 다윗이라는 이스라엘의 왕은 부하의 아내를 보고 반하게 된다. 그래서 부하를 죽이도록 하고 그의 아내를 빼앗는다. 이러한 다윗의 행동은 여호와의 처벌을 받는다.

하지만 성경 기록에서 여호와의 처벌 방식에 부당함이 있음을 엿볼 수 있다. 여호와는 다윗의 아들들이 서로를 죽이고 다윗이 아들에게 쫓기는 형벌을 내린다. 그리고 다윗의 아내들이 아들 압살롬에게 강간당하도록 만든다.

죄를 지은 것은 다윗인데 다윗의 아들과 아내에게 저주가 부어졌다. 아무 죄를 짓지 않은 다윗의 아내들이 강간당하도록 하는 것은 '복수법'의 소산이다. 여성을 한 명의 인격체로 여기지 않는 판결인 것이다. 예컨대 한 강간범이 강간을 했다고 하여 다른 강간범을 시켜 그 강간범의 아내를 강간하도록 하겠다는 판결이 있다고 하자. 이것은 '복수'이지 '정당한 정의의 심판'은 아니다. 여호와가 행한 판결은 이러한 '복수'에 가깝고, 이는 고대인의 형법관에서 비롯된 가치관이다.

죄를 지은 사람이 직접 처벌받는 것이 정의의 원칙이다. 그러나 여호와는 자신의 호불호대로 죄가 있는 사람(다윗)은 용서하시고 죄가 없는 사람(다윗의 아내들)에게 불행을 내리고 있다.

그리고 더욱더 부당한 것은 다윗과 밧세바(간통녀) 사이에 난 첫째 아들이 죽임을 당한다는 것이다. 죄를 지은 것은 다윗인데 그 아들이 죽임을 당한다. 생명을 소중히 여긴다면 행할 수 없는 판결인 것이다. 간통범(다윗)을 처벌하기 위해 간통으로 낳은 아기를 죽이는 것은 합당하지 않다. 아이 역시 소중한 생명이기 때문이다. 부모가 잘못한 일을 어찌 아이에게 책임을 묻는가? 이 판결은 어느 모로 보나 부당하다.

아마 이 구절은 다윗 왕과 밧세바와의 혈통이 깨끗함을 강조하기 위해 기록되었을 것이다. 즉, 다윗의 아들 솔로몬이 밧세바의 남편이었던 우리아의 아들일지도 모른다는 강한 의심을 한 번의 아기 제거로 같이 제거한 것이다. 그렇게 되면 솔로몬은 우리아의 아들이 아님이 분명해지기 때문이다. 일종의 왕권의 순수성을 위해 세탁한 내용인 셈이다.

성경을 사실로 받아들이면 여호와라는 신에게는 문제가 너무 많다. 하지만 당시의 관습과 고대인의 사고로 바라보면 고대인들의 사상이 성경에 그대로 배어 있음을 깨달을 수 있을 것이다. 그렇기에 성경은 신의 말씀이라기보다는 고대인이 쓴 실존 인물들을 주인공으로 한 '신화 책'에 더 가깝다고 본다.

성경 구절을 통해 살펴본다.

(사무엘하 11:1~17)

저녁때에 다윗이 그의 침상에서 일어나 왕궁 옥상에서 거닐다가 그 곳에서 보니 한 여인이 목욕을 하는데 심히 아름다워 보이는지라

다윗이 사람을 보내 그 여인을 알아보게 하였더니 그가 아뢰되 그는 엘리암의 딸이요 헷 사람 우리아의 아내 밧세바가 아니니이까 하니

다윗이 전령을 보내어 그 여자를 자기에게로 데려오게 하고 그 여자가 그 부정함을 깨끗하게 하였으므로 더불어 동침하매 그 여자가 자기 집으로 돌아가니라

그 여인이 임신하매 사람을 보내 다윗에게 말하여 이르되 내가 임신하였나이다 하니라

다윗이 요압에게 기별하여 헷 사람 우리아(밧세바의 남편)를 내게 보내라 하매 요압이 우리아를 다윗에게로 보내니

우리아가 다윗에게 이르매 다윗이 요압의 안부와 군사의 안부와 싸움이 어떠했는지를 묻고

(중략)

아침이 되매 다윗이 편지를 써서 우리아의 손에 들려 요압에게 보내니

그 편지에 써서 이르기를 너희가 우리아를 맹렬한 싸움에 앞세워 두고 너희는 뒤로 물러가서 그로 맞아 죽게 하라 하였더라

요압이 그 성을 살펴 용사들이 있는 것을 아는 그 곳에 우리아를 두니
그 성 사람들이 나와서 요압과 더불어 싸울 때에 다윗의 부하 중 몇 사람이 엎드러지고 헷 사람 우리아도 죽으니라

이 부분에는 다윗의 범죄가 적나라하게 드러나 있다. 이 죄를 여호와가 어떻게 처벌하는지 성경 구절을 통해 살펴본다.

(사무엘하 12:15)
나단이 자기 집으로 돌아가니라 우리아의 아내가 다윗에게 낳은 아이를 여호와께서 치시매 심히 앓는지라

(사무엘하 12:11~12)
여호와께서 또 이와 같이 이르시기를 보라 내가 너와 네 집에 재앙을 일으키고 내가 네 눈앞에서 네 아내를 빼앗아 네 이웃들에게 주리니 그 사람들이 네 아내들과 더불어 백주에 동침하리라
너는 은밀히 행하였으나 나는 온 이스라엘 앞에서 백주에 이 일을 행하리라 하셨나이다 하니

앞서 말했듯 여호와 하나님이 죄 지은 다윗보다 죄 없는 다윗의 아들들과 아내들에게 더욱 심한 재앙을 내리는 것을 볼 수 있다. 이것은 정당한 처벌이 아니었다. 여성과 아이를 물건 취급하는 고대인의 사상이 짙게 배어 있는 것이 바로 성경이다. 즉, 고대에 있었던 연좌제의 관점을 성경은 그대로 기록하고 있다. 옛날에는 죄를 지은 사람뿐만 아니라 그 가족까지도 처벌했던 악습이 있었고, 성경은 그러한 연좌제적 처벌을 보여 준다. 하

지만 연좌제는 책임 원칙에 위배되는 부당한 처벌이다. 필자는 유대인들이 이야기를 풀어나가는 과정에서 미처 다루지 못한 '정의'의 관점을 지적하고 싶다. 아울러 성경 속에서 여호와의 심판은 죄에 대해 '복수'였지 '죄를 정당하게 심판'하는 정의의 재판이 아니었다는 것을 밝힌다.

살해 교사 후 기도하는 다윗

만일 사람을 죽였다면 누구에게 잘못한 것일까? 기독교인들은 어떻게 생각할까? 여기서는 성경에 나온 다윗이란 사람이 범죄를 저지르고 어떻게 생각했는지를 밝혀 본다. 다윗이란 선지자는 간통죄, 살인 교사죄를 저질렀다. 그런데 범죄 후에 다윗이 자신의 죄에 대해서 기도하는 구절에서 불합리함을 볼 수 있었다. 다윗은 살해 교사 후 자신이 하나님께만 잘못한 것이라는 기도를 한다. 사람을 죽여 놓고 하나님께만 잘못했으니 자신은 의롭다는 다윗의 기도에서 성경이 얼마나 왜곡된 정의감을 심어주는지를 확인할 수 있었다. 다윗의 기도를 살펴보자.

(시편 51:3~4)

무릇 나는 내 죄과를 아오니 내 죄가 항상 내 앞에 있나이다

내가 주께만 범죄하여 주의 목전에 악을 행하였사오니 주께서 말씀하실 때에 의로우시다 하고 주께서 심판하실 때에 순전하시다 하리이다

다윗이 남의 아내와 간통하고, 그녀의 남편을 살해 교사한 후에 쓴 기도문이다. 이 기도문에 불합리가 숨어 있다. 사람에게 잘못한 일을 하나님께

만 잘못했다고 생각하는 다윗의 부당한 정의관이 드러난다. 그리고 하나님께만 잘못했으니 자신은 순전하다고 변호한다. 하지만 이것은 옳지 못하다. 예컨대 A가 B를 때리고 '나는 하나님께만 잘못했으니 하나님이 용서하시면 의롭다.'라고 생각하는 것과 같다. 가해자는 피해자 B에 대해 어떠한 미안함과 죄책감도 느끼지 않는다. 이 사람이 정말로 자신의 잘못을 뉘우친 것인가? 매우 부당한 말을 하고 있는 것이다. 성경은 무의식중에 이러한 부당한 정의관을 심어 준다. 실례로 기독교인들은 잘못을 하고도 사람에게 미안해하기는커녕 '하나님이 심판하실 것이다.'라며 넘어가는 경우가 허다하다. 이것은 왜곡된 정의관이며 죄에 대한 뉘우침이 전혀 없는 불합리한 태도이다. 물론 '하나님'이 용서하는 것도 중요하지만, '피해자'에게 용서를 구하는 것이 더욱 합당한 일이 아닐까?

의인까지도 죽인다는 여호와

만일 의인을 죽이는 신이 있다면 그는 정당한 신일까? 성경 속에는 인간의 정의관으로 이해할 수 없는 부당한 구절이 등장한다. 다음 성경 구절을 살펴보자.

(에스겔 21:3~5)

이스라엘 땅에게 이르기를 여호와의 말씀에 내가 너를 대적하여 내 칼을 칼집에서 빼어 의인과 악인을 네게서 끊을지라

내가 의인과 악인을 네게서 끊을 터이므로 내 칼을 칼집에서 빼어 모든 육체를 남에서 북까지 치리니

모든 육체는 나 여호와가 내 칼을 칼집에서 빼낸 줄을 알지라 칼이 다시 꽂히지 아니하리라 하셨다 하라

성경 속 이스라엘 신 여호와는 악인뿐만 아니라 의인까지도 죽인다고 한다. 이 말에 동조할 사람은 없을 것이다. 성경은 이렇듯 부당하고 잔인한 협박을 신의 말씀으로 기록하고 있다. 성경은 결코 신의 말씀이 될 수 없다. 의인까지도 죽인다는 신은 결코 신이 아니기 때문이다.

아울러 여호와가 '선'하다고 볼 수 없다. 의인을 죽인다는 신을 누가 선하다고 인식할 수 있겠는가?

무당을 죽이라는 성경

구약 성경에서 여호와는 무당을 죽이라고 한다. 다시 말하지만 인간에게는 종교의 자유가 있다. 그것이 남에게 피해가 되지 않는다면 누구를 믿든 인간의 자유이다. 하지만 성경은 인간이 귀신을 섬긴다고 죽이라는 명령을 내린다. 그렇다면 이스라엘의 종교는 정당한가? 그렇지 않다. 성경이 보여준 것은 잔인한 전쟁, 용서 없는 처벌이었다. 성경이 멸시하는 종교보다 이스라엘의 종교가 더욱 우월하다는 것을 어떻게 입증할 수 있는가? 설령 이스라엘의 종교가 우월하다고 하더라도 다른 종교를 탄압할 권리는 없다. 인간의 종교의 자유를 짓밟는 성경 구절을 살펴본다.

(출애굽기 22:18)

너는 무당을 살려두지 말라

내 종교는 옳고 남의 종교는 무조건 틀리다는 사상, 다른 종교를 탄압하는 사상은 잘못된 것이다. 다른 이유 없이 무당이라는 이유로 처벌하는 성경의 율법 자체에 부당함이 내포되어 있다. 얼마나 많은 사람이 이 구절로 죽어갔는가? 이러한 성경의 사상은 진리가 되어 중세를 지배했다. 중세 때 많은 여자들이 사탄 숭배자로 몰려 죽임을 당했다. 따지고 보면 성경이 만들어낸 가공할 괴물이었던 것이다. 성경을 진리로 인식하고 마귀 숭배자를 없애야 한다고 생각하는 사람들의 사상의 중심에는 성경의 구절이 마치 신처럼 자리 잡고 있었다.

하지만 정의의 관점에서 이는 부당하다. 무당에게도 종교의 자유는 있다.

종교가 남에게 피해를 주면 물론 종교의 자유도 제한된다. 하지만 남에게 피해를 주지 않는 선에서는 '종교의 자유는 모든 사람에게 허용되어야 한다.' 성경처럼 사람의 종교 자체를 문제 삼아 처벌하는 것은 옳지 못한 전근대적인 법의 소산이다.

사울왕을 버린 여호와

여호와는 사울왕을 선택해서 이스라엘의 왕으로 뽑는다. 그리고 사울왕은 여호와를 위해서 열심히 전쟁을 한다. 하지만 여호와는 사울왕에게 아말렉의 모든 사람 그리고 가축을 죽이라는 잔인한 명령을 내린다. 사울왕은 여호와의 명령에 순종하지 않고 노략하느라 그중 가축들을 살려둔다. 여호와는 이 일로 진노해서 사울을 버린다.

그러나 먼저 여호와의 명령을 분석해 보자. 아말렉이 죄를 지었다고 유아까지 그리고 심지어 가축까지 멸절시키라는 명령이 정당한 명령인가? 아울러 가축을 노략질한 사울 역시 큰 죄를 지은 것은 아니다. 부당한 명령을 어겼다고 여호와는 사울왕을 영원히 버렸다. 자신의 말을 듣지 않는 자는 쓰레기처럼 버리는 여호와의 냉혹함을 보게 된다.

물론 이 이야기는 사실이 아닐 것이다. 성경의 여호와를 비판하는 것은 마치 존재하지 않는 사우론(판타지 소설《반지의 제왕》의 군주)을 비판하는 것과 비슷하다. 하지만 기독교인들은 여호와의 존재를 실제로 믿으니 성경이 말하고 있는 신의 행위가 정당한지를 판단해 보려는 것이다.

(사무엘상 15:1~11)

사무엘이 사울에게 이르되 여호와께서 나를 보내어 왕에게 기름을 부어 그의 백성 이스라엘 위에 왕으로 삼으셨은즉 이제 왕은 여호와의 말씀을 들으소서

만군의 여호와께서 이같이 말씀하시기를 아말렉이 이스라엘에게 행한 일 곧 애굽에서 나올 때에 길에서 대적한 일로 내가 그들을 벌하노니

지금 가서 아말렉을 쳐서 그들의 모든 소유를 남기지 말고 진멸하되 남녀와 소아와 젖 먹는 아이와 우양과 낙타와 나귀를 죽이라 하셨나이다 하니

사울이 백성을 소집하고 그들을 들라임에서 세어 보니 보병이 이십만 명이요 유다 사람이 만 명이라

사울이 아말렉 성에 이르러 골짜기에 복병시키니라

(중략)

사울이 하윌라에서부터 애굽 앞 술에 이르기까지 아말렉 사람을 치고 아말렉 사람의 왕 아각을 사로잡고 칼날로 그의 모든 백성을 진멸하였으되

사울과 백성이 아각과 그의 양과 소의 가장 좋은 것 또는 기름진 것과 어린 양과 모든 좋은 것을 남기고 진멸하기를 즐겨 아니하고 가치 없고 하찮은 것은 진

멸하니라

여호와의 말씀이 사무엘에게 임하니라 이르시되

내가 사울을 왕으로 세운 것을 후회하노니 그가 돌이켜서 나를 따르지 아니하며

내 명령을 행하지 아니하였음이니라 하신지라

위의 내용에서 여호와는 사울에게 아말렉을 멸절시키라는 잔인한 명령을 내리고 사울이 탈취하는 것에 급급하여 소와 양을 살려주자 사울을 버린다. 위의 구절에는 나타나 있지 않지만, 여호와는 사울에게 악령을 보내 미치게 하고 전쟁에서 죽게 만든다. 아말렉의 '가축'까지 멸절시키라는 자신의 말에 순종하지 않았다고 징벌을 내린 것이다. 여호와의 부당한 명령과 그의 비정함을 드러내 주는 대목이다.

유아까지 포함된 아말렉 사람은 물론 가축까지 멸절시키라는 여호와의 명령은 매우 부당한 명령이었다. 더군다나 가축을 살려두어 노략했다고 자신이 뽑은 왕을 매정하게 버리는 것은 결코 선한 신의 행위가 아니었던 것이다.

또한 현실에서 기독교인들은 하나님이 자신을 버리지 않을 것으로 생각하는데, 사울의 예만 봐도 여호와는 자신의 명령을 듣지 않으면 냉정하게 버리는 신임을 알 수 있다. 기독교인들의 믿음은 누가 책임져야 하는 걸까? 어떤 아버지가 자식이 말을 몇 번 듣지 않는다고 버릴까? 그런 아버지는 정말 좋은 아버지일까?

그리고 여호와가 원하는 사람은 어떠한 부당한 명령에도 순종하는 사람일까? 여호와의 뜻에 따라 행동하는 로봇을 원하는 것인가!

기독교의 방어 논리 '사탄론'

기독교에서 빼놓을 수 없는 것이 바로 '사탄'이다. 역설적으로 '사탄'은 기독교의 가장 강력한 무기였다. 기독교의 '사탄론'은 기독교의 방어 논리로 사용되어 왔기 때문이다.

사탄이란 대적자란 뜻이다. 즉, 신에게 대항해서 악을 행하는 존재를 가리킨다. 그런데 이 '사탄'은 악의 화신으로 여겨지고 그에 대비하여 여호와는 '선'한 존재로 인식된다.

먼저 밝혀 두자면 필자가 '사탄'을 두둔하고자 하는 것이 아니다. 악은 누가 되었든 잘못된 것이다. 여기서 지적하고자 하는 것은 기독교의 대항자를 모두 '사탄'으로 몰아 악으로 치부하는 기독교 인식관의 문제이다.

스스로를 '선'한 존재로 인식한다면 자신에게 반대하는 모든 것은 '악'이 된다. 하지만 이것은 편협하고 좁은 선악관일 뿐이다. 인간은 자신과 다른 목소리를 들어야 하고 경청해야 하는 존재이다. 자신을 대적한다고 무조건 '악'으로 모는 것은 독선과 이분법일 뿐 정당한 판단은 아니다.

역사상 수많은 사람이 '사탄'으로 몰려 죽어갔다. 기독교의 대표적인 '마녀 사냥'은 죄 없는 여자들을 마녀로 몰고 사탄으로 몰아 죽인 대표적인 범죄 행위이다.

그 기록을 보면 여자들을 사탄이라고 고문하는 장면이 나오는데, 누가 사탄인지 헷갈릴 정도로 잔인하게 고문하고 죽이는 등 기독교인들이야말로 죄악을 저질렀다.

성경은 기독교는 '선', 기독교에 대항하는 것은 '악'이라는 편협한 공식으로 사람들을 가르친다. 사람들은 이 말에 넘어가 '기독교는 선', 기독교 외에는 '악'이라는 이분법에서 벗어나지 못하고 있다.

필자가 만난 기독교인들의 판단 능력은 극도로 저하되어 있었다. 오직 하나님이라는 단어에 매몰되어 이스라엘이 행한 유아 학살 등 부당한 행위 역시도 '선'으로 치부하거나 포장하는 기독교인들을 많이 보았다. 하지만 선악의 판단은 주체의 특수성이 개입될 수 없다. 하나님이라도 악을 행한다면 악이고, 사탄이라도 선을 행한다면 선인 것이다.

기독교는 자신에게 반대하는 모든 사람을 '사탄'으로 몰아세웠다. 그래서 기독교를 대항하는 것 자체를 '악'으로 규정하여 반론을 원천적으로 봉쇄했다. 자신과 신학적 의견이 다르다고 이단으로 몰아세우고 사탄으로 몰아세워 사형시킨 예는 중세에 흔했다. 그 유명한 종교 지도자 칼뱅 역시도 자신과 '신학적 의견이 다르다고' 사람을 악마로 몰아 화형에 이르게 한 사례가 있다.

하지만 누가 '선'이고 누가 '악'인가? 자신에 반대된다고 악으로 규정짓는 것이야말로 '악'이 아닌가? 사람들은 모두 다른데 어떻게 한 의견으로 통일될 수 있는가? 자기와 다른 사람을 인정해 주고 포용해 주는 것이 진정한 '관용'이고 '선'이다.

사탄론은 기독교가 그동안 생존해 온 방어 논리이고, 사람들의 인식 속에 선과 악을 이분법적이고 무가치하게 나누는 일종의 세뇌였던 것이다. 성경으로 교육된 사람들은 '악'은 무자비하게 처벌해도 된다고 믿게 된다. 그리고 그 '악'을 판단하는 기준으로 기독교를 내세운다. 그렇게 되면 기독교에 반대하는 모든 세력은 악이 되고 무자비하게 처벌해도 된다는 논리가 성립된다. 그래서 이 논리에 길들여져 중세 때에 '마녀 사냥'이 행해진 것이다. 마녀는 악하니 잔인하게 죽여도 된다는 논리가 실제로 벌어진 것이다. 이것은 범죄 아닌 범죄를 죄로 규정하고 인권을 부정하는 치명적인 불합리한 사상이다.

범죄란 것은 인류의 보편적인 가치를 위반하여 남에게 피해를 준 행위로 규정되어야 한다. 기독교처럼 어떠한 사상에 반대하거나 믿지 않는다고 그것을 죄로 규정할 수는 없다. 김일성을 비판하면 정치범 수용소로 가는 북한의 법 체제가 불합리한 것처럼 기독교를 비판한다고 죄로 규정하는 기독교의 사상 역시 불합리한 논리를 사용하고 있는 것이다.

절대적 권력을 만들고 비판 없는 성역을 만들겠다는 성경의 선악관은 문제를 만들어낸다. 성경의 관점은 신이라는 존재를 끌어들여 성역화시킨 맹목적인 선악관이다. 기독교가 신이라는 당위성을 들이밀며 절대선으로 인식될수록 기독교에 반대하는 모든 사상도 신에 대항하는 절대악으로 묘사되는 것이다. 하지만 실제로는 신을 이용해서 자신을 정당화시키고 자신의 적을 신의 적으로 규정하는 기독교의 이분법에 부당한 맹점이 숨어 있다. 기독교라고 모두 선한 것도 아니고, 기독교에 반대하는 사상이라고 모두 악한 것도 아니다. 선악의 가치 판단은 기독교를 믿는지 여부로 나뉘는 것이 아니라 그 사람의 행위에 대한 객관적인 판단으로 나뉘어야 하는 것이다.

기독교의 '사탄론'은 자기 자신을 정당화시키는 논리인 동시에 자신의 대적자를 무자비하게 매도하고 처벌하는 공격적인 속성을 띄고 있다.

인간에게 사탄이라고 말하는 기독교

기독교인들은 귀신을 내쫓는 의식을 많이 한다. 종교의 자유이니 이 행위에 대해 문제 삼고 싶지는 않다. 다만 기독교인들이 인간을 '사탄'으로 모는 행위의 부당함을 지적하고 싶다.

기독교인들은 사람에게 '사탄'이라고 하는 경우가 많다. 기독교를 비판하거나 성경을 부인하는 사람들에게 쓰는 표현이다.

사람에게 사탄이라고 말한 시발점은 바로 예수님인데, 예수님이 자신이 십자가에 못 박혀 돌아가시는 것을 설명하자 수제자 베드로는 예수님을 걱정하여 십자가를 지지 마시라고 한다. 하지만 예수님은 자신을 사랑하는 애제자에게 사탄이란 표현을 쓰신다. 이러한 표현은 분명 잘못된 것으로 기독교인들이 사람들에게 '사탄'이란 표현을 쓰는 것의 표본이다.

(마가복음 8장 31~33)

인자가 많은 고난을 받고 장로들과 대제사장들과 서기관들에게 버린 바 되어 죽임을 당하고 사흘 만에 살아나야 할 것을 비로소 그들에게 가르치시되

드러내 놓고 이 말씀을 하시니 베드로가 예수를 붙들고 항변하매

예수께서 돌이키사 제자들을 보시며 베드로를 꾸짖어 이르시되 사탄아 내 뒤로 물러가라 네가 하나님의 일을 생각하지 아니하고 도리어 사람의 일을 생각하는도다 하시고

이 구절을 보면 사람에게 사탄이란 표현을 쓰는 예수의 거친 화법이 드러나 있다. 예수가 사람에게 사탄이라는 표현을 쓴 것은 이곳뿐만이 아니다. 성경을 살펴본다.

(요한복음 8:44)

너희는 너희 아비 마귀에게서 났으니 너희 아비의 욕심대로 너희도 행하고자 하느니라

예수는 자신을 믿지 않는 유대인들에게 '악마의 자식'이라는 표현을 썼다. 예수는 사람을 사랑하지 않았다. 예수는 사람을 악마로 몰았다. 심지어 자신을 걱정해 주는 자신의 제자 베드로까지 말이다. 자신의 뜻과 반대된다고 사람을 악마로 모는 예수의 부당함이 드러나 있다.

기독교인들은 예수의 이 나쁜 점을 닮았다. 그들은 무의식적으로 예수의 사상을 받아들이고 있는 것이다. 기독교인들이 성경 혹은 기독교의 가르침과 반대된다고 악마라는 표현을 쓰는 것은 예수가 성경 속에서 가르쳐 준 일이다.

인간은 선할 수도 있고 악할 수도 있지만, 악마 자체는 아니다. 인간에게 사탄이라는 표현을 쓰는 것은 잘못된 것이다. 물론 인간이 흉악 범죄를 저지르거나 악의 화신처럼 행동한다면 그 표현이 맞을 수도 있지만, 대부분의 인간은 그렇게 악하지 않다.

오히려 기독교 논리를 따르지 않는 사람들을 두고 '사탄'이라는 용어를 남용하고 있다. 앞서 밝혔듯 중세 때에 칼뱅은 자신과 신학적 의견이 다르다고 사람을 악마로 몰아 사법 살인을 자행했다. 또한, 중세 때 기독교인들은 여자들이 악마를 숭배한다는 이유로 고문하고 학살했다. 기독교인들은 기독교에 반대하는 모든 존재를 '사탄'으로 몰아세운다. 하지만 그렇지 않다. 기독교에 반대한다고 '악마'가 되는 것이 아니다. 기독교에 반대한다고 '악'으로 모는 사상은 기독교인들의 '피해망상'이고 기독교의 '방어기제'일 뿐이다.

욥의 고난과 여호와의 대답

성경에는 욥이라는 인물이 나온다. 그 사람은 의롭고 하나님을 경외하는 것으로 유명하다. 그런데 악마가 여호와를 충동질하여 그 사람에게 재앙을 내린다. 그래서 그 사람은 자녀들을 잃고 몸에 재앙이 닥친다. 그러나 욥은 끝까지 여호와를 신뢰한다. 그런데 이 욥에게 나타난 여호와의 말을 들어보자.

악마에게 시험당한 욥에게 여호와가 나타나서 자기 자신은 대단하니 잠잠하게 있으라는 식의 말을 한다. 고통받고 고난당한 욥에게 위로는 없고 자신의 위대함을 내세운다.

이 구절은 너무 길어서 그대로 옮길 수 없다. 하지만 여호와는 사랑과 자비보다는 스스로의 위대함을 강조하여 고난당한 욥에게 복종을 강요하고 있다.

기독교인들의 인식도 이와 비슷하다. 하나님에 대해 의문 나는 점을 이야기하면 하나님은 위대하시니 인간이 어떻게 알 수 있겠느냐는 식으로 얼버무린다. 하지만 여호와의 부당함들은 그런 회의적인 표현으로 넘어가기에는 부족하다.

인간이 물론 신을 다 알 수는 없다. 하지만 만일 신이 계신다면 그분은 인간에게 정의와 진실에 대한 열정을 주셨으리라고 믿는다. 잘못된 것은 비판할 수 있는 자유를 주셨고, 정당한 것을 더욱더 사랑할 수 있게 하셨다고 믿는다. 그리고 믿음을 강요하기보다는 정당한 의문들을 제시할 수 있는 호기심과 판단력을 인간에게 주셨다고 믿는다. 그렇기에 하나님을 알 수 없으니 잠잠하라는 기독교인들의 변명은 덮어놓고 맹목을 요구하는 무지의 소산에 지나지 않는다.

그럼 다시 욥의 이야기로 돌아가자. 욥은 자녀와 재산 그리고 건강을 잃었지만, 여호와는 이에 대해 위로 한마디 하지 않으셨다. 오히려 복을 더 주어 행복하게 살게 하셨다고 나온다. 하지만 자식을 다시 만들면 아무 일 없던 것이 되는가?

자녀를 죽이고 다른 자녀를 주면 합당한 보상이 되는 것인가? 그것은 합당하지 않다. 사람들은 욥이 나중에 복을 받은 것으로 보상받았다고 생각하지만, 하나뿐인 자식을 잃은 욥의 마음은 위로받지 못했을 것이다.

그리고 여호와의 시험 역시도 부당하다. 악마가 욥에게 재앙을 내리는 것을 허용하는 것은 올바르지 못하다. 깡패가 자신의 자녀를 폭행하도록 놔두는 부모가 어디 있는가? 그러면서 자녀의 부모에 대한 사랑을 확인하려는 부모가 어디 있는가?

기독교는 여호와에게 '아버지'란 호칭을 수여했다. 하지만 여호와는 '아버지'답지 못하다.

멸망을 노래하는 성경

인류는 번영과 행복을 원한다. 행복을 바라고 불행을 미워한다. 이것은 동서고금을 막론하고 불변하며, 인간의 마음속에 내재된 법칙일 것이다. 그런데 성경은 이런 인류에게 어떠한 말을 하는가?

예수는 종말론자였다. 그는 멸망이 다가왔으니 자신을 믿으라고 말하던 선동가였다. 예수의 가르침은 '너희는 곧 멸망할 것이니 나를 믿어라'라는 말로 요약된다.

행복을 바라고 불행을 미워하는 인류에게 예수는 재앙을 노래했다. 예수의 인간에 대한 강한 증오심을 느낄 수 있다. 세상은 멸망해야 한다는 예수의 사상은 그의 세상에 대한 이유 없는 미움을 느끼게 한다. 예수가 말했던 미래는 번영하고 행복해지고 평화로워지는 것이 아니었다. 사람들이 타락하고 세상은 악의 소굴로 변질되고 하나님은 진노하시고 세상은 멸망을 당한다는 것이 예수의 예언이었다.

예수는 자신을 믿는 사람들은 새로운 세상에 들어가서 영원히 평안하게 살게 하겠다고 약속했다. 예수는 보이지 않는 미래를 위해 현실을 버리고 심지어 부모, 자식, 재산까지 모두 버리고 자신을 따르라고 가르쳤다. 다시 말하면 예수의 명령은 이 땅에서의 가치는 아무 의미 없으니 자신에게 모든 것을 헌신하라는 것이다. 사람들은 이 말을 믿고 하나님께 바치는 것으로 생각하며 인간으로 소속된 교회에 소득의 십일조를 바치고 모르는 사람들에게까지 예수를 전하고 예수를 찬양하며 세상을 등진다. 이런 기독교인들은 예수의 말에 빠져 예수를 위해 사는 예수의 종으로 전락해버린 것이다.

그러나 현세에 충실하지 못하면서 다가올 미래는 어떻게 준비하겠는가? 만일 인류에게 결정된 것이 멸망과 진노뿐이라면 인간에게 희망은 없을 것이다. 예수의 비현실적인 말을 믿고 이성을 파괴한 채 예수의 노예가 되어 전 재산을 교회에 헌납하고 곧 세상은 멸망한다며 외치고 다니는, 아픈 사람이 되어 살아가는 것이 고작일 것이다. 그리고 불확실한 천국을 생각하며 그곳에 들어가는 것이 삶의 목적이 되어서 예수의 부활을 믿으려고 노력하는 것이 고작일 것이다.

만일 하느님(필자는 하나님이라는 용어와 하느님이라는 용어를 구분해서 사용하겠다. 하나님은 유대교의 민족신을 가리키고, 하느님은 특정 종교에 국한되지 않은 신을 지칭하는 용어로 사용한다.)이 계시다면 그분은 결코 그러한 미래를 예비하시지 않으셨을 것이다. 그리고 인류의 미래는 신의 주사위가 아닌 인류에게 달려 있다고 본다. 미래는 예수가 예언한 대로 이루어지는 그런 꼭두각시 같은 법칙 속에 있지 않다. 왜냐하면 인간은 예수의 말대로 움직이는 노예가 아니라 주체성을 가지고 자신의 미래를 창조하는 지혜로운 존재이기 때문이다.

성경은 재앙을 노래하며 인류의 미래를 저주하고 있다. 아울러 비현실적인 기적을 들이밀며 모든 것을 바치고 예수에게 헌신하라고 가르친다. 이것은 인간의 주체적 생각을 파괴하는 마약과 같다.

기독교인들은 이교도들에게 재앙이 내리면 성경에서 예수가 가르친 대로 사고하여 그들이 하나님을 믿지 않아서 벌을 받았다고 생각한다. 그러나 이러한 생각은 잘못된 생각이다. 이교도들 역시 똑같은 인간이고 보호받고 위로받아야 할 존재들이기 때문이다. 하느님은 이교도라고 재앙을 내리시지 않을 것이다. 그리고 기독교도라고 축복을 내리시지도 않을 것이다. 만일 하느님이 그렇게 불공평하셨다면 미국에는 허리케인이 없어야 하고 인도에는 홍수만 일어나야 할 것이다. 하지만 세상은 그렇지 않다는 것을 알 수 있다.

성경은 재앙과 불행을 '죄' 때문이라고 가르친다. 이러한 가르침은 재난을 바라보는 인간의 시각에 부당한 관점이 들어가게 한다. 즉, 재난이 나면 동정하고 위로하기는커녕 죄 때문이라며 사람을 오히려 정죄하고 세상은 멸망한다는 현혹적인 말을 믿게 된다.

성경의 요한계시록에는 수많은 재앙이 언급되어 있다. 성경이 인류에게 부여하고 있는 것은 '재앙'과 '저주'이다. 성경은 인간 모두를 죄인으로 만들고, 믿지 않는 자에게 '재앙'을 부여하고 있다. 그리고 성경은 그 재앙을 피하기 위해 예수를 열심히 믿어야 한다고 가르친다. 즉, 기독교에서 가르치는 핵심은 세상은 타락했고 하나님은 세상에 진노하셨다는 것, 오직 예수를 믿는 사람만이 구원받는다는 것이다.

성경이 인류에게 어떠한 재앙을 내리려 하는지를 살펴보자.

(요한계시록 6:3~8)

둘째 인을 떼실 때에 내가 들으니 둘째 생물이 말하되 오라 하니

이에 다른 붉은 말이 나오더라 그 탄 자가 허락을 받아 땅에서 화평을 제하여 버리며 서로 죽이게 하고 또 큰 칼을 받았더라

셋째 인을 떼실 때에 내가 들으니 셋째 생물이 말하되 오라 하기로 내가 보니 검은 말이 나오는데 그 탄 자가 손에 저울을 가졌더라

내가 네 생물 사이로부터 나는 듯한 음성을 들으니 이르되 한 데나리온에 밀 한 되요 한 데나리온에 보리 석 되로다 또 감람유와 포도주는 해치지 말라 하더라

넷째 인을 떼실 때에 내가 넷째 생물의 음성을 들으니 말하되 오라 하기로 내가 보매 청황색 말이 나오는데 그 탄 자의 이름은 사망이니 음부가 그 뒤를 따르더라 그들이 땅 사분의 일의 권세를 얻어 검과 흉년과 사망과 땅의 짐승들로써 죽이더라

이렇듯 성경이 인간에게 들려주는 미래는 저주와 재앙이다. 성경에 빠져버린 인류는 미래를 설계하고 좋은 가치를 함양하기보다는 언젠가는 멸망할 것이라는 두려움에 빠져 인생을 살게 된다. 이것은 좋지 못하다. 물론 성경의 예언은 거짓일 것이다. 성경은 현실을 잊어버리게 하고 미래를 파괴한다. 인류에게 꿈과 희망을 주기보다는 재난과 불행한 미래를 보여준다. 그리고 예수를 따르면 이러한 재앙에서 벗어나 천국이라는 곳에 갈 수 있다고 가르친다.

그렇지만 기독교인은 먼저 인류에 재난을 내리는 기독교의 가르침이 정

당한지를 살펴보아야 할 것이다. 위의 구절처럼 인류에게 화평을 제하고 재앙으로 땅을 치는 기독교 신의 모습에서 사랑과 자비 정의를 느낀다면 그것은 정말로 심각하게 잘못 인식하고 있는 것이다.

기독교인들은 성경의 관점에 따라 세상을 정죄하는 것에 익숙하다. 그들은 세상의 가치를 타락한 것으로 생각한다. 대중가요도 사탄의 노래로 보고, 인류의 모든 문화를 사탄의 지배하에 있다고 인식한다. 하지만 실상은 그렇지 않다. 만일 신이 있다면 신이 세상을 다스리는 것이 정상이지 사탄이 세상을 다스릴 수 있겠는가? 그렇다면 신은 사탄에게 세상을 빼앗긴 무능한 존재가 되는 것이다. 세상에는 일부 좋지 않은 문화도 있다는 것은 인정하지만, 세상의 문화나 가치 전체가 사탄에게 속해 있는 것은 아니다.

모든 인류가 악마의 지배하에 있다고 설명하는 기독교의 성경은 심각한 문제를 안고 있다. 기독교는 '악마'의 지배에 따라 기독교인 외의 인간이 타락했다고 가르친다. 그렇게 생각하면 재앙을 내리는 것을 합리화시킬 수 있다. 하지만 모든 인간이 '악마의 지배'하에 있는 것이 아니다. 인간은 악마나 신의 꼭두각시가 아니라 주체성을 가지고 스스로 선택하는 존재이기 때문이다. 만일 신이 계신다면 인류를 선도하고 선한 길로 이끄시고 평화와 복을 주셔야지, 기독교의 신처럼 세상에 '저주'를 내리는 것은 옳지 않다고 생각한다.

예수는 자신을 믿지 않았다고 불신자들에게 재앙을 내리는데 이것은 옳지 못한 발상이다. 진정한 신은 자기를 믿지 않아도 사랑해 주고 자비를 베푸는 그런 분이셔야 되지 않을까?

또한, 성경은 예수를 믿는 자는 재앙을 받지 않을 것이라고 가르치는데, 정말 그럴까? 역사적으로 기독교가 유행했던 중세에는 흑사병도 유행해서 유럽 사람의 3분의 1이 죽었다. 예수가 정말로 병을 고친다면, 백성들을 사랑한다면, 흑사병에서 구원해 주어야 하는 것 아닐까? 하지만 기적을 행한다던 예수의 성도들은 흑사병을 고치지 못했다.

지금도 많은 기독교인들이 재앙 이론에 넘어가 인류에게 재앙이 닥칠 것이니 기독교를 믿으라고 설교한다. 하지만 인류에게 재앙이 내리는 것은 성경의 가르침처럼 인간의 죄 때문이라고 볼 수 없다. 자연 현상의 부작용이 가져오는 결과이지 예수가 내리는 형벌은 아닐 것이다.

기독교인들은 2,000년 동안 말세가 나타났다고 주장해 왔다. 마치 양치기 소년이 늑대가 나타났다며 사람들을 모으는 것처럼 말세가 다가왔으니 예수를 믿어야 한다고 소리친다. 하지만 예수가 말세를 말한 이후 2,000년 동안 세상은 멀쩡했다. 물론 지구가 영원할 수 없다는 우주의 법칙상 지구도 언젠가 사라질 것이다. 하지만 그것은 자연 법칙에 따른 소멸이지 예수의 말이 맞는다는 증거는 아니다.

성경이 인간에게 하고 싶은 말은 재앙과 저주가 다가왔고, 그것은 죄 때문이며, 사는 길은 예수를 믿는 길이라는 점이다. 사람들은 공포의 궁지에 몰려 울며 겨자 먹기로 예수를 믿게 되는 경우도 있다. 아직도 많은 사람들이 '불신 지옥'을 이야기하는 것은 성경에서 비롯된 가르침인 것이다.

하지만 성경의 말이 사실인지는 판단을 요한다. 아울러 예수라는 기독교의 신은 세상에 저주와 재앙을 내리는데, 그것이 참된 신의 모습일 수 있을까? 자신을 믿는 사람들의 죄는 모두 용서하고 다른 신을 믿는 사람들은 마귀 숭배자로 몰아 영원한 지옥에 던진다는 예수의 말은 이분법적인 선악관이고 편협한 심판이라고 생각한다.

아울러 인류의 미래를 파괴하고 사람을 예수의 노예로 전락시켜 보이지도 않는 천국을 준다고 약속하는 기독교의 가르침은, 달콤해 보이는 소리이지만 실상은 그 속에 인간을 노예로 만드는 무서운 흉계가 숨어 있을 수도 있다.

인류는 2,000년간 인류를 속박해 왔던 정신적 노예 상태에서 해방되어야 할 것이다. 예수라는 인간의 어지러운 말을 진리라고 믿고 비현실적인 부활을 받아들이며 이 땅에서의 삶을 대수롭지 않게 여기고 천국만을 바라보는 인류에게는 희망이 없을 것이다.

우리가 하는 행동에 따라 지금 우리가 사는 지구가 천국이 될 수도 있고 지옥이 될 수도 있을 것이다. 사람들이 예수의 예언처럼 서로 미워하고 살인한다면 이 땅은 지옥이 될 것이다. 그러나 서로 사랑하고 평화롭게 지낸다면 예수의 예언은 한낱 사람의 저주에 지나지 않게 될 것이다. 인류의 미래는 인류가 만드는 것이다.

어긋난 예수의 종말 예언

예수는 시한부 종말론자였다. 그는 자신의 세대에 재앙이 닥친다고 설교했다. 사람들은 그 말을 순진하게 믿어버렸고 재앙이 닥치니 그동안 모아왔던 재산과 이 땅에서의 삶이 쓸모없게끔 느껴졌다. 그래서 재산을 교회에 바치고 공동생활을 하였다.

세상이 곧 멸망할 것이라는 그들의 믿음은 죽음 앞에서도 깨지지 않았다. 하지만 후세에 사는 우리에게는 중요한 교훈을 남겼다. 세상은 예수가 말한 것과 달리 멸망하지 않았다는 것이다. 그럼 성경에서 예수가 말한 것들을 살펴본다.

(마태복음 16:28)
진실로 너희에게 이르노니 여기 서 있는 사람 중에 죽기 전에 인자가 그 왕권을 가지고 오는 것을 볼 자들도 있느니라

예수는 자신이 다시 재림할 것이라고 성경에서 말했다. 그리고 위에서 말한 것처럼 자신의 제자들 중에 자신의 재림을 볼 사람도 있을 것이라고 말했다. 그렇지만 예수가 죽고도 세상은 2,000년간 멀쩡했고 예수는 나타나지 않았다. 기독교인들은 이 예언을 합리화 하기 위해서 사도 요한이 본 재림의 환상을 예수가 예언했다고 생각할 수 있다. 하지만 다음 구절을 살펴보면 예수는 예수의 세대에 종말이 내린다고 했음을 알 수 있다.

(마태복음 24:34)
내가 진실로 너희에게 말하노니 이 세대가 지나가기 전에 이 일이 다 일어나리라

예수는 종말을 말하면서 이 세대가 지나가기 전에 이 일이 다 일어난다는 표현을 썼다. 하지만 예수의 예언과 달리 예수의 세대에 종말이 있지는 않았다. 단지 예수 사후 수십 년 후 유대-로마 전쟁이 있었을 뿐이다.

성경학자들은 종말이 아닌 유대-로마 전쟁을 예언했다고 해석한다. 하지만 문맥상 분명히 예수는 종말을 예언한 것이고, 이 세대에 모든 일이 일어난다고 말하였다. 문자적으로 해석한다면 예수의 말은 틀렸고, 성경을 굳이 합리화하기 위해서 다른 뜻으로 해석할 필요는 없는 것이다.

예수의 종말론은 명백히 틀린 진술이었다.

다니엘서 예언의 비현실성

다음은 구약 성서 다니엘서에 있는 종말 예언을 살펴본다. 다니엘서 종말 예언에는 마지막 시대의 전쟁이 묘사되어 있다. 그런데 이 전쟁에 '공성전'이 등장한다. 공성전은 성을 가지고 싸우는 전쟁으로, 전근대적인 세대에 있었던 전쟁이었다.

그런데 21세기가 된 지금 '성'은 존재하지 않는다. 다니엘서는 마지막 전쟁으로 '공성전'을 예언했으니 논리적으로 틀린 예언인 셈이다.

(다니엘 11:10)

그러나 그의 아들들이 전쟁을 준비하고 심히 많은 군대를 모아서 물이 넘침 같이 나아올 것이며 그가 또 와서 남방 왕의 견고한 성까지 칠 것이요

이 예언에서는 견고한 성이라는 표현으로 공성전을 예언했다. 하지만 앞서 밝혔듯 현재에는 공성전이 없다. 이 예언은 지구의 마지막 시대에 관해 예언된 것이다. 다니엘서 예언을 분석하면 고대의 현실 상황을 예측해서 만든 예언서임을 알 수 있다.

(다니엘 11:39)

그는 이방신을 힘입어 크게 견고한 산성들을 점령할 것이요 무릇 그를 안다 하는 자에게는 영광을 더하여 여러 백성을 다스리게도 하며 그에게서 뇌물을 받고 땅을 나눠 주기도 하리라

이곳에서도 '산성'이라는 표현이 등장한다. 즉, 성경이 쓰였던 시기에는

미래를 예측하지 못했다는 것이다. 그 시절 성경이 현대의 전차전과 공중전을 예상하지 못한 당연한 결과이다. 미래를 예언했다면 최소한 현대의 과학 문명의 발전과 무기와 현대전을 묘사할 수 있어야 하는데, 성경은 그 시대 상황에 입각한 전쟁 개념으로 마지막 날의 일들을 예언했다. 이는 다니엘서의 마지막 날에 대한 예언이 틀렸음을 입증한다.

요한계시록 예언의 비현실성과 부당성

성경 중 예언서인 요한계시록에는 기독교 신의 부하인 두 증인이 등장한다. 그런데 이 두 증인에 대한 묘사가 흥미롭다. 그들이 여러 가지 재앙으로 땅을 칠 능력이 있고 심지어는 죽었다가 살아나기도 한다. 본문을 읽어보면 얼마나 비현실적인 이야기인지를 느낄 수 있을 것이다.

(요한계시록 11:3~13)

내가 나의 두 증인에게 권세를 주리니 그들이 굵은 베옷을 입고 천이백육십 일을 예언하리라

그들은 이 땅의 주 앞에 서 있는 두 감람나무와 두 촛대니

만일 누구든지 그들을 해하고자 하면 그들의 입에서 불이 나와서 그들의 원수를 삼켜 버릴 것이요 누구든지 그들을 해하고자 하면 반드시 그와 같이 죽임을 당하리라

그들이 권능을 가지고 하늘을 닫아 그 예언을 하는 날 동안 비가 오지 못하게 하고 또 권능을 가지고 물을 피로 변하게 하고 아무 때든지 원하는 대로 여러 가지 재앙으로 땅을 치리로다

그들이 그 증언을 마칠 때에 무저갱으로부터 올라오는 짐승이 그들과 더불어 전쟁을 일으켜 그들을 이기고 그들을 죽일 터인즉
그들의 시체가 큰 성 길에 있으리니 그 성은 영적으로 하면 소돔이라고도 하고 애굽이라고도 하니 곧 그들의 주께서 십자가에 못 박히신 곳이라
백성들과 족속과 방언과 나라 중에서 사람들이 그 시체를 사흘 반 동안을 보며 무덤에 장사하지 못하게 하리로다
이 두 선지자가 땅에 사는 자들을 괴롭게 한 고로 땅에 사는 자들이 그들의 죽음을 즐거워하고 기뻐하여 서로 예물을 보내리라 하더라
삼 일 반 후에 하나님께로부터 생기가 그들 속에 들어가매 그들이 발로 일어서니 구경하는 자들이 크게 두려워하더라
하늘로부터 큰 음성이 있어 이리로 올라오라 함을 그들이 듣고 구름을 타고 하늘로 올라가니 그들의 원수들도 구경하더라
그 때에 큰 지진이 나서 성 십분의 일이 무너지고 지진에 죽은 사람이 칠천이라 그 남은 자들이 두려워하여 영광을 하늘의 하나님께 돌리더라

이 예언을 보면 단지 상상속의 일들을 현실적으로 꾸며냈음을 알 수 있다. 현실적으로 저런 일은 일어나지 않는다. 단지 유대인의 머릿속에서 나온 신화를 현실인 양 묘사해서 세상을 미혹하는 것이니, 이는 기독교의 그릇된 위협일 뿐이다.

순진한 사람은 저 말을 믿고 걱정하고 두려워하는데, 냉정하게 따지면 불가능한 이야기이다. 요한계시록에는 이러한 불가능한 이야기들이 많이 나온다.

그리고 요한계시록의 주제 자체가 부당하다. 요한계시록은 저주와 멸망만으로 가득 차 있다. 세상 사람들이 하나님께 벌을 받아 멸망당하고 그리

스도인들은 구원받는다는 소설을 기록해 놓았다. 이것은 그리스도인들의 바람이지 현실은 아니다.

요한계시록을 현실에 무리하게 적용하는 사람들이 있는데, 거짓된 것으로 현실을 보려니 당연히 모순과 불합리가 존재한다. 게다가 여러 기독교 이단들은 요한계시록을 사실인 것처럼 묘사해서 스스로를 신격화하고 있다. 하지만 이것은 성경에서 출발한 비현실적인 주장인 것이다. 이러한 꿈 같은 이야기를 사실로 믿는다는 것은 진실을 포기하는 것에 다름 아니다.

여호와는 선한 신일까?

여호와는 선한 신일까? 이 문제를 풀기 위해 이번 장을 마련했다. 만일 인간을 저주하는 신이 있다면 그는 선한 신일까? 인간의 입장에서는 그를 선하게 인식할 수 없을 것이다. 인간의 입장에서는 인간에게 잘못이 있어도 용서해 주고 바른 길로 이끌어 주고 축복을 내려 주고 사랑해 주는 신을 원할 것이다.

여호와가 이스라엘에 한 일을 보면 인간을 사랑하시지 않는 것 같다. 여호와 외의 신을 두었다고 내리는 저주는 끝없이 계속된다. 여호와께서 사랑이시라면 이런 일이 일어날 수 있을까?

기독교인들은 죄의식에 사로잡혀 하나님께 회개한다며 자신의 행위를 죄로 규정한다. 물론 죄악은 나쁜 것이지만, 죄 아닌 것까지 죄로 규정하고 '자아비판'을 시키는 기독교는 마치 북한의 김일성 체제와 비슷하다.

여기서는 여호와의 말들을 살펴볼 것이다. 그럼으로써 여호와가 선한 신인지 사랑의 신인지를 고찰해 볼 것이다. 판단은 독자들에게 맡긴다.

(에스겔 5:5~17)

주 여호와께서 이와 같이 이르시되 이것이 곧 예루살렘이라 내가 그를 이방인 가운데에 두어 나라들이 둘러 있게 하였거늘

그가 내 규례를 거슬러서 이방인보다 악을 더 행하며 내 율례도 그리함이 그를 둘러 있는 나라들보다 더하니 이는 그들이 내 규례를 버리고 내 율례를 행하지 아니하였음이니라

그러므로 나 주 여호와가 말하노라 너희 요란함이 너희를 둘러싸고 있는 이방인들보다 더하여 내 율례를 행하지 아니하며 내 규례를 지키지 아니하고 너희를 둘러 있는 이방인들의 규례대로도 행하지 아니하였느니라

그러므로 나 주 여호와가 말하노라 나 곧 내가 너를 치며 이방인의 목전에서 너에게 벌을 내리되

네 모든 가증한 일로 말미암아 내가 전무후무하게 네게 내릴지라

그리한즉 네 가운데에서 아버지가 아들을 잡아먹고 아들이 그 아버지를 잡아먹으리라 내가 벌을 네게 내리고 너희 중에 남은 자를 다 사방에 흩으리라

그러므로 나 주 여호와가 말하노라 내가 나의 삶을 두고 맹세하노니 네가 모든 미운 물건과 모든 가증한 일로 내 성소를 더럽혔은즉 나도 너를 아끼지 아니하며 긍휼을 베풀지 아니하고 미약하게 하리니

너희 가운데에서 삼분의 일은 전염병으로 죽으며 기근으로 멸망할 것이요 삼분의 일은 너의 사방에서 칼에 엎드러질 것이며 삼분의 일은 내가 사방에 흩어 버리고 또 그 뒤를 따라가며 칼을 빼리라

이와 같이 내 노가 다한즉 그들을 향한 분이 풀려서 내 마음이 가라앉으리라 내 분이 그들에게 다한즉 나 여호와가 열심으로 말한 줄을 그들이 알리라

내가 이르되 또 너를 황무하게 하고 너를 둘러싸고 있는 이방인들 중에서 모든 지나가는 자의 목전에 모욕거리가 되게 하리니

내 노와 분과 중한 책망으로 네게 벌을 내린즉 너를 둘러싸고 있는 이방인들에게 네가 수치와 조롱거리가 되고 두려움과 경고가 되리라 나 여호와의 말이니라 내가 멸망하게 하는 기근의 독한 화살을 너희에게 보내되 기근을 더하여 너희가 의뢰하는 양식을 끊을 것이라

내가 기근과 사나운 짐승을 너희에게 보내 외롭게 하고 너희 가운데에 전염병과 살육이 일어나게 하고 또 칼이 너희에게 임하게 하리라 나 여호와의 말이니라

이 여호와의 저주를 살펴보자. 이스라엘이 비록 악한 짓을 했다고 하더라도 이렇게 까지 끔찍하게 처벌해야 했을까? 더군다나 여호와의 율법이 얼마나 부당한지는 위에서 이미 살펴보았다(안식일에 일하면 죽여라 등). 여호와가 처벌하는 근거인 '악惡'은 일종의 핑계에 불과한 듯하다. 자신의 악을 정당화하는 근거로 이스라엘의 악을 지적하고 있을 뿐이다. 예컨대 깡패가 사람을 때리면서 이 사람이 악하기 때문에 때린다고 변명하는 것과 비슷하다. 여호와는 자기의 관점에서 이스라엘이 악을 행했다고 '아버지가 아들을 잡아먹고 아들아 아버지를 잡아먹게 하겠다고' 한다. 생지옥을 만들겠다는 것이다. 이것이 사랑과 공의의 신인가? 여호와의 저주는 불합리하다. 성경 속 여호와는 실제로는 인간을 사랑하지 않는다. 그는 '죄'라는 꼬리표를 붙여서 인간의 입을 막고 저주를 내린다.

여호와는 분을 내서 조롱거리로 만들고 양식을 끊고 외롭게 하고 전염병과 살육이 일어나게 하고 칼이 임하게 한다고 한다. 이것은 정말로 끔찍한 저주이다. 위의 구절에서 여호와는 성소를 더럽혔다는 지극히 주관적인 이유로 불합리한 처벌을 하겠다는 것이다. 여호와는 얼마나 깨끗하길래 자신의 성전을 더럽혔다고 그런 저주를 내릴까? 장애인들에게는 예배를 드릴 자격조차 주지 않는 여호와(레위기 21:21)는 선한 신일까? 자신의 마

음에 들지 않으면 악이라 규정짓고 생지옥을 만들겠다는 여호와의 협박은 용서와 자비에서 우러나온 것이 아닌 미움에서 흘러나오는 말일 것이다.

여호와의 저주는 끝이 없다. 이스라엘이 다른 신을 음란하게 섬겼다고 여호와는 질투와 저주를 퍼붓는다. 이것이 기독교에서 말하는 '아버지'인가? 자식을 끔찍하게 죽이겠다고 협박하는 아버지는 악한 아버지이다. 여호와가 기독교인의 아버지라면 여호와는 끔찍하고 악한 아버지인 것이다. 이러한 저주의 말들은 예언서 곳곳에 계속된다. 천천히 살펴보자.

(에스겔 6:3~7)

이르기를 이스라엘 산들아 주 여호와의 말씀을 들으라 주 여호와께서 산과 언덕과 시내와 골짜기를 향하여 이같이 말씀하시기를 나 곧 내가 칼이 너희에게 임하게 하여 너희 산당을 멸하리니

너희 제단들이 황폐하고 분향제단들이 깨뜨려질 것이며 너희가 죽임을 당하여 너희 우상 앞에 엎드러지게 할 것이라

이스라엘 자손의 시체를 그 우상 앞에 두며 너희 해골을 너희 제단 사방에 흩으리라

내가 너희가 거주하는 모든 성읍이 사막이 되게 하며 산당을 황폐하게 하리니 이는 너희 제단이 깨어지고 황폐하며 너희 우상들이 깨어져 없어지며 너희 분향제단들이 찍히며 너희가 만든 것이 폐하여지며

또 너희가 죽임을 당하여 엎드러지게 하여 내가 여호와인 줄을 너희가 알게 하려 함이라

여호와는 '저주를 내리면 너희들이 나를 알 것이다'라고 말한다. 하지만

이는 끔찍하고 잔인한 형벌이다. 결코 사랑의 매가 아닌 미움의 매, 저주의 매이다. 여호와는 사랑의 신이 아니다. 자신만을 섬기기를 원하는 '질투의 신'일 뿐이다. 인간이 다른 종교를 가졌다고 저주를 내린다는 여호와의 논리는 매우 부당하다. 여호와의 어투에서 사랑과 훈육이 느껴지는가, 아니면 잔인함이 느껴지는가?

(에스겔 7:20~22)

그들이 그 화려한 장식으로 말미암아 교만을 품었고 또 그것으로 가증한 우상과 미운 물건을 만들었은즉 내가 그것을 그들에게 오물이 되게 하여 타국인의 손에 넘겨 노략하게 하며 세상 악인에게 넘겨 그들이 약탈하여 더럽히게 하고

내가 또 내 얼굴을 그들에게서 돌이키리니 그들이 내 은밀한 처소를 더럽히고 포악한 자도 거기 들어와서 더럽히리라

여호와는 세상의 악인에게 이스라엘을 넘기겠다고 한다. 그러나 정의의 재판장이 깡패에게 피고인을 넘겨줄 수 있을 것인가? 형벌권 행사는 정당해야 한다. 누군가가 폭행죄를 저질렀다고 폭력배들을 시켜서 그 사람을 때리게 하는 것은 정당한 형벌권 행사가 아니다. 형벌권은 정의여야 한다. 법의 준엄한 심판이어야 한다. 하지만 여호와는 악인들에게 넘겨 심판받게 하겠다고 한다. 이는 지극히 부당한 형벌권 행사로, 여호와의 정당성에 심각한 의문을 던져 준다.

그러면 도대체 무슨 죄를 범했기에 여호와가 이토록 잔인하게 심판하는가를 살펴보자. 성경에서 말하고 있는 커다란 죄는 바로 '우상 숭배', '다른 종교'를 가졌다는 것이다. 여호와는 인간에게서 종교의 자유를 철저히 박

탈한다. 오직 자신만을 섬기도록 강요한다. 마치 북한에서 김일성을 신격화하고 예배하라고 강요하는 것과 똑같다. 단지 주체가 여호와일 뿐이다.

성경에서 여호와의 말을 들어 보자.

(에스겔 8:11~18)

이스라엘 족속의 장로 중 칠십 명이 그 앞에 섰으며 사반의 아들 야아사냐도 그 가운데에 섰고 각기 손에 향로를 들었는데 향연이 구름같이 오르더라

또 내게 이르시되 인자야 이스라엘 족속의 장로들이 각각 그 우상의 방안 어두운 가운데에서 행하는 것을 네가 보았느냐 그들이 이르기를 여호와께서 우리를 보지 아니하시며 여호와께서 이 땅을 버리셨다 하느니라

또 내게 이르시되 너는 다시 그들이 행하는 바 다른 큰 가증한 일을 보리라 하시더라

그가 또 나를 데리고 여호와의 전으로 들어가는 북문에 이르시기로 보니 거기에 여인들이 앉아 담무스를 위하여 애곡하더라

그가 또 내게 이르시되 인자야 네가 그것을 보았느냐 너는 또 이보다 더 큰 가증한 일을 보리라 하시더라

그가 또 나를 데리고 여호와의 성전 안뜰에 들어가시니라 보라 여호와의 성전 문 곧 현관과 제단 사이에서 약 스물다섯 명이 여호와의 성전을 등지고 낯을 동쪽으로 향하여 동쪽 태양에게 예배하더라

또 내게 이르시되 인자야 네가 보았느냐 유다 족속이 여기에서 행한 가증한 일을 적다 하겠느냐 그들이 그 땅을 폭행으로 채우고 또 다시 내 노여움을 일으키며 심지어 나뭇가지를 그 코에 두었느니라

그러므로 나도 분노로 갚아 불쌍히 여기지 아니하며 긍휼을 베풀지도 아니하리니 그들이 큰 소리로 내 귀에 부르짖을지라도 내가 듣지 아니하리라

단지 장로들이 여호와가 이 땅을 버렸다고 했다는 이유로 여호와는 분노하고 죄라고 규정한다. 인간에게는 표현의 자유가 있다. 그 표현이 남을 해치지 않는 이상 인간은 자유롭게 표현할 수 있는 것이다. 그런데 여호와는 인간들이 여호와에 대한 불신을 드러냈다는 이유로 분노하고 죄라고 규정하고 있다. 이런 신을 관용과 사랑의 신으로 볼 것인가? 성경에서는 여호와에게 원망하는 말을 했다고 여호와가 이스라엘을 벌한 사례가 있다(고린도전서 10:10). 사람이 살면서 고단하고 힘들면 원망할 수도 있지 않은가? 자비롭지 못하게 처벌하는 여호와에게서는 사랑이 느껴지지 않는다.

그리고 여호와의 처벌에 동의할 수 없는 이유는 다른 신을 섬긴 것을 죄로 규정했다는 점이다. 담무스를 위해 울든 제우스를 위해 울든 인간의 자유인 것이다. 그것을 죄로 규정하여 험악한 처벌을 내리는 여호와의 '처벌'에 의문을 제시한다.

여호와가 폭력을 처벌한다는 것은 비판하지 않겠다. 왜냐하면 폭력 자체는 처벌받아야 할 죄이기 때문이다.

하지만 '우상 숭배'에 대한 여호와의 처벌은 비판받아야 한다. 진정한 신이라면 사람이 왜곡된 길로 빠졌으면 불쌍히 여기고 바로잡아 주어야 하지 않는가? 부모가 자식이 잘못된 길로 들어선다면 훈계하고 바른 길로 인도해야 하지 않는가? 여호와는 분노와 질투에 사로잡혀 자기 외에는 신이 없다고 말하며 모든 다른 종교인들에게 저주와 형벌을 부과하고 있다. 사랑하는 부모라면 자식에게 결코 할 수 없는 행위를 여호와라는 신이 보여주고 있는 것이다.

그리고 여호와는 인간이 잘못했다고 자기 역시도 그렇게 하겠다고 한다. 치졸한 어린아이도 아니고 신의 입장에서 인간을 생각할 수는 없는 것인가? 이런 여호와가 정말로 신인가? 네가 잘못했으니 나도 너에게 잘못하겠다는 여호와의 논리는 매우 속 좁고 부당한 사람의 인품을 그대로 보여 주고 있다.

신이 정말 이 정도의 성품이라면 누가 존경할 것인가? 누가 그를 따를 것인가?

(에스겔 9:4~6)

여호와께서 이르시되 너는 예루살렘 성읍 중에 순행하여 그 가운데에서 행하는 모든 가증한 일로 말미암아 탄식하며 우는 자의 이마에 표를 그리라 하시고

그들에 대하여 내 귀에 이르시되 너희는 그를 따라 성읍 중에 다니며 불쌍히 여기지 말며 긍휼을 베풀지 말고 쳐 늙은 자와 젊은 자와 처녀와 어린이와 여자를 다 죽이되 이마에 표 있는 자에게는 가까이 하지 말라 내 성소에서 시작할지니라 하시매 그들이 성전 앞에 있는 늙은 자들로부터 시작하더라

여호와는 자비 없이 긍휼 없이 사람들을 다 죽이라고 한다. 인간을 철저히 미워하며 자비 없는 처벌을 내리고 있는 여호와의 모습에서 필자는 사랑을 발견할 수 없었다.

여호와는 정당한 재판장이 아니다. 아무리 죄를 지은 피고인이라도 적법 절차에 의해서 합당한 형벌이 부과되어야 하기 때문이다. 여호와는 죄인에게 무척이나 잔인하다.

아울러 여호와는 사랑의 하나님도 아니다. '사랑'이란 것은 그 사람을 아껴 주고 보살펴 주는 것이라고 생각할 수 있다. 여호와와 이스라엘의 관계는 아버지와 아들의 관계에 비유할 수 있다. 아들이 잘못하면 아버지는 화가 나서 혼내기도 하지만, 멸망시키거나 저주하지는 않는다. 왜냐하면 아

버지는 아들을 '사랑'하기 때문이다. 여호와가 보여준 것은 '아버지'의 행위가 아니었다는 점이다.

이상으로 여호와의 저주를 살펴보았다. 이를 통해서 여호와란 신이 결코 선하거나 관대하거나 자비로운 신이 아닌, 인간을 죄인으로 규정하고 저주하는 신이라는 것을 살펴볼 수 있었을 것이다. 실상 여호와란 신은 유대인들이 만든 신일 것이다. 성경은 묘한 성품의 신을 만들었고, 사람들은 그것을 진짜 신의 성품으로 생각한다. 하지만 진짜 신이 계신다면 여호와 같지는 않을 것이다. 여호와로 인하여 혹시 있을지 모를 정당한 신이 오해받고 있지는 않은지 생각해 보며 글을 마친다.

여호와에게서 끊어지는 죄 목록

구약 성경의 문서 중 하나인 레위기는 여러 가지 제사법과 의무를 규정하고 있다. 그렇지만 성경에서 말하고 있는 '죄'가 실제로는 '죄'가 아니라는 것을 깨달을 수 있을 것이다. 성경을 살펴보자.

(레위기 7:20)
만일 몸이 부정한 자가 여호와께 속한 화목제물의 고기를 먹으면 그 사람은 자기 백성 중에서 끊어질 것이요

물론 신의 제물을 신성시 하는 것은 중요하다. 하지만 신의 제물을 인간보다 소중히 여겨서는 안 되지 않겠는가? 레위기의 법은 인간보다 신에

게 바친 제물(고기)을 소중히 여기고 있다. 쉽게 말해 인간보다 신에게 바친 돈이 소중하다고 생각하는 것이다. 레위기를 현대식으로 바꾸어 보면 이렇다.

'만일 몸이 부정한 자가 예수님께 바친 십일조에 손을 대면 그 사람은 기독교인 중에서 끊어질 것이다.'

이러한 법은 인간을 매우 천시하고 있음을 보여 준다. 몸이 부정한 자라는 개념도 매우 추상적이다. 현대로 치면 죄형법정주의의 명확성 원칙 위반이다.(명확성 원칙이란 범죄와 형벌을 규정할 때에 명확하게 규정해서 인간의 활동범위를 부당하게 제약하지 않을 것을 요하는 형사법상의 대원칙이다)

사람들은 자신을 신 앞에서 더러운 존재라고 인식할 것이다. 이것은 부당하다. 인간은 신 앞에서 결코 더러운 존재가 될 수 없고 인간을 더럽게 보는 신 자체를 선하다고 인식할 수도 없다. 이 법에는 인간보다 신에게 바친 고기를 더 신성시 여기는 성경의 관점과 율법을 위반 시 가차 없이 백성에게서 끊어버린다는 엄격함이 드러나 있다.

(레위기 7:22~27)

여호와께서 모세에게 말씀하여 이르시되

이스라엘 자손에게 말하여 이르라 너희는 소나 양이나 염소의 기름을 먹지 말 것이요 스스로 죽은 것의 기름이나 짐승에게 찢긴 것의 기름은 다른 데는 쓰려니와 결단코 먹지는 말지니라 사람이 여호와께 화제로 드리는 제물의 기름을 먹으면 그 먹는 자는 자기 백성 중에서 끊어지리라 너희가 사는 모든 곳에서 새나 짐승의 피나 무슨 피든지 먹지 말라 무슨 피든지 먹는 사람이 있으면 그 사람은 다 자기 백성 중에서 끊어지리라 초대 교회에서 율법의 준수 여부에 대해 교부들 간에 다툼이 있었다. 한 쪽은 율법 준수를 주장한 반면 다른 쪽은 율법을 지키지 않아도 된다고 했다. 결론은 율법을 지키지 않아도 되고 음행과 피 먹는 것과 우상에게 바친 제물을 먹지 말라는 명령을 내린 것으로 귀결되었다. 그런데 '피'를 먹는 것이 어찌 죄가 되는가? 성경에서는 피는 생명이니 먹지 말라고 한다. 하지만 피를 마시는 것은 죄가 아니라고 생각한다. 그렇다고 피를 마시는 행위를 장려한다는 것은 아니다. 피란 것은 음식이 아니기 때문이다. 다만 피를 마시는 행위를 죄로 규정해서 백성에게서 끊어버린다는 여호와의 율법의 부당성을 지적하고 싶다.

여호와의 증인이라는 한 기독교의 분파 단체는 수혈까지도 금지하고 있다. 사람의 생명이 경각에 달렸는데도 수혈을 금지해서 죽는 여호와의 신도들 때문에 법률상 많은 문제를 야기한다. 가장 중요한 것은 사람의 생명이 아닐까? 낡은 규례를 지키기 위해 사람을 죽도록 버려두기 전에 무엇이 합리적이고 인본주의적인지를 판단하는 것이 중요하다. 구약의 율법 자체는 이렇듯 미신적인 행동을 유발하는 폐해가 심하다.

성경은 철저한 신본주의에 입각해서 쓰였다. 신이 중심이 되는 성경에서 인간은 죄인이고 부족한 존재로만 인식된다. 하지만 인간은 신의 장난감이 아니라 독자적으로 생활하는 존엄한 존재라는 것을 말하고 싶다.

구약의 제사법 비판과 예수님의 대속 비판

구약에는 짐승을 죽여 여호와께 바쳤다. 피를 제단에 뿌리고 짐승의 고기는 태웠다. 유대인들은(비단 유대인뿐만 아니라 많은 고대 종교들이) 이렇게 하면 죄가 사해진다고 믿었다. 하지만 이것은 미신일 것이다. 양을 바치거나 소를 바친다고 죄가 사해진다면 세상에 죄인은 없을 것이다.

죄라는 것은 사람이 불가피하게 지을 수 있다. 하지만 그럴 때마다 짐승을 죽여 자신의 죄를 씻기보다는 진정으로 사람과 창조주께 참회하고 같은 죄를 반복하지 않으면 될 것이다. 그리고 정당한 처벌이 있다면 신이나 재판장의 권위에 복종하여 죗값을 자기 자신이 치르면 합당할 것이다.

하지만 유대인들은 죄를 씻기 위해서 남을 죽여서 바치는 속죄 제사를 운용했다. 그리고 이 사상은 기독교에게도 영향을 미쳤다. 신약 성경 저자들은 구약 성경에서의 속죄 제사를 예수의 십자가형에 대입했다. 현대에도 기독교인들은 예수의 십자가형을 여호와께 바친 제사라고 믿고 있다. 즉, 예수님이 친히 제물이 되셔서 여호와께 바쳐져서 인간의 죄를 사했다는 것이다.

그렇지만 몇 가지 의문을 제시해 본다. 첫째로, 죄를 지은 사람이 죗값을 받아야 하는데 예수가 대신 죗값을 치른다는 개념이 가능한 것일까? 십자가 대속을 인정하면 죄에 대한 처벌이 정확히 이루어지지 않게 된다. 살인죄를 저지른 A라는 사형수가 있다고 가정해 보자. 이 때 B란 사람이 A 대신에 사형을 받을 수 있을까? 설령 B가 대신 처벌받았다고 해서 A의 죄가 사해질 수 있을까?

두 번째로 성경에서 여호와는 어찌하여 자신의 '아들'을 화목제물로 삼으셨을까? 그는 피를 보지 않으시고는 죄를 용서할 수 없는 신인가? 죄인들이 죄 사함을 받기 위해 신에게 바치는 제물로 '인간'을 사용한다는 기독교의 개념 자체에 동의하기가 어렵다.

현실적으로 십자가를 분석해 보자면, 예수님이 고난을 받은 것은 인류의 죄와는 아무 상관없는 일이다. 성경에 의하면 유대인들에게는 율법 위반으로, 로마에는 선동죄와 반역죄로 몰려 사형 당했다. 예수님이 인류의 죄를 짊어지고 죽으셨다는 어떠한 증거도 없다. 그분께서 인류의 죄를 담당하셨다고 생각하는 기독교의 주장에는 동의하기 어렵다(요한1서 2:2).

당시에는 그리스도라 자칭하며 사람을 선동하는 사람들이 몇 명 있었고, 로마에 의해 제거되었다. 로마의 입장에서 예수는 유대인의 힘을 모아 로마에 대항하는 일종의 선동가로 보였을 것이다. 그래서 그를 처형한 것 같다. 예수가 세상의 모든 죄를 지고 사형 당했다고 보기는 어렵다. 예수님의 죄 대속은 사람의 감성을 자극하는 일종의 단편극과 같다.

그리고 예수님의 십자가형을 제사라고 보아 준다 하더라도 그것은 인신 제사가 아닌가? 다른 것을 죽여서 자신의 죄를 사한다는 구약의 메커니즘과 다를 것이 없다. 다만 양과 소의 자리에 예수님이라는 인간이 계셨을 뿐이다.

기독교인들은 죄인인 자신들이 십자가형을 받아야 하는데 예수님이 대신 받으셨다고 생각한다. 하지만 이 생각은 문제가 있다. 모든 사람이 십자가형을 받아야 할 정도로 죄인이라고 생각하지 않는다. 그리고 정의는 죄인에 대한 끔찍한 형벌 조롱과 모욕으로 성취되는 것이라고도 생각하지 않는다. 굳이 여호와는 준엄한 심판, 자비로운 심판이 아닌 잔인한 형벌로 '하나님의 아들'이라고 주장하던 예수를 로마라는 집단에 넘겨주어 조롱당하고 끔찍한 죽음으로써 죄가 사해지는 제사법을 택해야 했던 것일까?

기독교의 교부 사도 바울은 성경 로마서에서 예수님의 십자가형을 죄에 대한 죽음으로, 부활은 하나님에 대한 생명으로 묘사해 놓았다(로마서 6:10). 하지만 그것은 기독교인들이 예수님의 죽음을 미화한 것이라고 생각한다. 예수님이 십자가에서 사형 받으신 것이 어째서 인류와 하나님을 화목하게 하는 것인가?

필자가 십자가 대속에 제시하는 논점은 이렇다. 첫째로 십자가 대속을 인정한다면 죄에 대한 정당한 심판이 예수란 존재로 회피된다. 살인을 하고 도둑질을 해도 예수를 믿으면 용서해 준다는 것은 범죄를 부당하게 변호하는 것이기 때문이다.

둘째로 인간을 제물로 사용하는 방식은 합당하지 않다. 하나님께 인간을 죽여서 바치는 것은 올바른 일이 아니기 때문이다. 이삭(아브라함이 행하려 했던 인신 제사의 제물)이나 예수를 하나님께 바치는 것은 허용될 수 없는 행위라고 본다. 아울러 진짜 신이 계신다면 그런 예배는 받지 않으실 것 같다.

십자가 대속을 하나님의 사랑으로 보기에도 문제가 있다. 자신의 아들을 죽임으로써 죄를 용서한다는 성경의 논리는 동의하기 어렵다. 또한, 여호와가 정말로 세상을 용서했다면 모든 죄인을 용서해야 형평에 맞는다. 여호와는 예수를 '믿는' 사람에게만 죄의 대속을 허용한다(로마서 3:25). 하지만 이것은 부당하다고 본다. 죄에 대한 용서가 특정 인간을 믿는지의 여부로 나뉠 수는 없기 때문이다.

그리고 구약성경에서 여호와는 '죄' 때문에 수많은 사람을 죽였다. 그런 여호와가 갑자기 자신의 아들을 죽여 가면서 까지 죄인들을 사랑한다고 한다. 이것은 인간을 속이는 철저한 기만일 뿐이다. 여호와는 죄인을 미워하고 저주하고 가장 잔인하게 죽이는 이스라엘의 민족신일 뿐이다.

필자는 구약 성경의 죄의 대속법과 예수님의 십자가 사형 사건을 속죄제사로 보는 기독교의 시각에 의문을 제시했다. 진정 선한 가치는 정의롭고 공의로운 심판 자비로운 심판이지 남을 죽여서 자기 자신의 죄가 사해지는 피의 제사법이 아니라고 생각한다.

자신의 자식을 제물로 바친 입다

성경에는 인신 제사가 나온다. 인신 제사란 사람을 죽여서 신에게 제물로 바치는 행위이다.

이것은 결코 정당화될 수 없는 일이다. 신의 말씀을 적어 놓았다는 성경에 인신 제사가 있는 것은 부당하다.

'입다'란 사람은 여호와에게 인신 제사를 서원하고 자신의 딸을 바친다. 성경이 진리가 될 수 없는 이유도 여기에 있다.

(사사기 11:30~35)

그 때에 입다가 주님께 서원하였다. '하나님이 암몬 자손을 내 손에 넘겨주신다면, 내가 암몬 자손을 이기고 무사히 돌아올 때에, 누구든지 내 집 문에서 먼저 나를 맞으러 나오는 그 사람은 주님의 것이 될 것입니다. 내가 번제물로 그를 드리겠습니다.'

그런 다음에 입다는 암몬 자손에게 건너가서, 그들과 싸웠다. 주님께서 그들을 입다의 손에 넘겨주시니,

그는 아로엘에서 민닛까지 스무 성읍을 쳐부수고, 아벨그라밈까지 크게 무찔렀다. 그리하여 암몬 자손은 이스라엘 자손 앞에 항복하고 말았다.

입다가 미스바에 있는 자기 집으로 돌아올 때에, 소구를 치고 춤추며 그를 맞으려고 나오는 사람은 바로 그의 딸이었다. 그는 입다의 무남독녀였다.

입다는 자기 딸을 보는 순간 옷을 찢으며 부르짖었다. '아이고, 이 자식아, 네가 이 아버지의 가슴을 후벼 파는구나. 나를 이렇게 괴롭히는 것이 하필이면 왜 너란 말이냐! 주님께 서원한 것이어서 돌이킬 수도 없으니, 어찌한단 말이냐!'

입다는 좋아서 딸을 바친 것은 아닌 것 같다. 하지만 신에게 그런 서원을 했다는 자체가 문제가 있어 보인다. 누군가를 바치고 싶으면 자기 자신을 바치면 되지 않겠는가? 왜 남을 죽여서 신에게 바치는가? 그것은 철저한 이기주의이고 불합리한 행동이다.

자신의 신앙을 위해 남을 죽여도 관계없는 신앙심은 악이다. 기독교는 무분별한 선교를 한다. 심지어 절에 가서 찬송가를 부르거나 싫다는 사람에게 계속해서 선교한다. 그것은 자신의 신앙심을 절대화시킨 불합리한 행동이다. 마치 성경의 입다의 행위와 같은 이기적인 행동인 것이다. 자신의 신에 대한 열정을 위해 남에게 피해를 주는 행동은 결코 올바른 신앙 태도가 아니다.

아울러 인신제사를 기록한 성경 역시도 문제가 많아 보인다. 사람들은 이 입다의 구절을 잘 모른다. 그렇기에 성경에는 좋은 것만 쓰여 있을 것이라고 상상한다. 하지만 성경을 자세히 살펴보면 '인신 제사'가 있었다는 사실과 그것이 버젓이 진리로 각인되어 있는 현실을 볼 수 있을 것이다. 인신제사가 무척 사악한 행위임에는 동의할 것이다. 성경 속 인신 제사는 종교로 인해 인간성을 상실한 무지한 행위임을 우리에게 가르쳐 준다.

아브라함의 믿음 비판

성경에 아브라함이라는 사람이 있었다. 이 사람은 여호와의 친구로 묘사된다. 아브라함은 여호와를 무척 경외하는 사람이었다. 그런데 여호와는 아브라함이 자신을 사랑하는지를 알기 위해 한 가지 시험을 한다. 즉, 아브라함이 사랑하는 아들 이삭을 제물로 바치라고 한 것이었다. 아브라함은 여호와의 명령에 순종하여 자식을 죽여서 제물로 바치려 한다. 그때 천사가 나타나 아브라함을 말리고 여호와는 무척 감격했다는 이야기이다.

기독교인들은 아브라함을 '믿음의 아버지', '본받아야할 대상'으로 추켜세운다. 그러나 여기서 여호와와 아브라함이 한 행동은 문제가 있다. 예를 들어 보자. 한 아내가 남편이 자신을 사랑하는지 알기 위해 남편에게 남편의 절친한 친구를 죽이라고 한다. 남편은 아내를 사랑하니 그 친구를 죽여야 한다고 생각한다. 이 비유는 여호와와 아브라함의 비유이다. 여호와는 자신을 사랑하는지를 알기 위해서 남을 죽이라는 부당한 명령을 내린다. 그리고 아브라함은 그 명령에 순종하여 남을 죽이려고 한다. 이것은 살인교사와 살인 미수 행위이지 아름다운 행위일 수 없다.

사람들은 신의 명령에 복종한다. 사람들은 그 명령이 정당한지를 생각하지 않고 신의 권위에 순복하여 복종한다. 현행법상 위법한 상관의 명령에는 복종할 의무가 없다. 하지만 사람들은 권위에 약하다. 과거에 나치가 그랬고 심리학에서 밀그램이라는 학자는 사람들이 권위에 순종하여 악한 명령을 수행하는 사례를 실험을 통해 입증했다.

현재의 기독교인들도 목사의 명령, 여호와의 명령에는 순종하려 한다. 하지만 그 명령이 정당한지 여부를 따져 보아야 할 것이다. 그 명령이 악하다면 인간에게는 순종할 의무가 없다. 아브라함의 행위는 '믿음'이 아닌 '맹목'이었던 것이다.

'믿음'이란 것은 상대방에 대한 신뢰 그리고 선한 가치들을 내포해야 한다. 무조건 상대방을 믿고 따르는 것은 맹목이지 상대방에 대한 진정한 '믿음'은 아니다.

(히브리서 11:17)

아브라함은 시험을 받을 때에, 믿음으로 이삭을 바쳤습니다. 더구나 약속을 받은 그가 그의 외아들을 기꺼이 바치려 했던 것입니다

신약 성경 히브리서 저자는 아브라함의 믿음을 찬양한다. 하지만 이것은 옳은 태도가 아니라고 생각한다. 인신 제사를 하는 것은 분명 잘못된 것이다. 아브라함은 여호와의 명령에 순종해서 인신 제사를 하려 했으니 분명 옳지 않은 행위를 하려고 한 것이다. 성경은 아브라함이 여호와가 이삭을 죽여도 다시 살려줄 것이라고 믿었다고 한다. 하지만 사람을 다시 살릴 수 있다고 살인 행위가 허용될 수는 없다.

아브라함의 행위를 '믿음'으로 보아야 할까? 아니면 '맹목'과 '광신'으로 보아야 할까? 판단은 독자들의 몫이다.

돈을 숨겼다가 죽은 아나니아 부부

신약 성서에서는 초대 기독교인들의 공동생활이 등장한다. 초대 기독교인들은 자신들이 살던 시대에 말세가 올 것이라고 믿었기에 재산을 포기하고 전 재산을 교회에 바친 후 공동생활을 하였다. 그런데 재미있는 일이 등장한다. 재산을 모두 바치지 않고 일부를 숨긴 아나니아 부부가 여호와의 천벌을 받아 죽는다는 내용이다. 이 이야기를 통해 교회에 재산을 헌납하는 것, 그리고 그 일에 동원된 아나니아 부부의 이야기를 밝히고자 한다.

(사도행전 5:1~5)

그런데 아나니아라는 사람이 그의 아내 삽비라와 함께 소유를 팔아서, 그 값의 얼마를 따로 떼어 놓았는데, 그의 아내도 이것을 알고 있었다. 그는 떼어 놓고 난 나머지를 가져다가, 사도들의 발 앞에 놓았다.

그 때에 베드로가 이렇게 말하였다. '아나니아는 들으시오. 어찌하여 그대의 마음이 사탄에게 홀려서, 그대가 성령을 속이고 땅 값의 얼마를 몰래 떼어 놓았소? 그 땅은 팔리기 전에도 그대의 것이 아니었소? 또 팔린 뒤에도 그대 마음대로 할 수 있었던 것이 아니었소? 그런데 어찌하여 이런 일을 할 마음을 먹었소? 그대는 사람을 속인 것이 아니라 하나님을 속인 것이오.'

아나니아는 이 말을 듣고, 그 자리에서 쓰러져서 숨졌다. 이 소문을 듣는 사람은 모두 크게 두려워하였다.

이 이야기가 주는 교훈은 교회에 재산을 바칠 때에 숨기면 천벌을 받는다는 것이다. 교회는 초대부터 재산을 헌금으로 받아 왔다. 물론 아나니아 부부가 남을 속인 것이 잘한 일은 아니다. 하지만 재산을 한번 숨겼다고 목숨까지 빼앗는 형벌을 가한 여호와에게는 자비가 없어 보인다. 자녀가 잘못을 했으면 타이르거나 훈계하지 죽이지는 않는다. 그런데 기독교의 신은 아나니아 부부가 재산을 숨겼다고 곧바로 사형 판결을 내리고 있다. 얼마나 무자비한 판결인가?

이 이야기는 아마 교회에 재산을 바칠 때에 숨기는 것을 방지하기 위해서 만들어졌을 것이다. 즉, 사람들이 교회에 대한 두려움을 가지고 헌신하게 만들게 하기 위한 일종의 픽션일 것이다. 교회에 재산을 바칠 때에 숨기면 악마이고 사탄이라는 것이 성경이 하고 싶은 말이다. 사람들은 두려움에 사로잡혀 기꺼이 전 재산을 교회에 바쳤을 것이고 교회는 이를 사용했을 것이다.

앞서 살펴보았듯이 예수는 시한부 종말론자였다. 예수 시대의 초대 교인들은 자기들의 세대에 종말이 있을 것으로 믿었다. 그렇기에 재산을 기꺼이 포기할 수 있었던 것이다. 하지만 종말은 오지 않았다. 현대에도 이와 비슷한 수법이 있는데, 종말이 다가왔다고 속여서 재산을 가로채는 사이비 종교들의 수법과 매우 흡사하다.

교회의 십일조 비판

십일조는 여러 학설이 있지만, 야곱이라는 사람이 여호와를 만나고 자신의 것의 10분의 1을 바치겠다고 서원했던 데에서 유래했다고 본다. 이스라엘이라는 국가가 세워지고 난 후에는 여호와께 성직을 행하는 레위지파의 생계를 책임지기 위해 십일조 제도를 율법으로 제정했다.

이 십일조 제도는 현대에도 크게 유행하는데, 이것은 목사의 물질욕과 결부되어 있기 때문이다. 여러 목사들은 록펠러 등 부자 크리스천의 성공 사례를 들어 십일조를 내면 부자가 된다고 설교한다.

목사들이 좋아하고 인용하는 구절은 이와 같다.

(말라기 3:10)

만군의 여호와가 이르노라 너희의 온전한 십일조를 창고에 들여 나의 집에 양식이 있게 하고 그것으로 나를 시험하여 내가 하늘 문을 열고 너희에게 복을 쌓을 곳이 없도록 붓지 아니하나 보라 진리는 명확해야 한다. '십일조를 내면 부자가 된다.'라는 진술이 진리가 되려면 예외가 없는 절대 법칙이어야 한다. 즉 A(십일조를 낸다)와 B(부자가 된다)일 때 'A이면 B이다'라는 공식이 성립되어야 한다.

그런데 십일조를 내서 부자가 된 사람들도 있지만 십일조를 냈는데도 사업이 망한 사람이 더러 있다. 예외가 존재하니 '십일조를 내면 부자가 된다.'는 명제는 틀린 명제이다. 그리고 그 부자가 된 사람들은 여호와가 축복해서 부자가 됐을까? 상상은 자유이다.

현대 교회는 십일조를 강조한다. 율법주의를 벗어나자고 외치면서도 율법 중 십일조 조항은 강조하는 설교를 한다. 그들의 저의가 확연히 드러나지 않는가? 교회의 물질욕과 율법이 부합하면 성경의 가르침을 기만하는 그러한 설교가 횡행하게 되는 것이다.

과거 가톨릭교회에서 성 베드로 성당을 짓기 위해 면죄부를 팔았다. 즉 고통받는 부모의 영혼이 면죄부를 통해서 연옥에서 천국으로 올라간다는 내용이었다. 성경도 적절히 인용했다. 하지만 이는 교회의 물질욕에서 파생된 행위였던 것이다.

현대 교회도 과거 가톨릭교회를 닮았다. 율법이 아닌 믿음으로 천국 간다고 주장하면서도 목사들은 십일조를 강조한다. 심지어 십일조를 내지 않으면 교인 자격을 정지시키겠다는 안도 등장했다.

무엇이 진실인지 그리고 십일조가 정말로 교회를 위해서, 가난한 사람들의 구제를 위해서, 진실 된 신의 말씀을 전파하기 위해서 쓰이는지는 스스로 현실을 보고 판단하기를 바란다.

율법의 복 비판

성경에는 율법을 지키면 복을 주겠다는 구절이 여러 번 등장한다(신명기 28:7). 그리고 목사님들은 이런 구절들을 강조하여 여호와를 믿으면 현세에서도 내세에서도 복을 받는다고 한다. 이 말이 실제인지를 입증해 보고자 한다. 유대인의 예를 들어보자.

만일 여호와께서 정하신 율법이 사실이라면 율법을 준수하는 유대인들은 성경의 구절처럼 복을 받았을 것이다. 여호와께서는 율법을 지키면 이스라엘의 적군들을 물리쳐 주시겠다고 약속하셨다.

실제로 역사상 유대인들은 전쟁할 때 안식일을 지켜 안식일에는 전쟁하지 않았다. 그래서 유대인과 전쟁하는 적군은 안식일마다 유대인을 공격했다. 유명한 로마의 장군 폼페이우스도 안식일에 예루살렘 성을 공격해서 함락시켰다. 여호와가 실제로 있다면 그리고 그 약속이 유효하다면 신적인 권능으로 안식일을 지키는 유대인들을 보호해 주어야 하지 않을까? 그런데 여호와께서는 그러지 못하셨다. 오히려 적군들에 의해 안식일이 철저히 농락당하는데도 유대인을 지켜주지 못했다. 안식일을 지키다 죽은 유대인의 수는 부지기수였다.

여호와의 약속이 유효하지 않다는 것을 증명하는 사건이었다.

(신명기 28:1, 7)

네가 네 하나님 여호와의 말씀을 삼가 듣고 내가 오늘 네게 명령하는 그의 모든 명령을 지켜 행하면 네 하나님 여호와께서 너를 세계 모든 민족 위에 뛰어나게 하실 것이라

여호와께서 너를 대적하기 위해 일어난 적군들을 네 앞에서 패하게 하시리라 그들

이 여호와의 약속은 좋은 듯 보이지만, 여호와는 지키지 못했다. 이것은 역사가 입증한다. 안식일에 전투를 하지 않은 유대인들의 죽음이 저 진술이 거짓임을 입증해주고 있는 것이다.

아울러 율법이 말하고 있는 복 자체에 대해 논해보자면 어떠한 신적 존재를 믿어 복을 받는다는 것은 기복 신앙이다. 즉, 사람들은 신에게 복종함으로써 복을 받기를 원한다. 기독교는 사람들의 기복 신앙을 잘 이용했다. 많은 교회가 '십일조를 내면 복을 받는다.', '예수를 믿으면 병이 낫는다.'라는 슬로건을 내세웠다. 많은 사람들이 복 받기를 원하는 마음이 있기 때문에 이러한 말을 믿고 따른다. 하지만 진정한 진리가 과연 '복'에 있는 것일까?

진정한 종교라면 '선'을 추구해야 한다고 본다. 복을 받기 위해 사람들에게 선행을 베풀고 복을 받기 위해 기도한다면 주객이 전도되는 결과를 가져온다. 그렇다면 사람들은 '복'이 목적이 되어서 활동하는 것이고, 결국은 이기적인 마음에서 비롯되는 종교 행위에 지나지 않게 된다. 그렇다면 '선'이 아닌 자신의 욕망을 위해 신을 이용하는 마음가짐으로 종교를 믿는 것이 된다. 그렇기에 '복'으로 사람들을 유인하는 종교에는 허점이 있고 진정한 진리가 아닌 것이다.

진정한 복종은 '복'에 대한 유혹으로 오지 않는다. 진정한 선은 선이기에 따라야 하는 것이다. 칸트의 정언명령, 즉 절대적 명령은 그 명령 자체가 '정正'을 지향하기에 따라야 된다는 좋은 가르침을 준다. 즉, 진정한 종교란 '선善'자체가 목적이 되어야 한다.

'복福'으로 인간의 기복 신앙을 자극하여 유인하는 성경의 율법을 규탄한다.

기독교의 사랑 비판

사랑은 계약이 아니다. 즉 '네가 이렇게 해 주면 나도 이렇게 해 주겠다'라는 계약이 아니다. 사랑은 무조건적인 것이다. 사랑은 남이 자기에게 해 줄 것을 바라지 않고 남에게 베푸는 행위이다.

그런데 기독교의 사랑을 보면 그렇지 않다. 예수가 말했던 구원론은 일종의 '계약'이었다. 즉, 어떤 사람이 예수가 죽은 자 가운데서 부활한 것을 믿으면 '구원'을 주겠다고 약속한 것이다. 그리고 믿지 않는 자는 지옥에 던지겠다는 내용이다.

이 기독교의 구원론이 진정한 사랑일까?

본문을 살펴본다.

(로마서 10:9)

네가 만일 네 입으로 예수를 주로 시인하며 또 하나님께서 그를 죽은 자 가운데서 살리신 것을 네 마음에 믿으면 구원을 받으리라

(마가복음 16:16)

믿고 세례를 받는 사람은 구원을 얻을 것이요 믿지 않는 사람은 정죄를 받으리라

본문을 살펴보면 '구원'이란 것은 모든 사람에게 베풀어지는 것이 아니라 예수의 비현실적인 부활을 '믿는' 사람에게만 적용된다는 것을 알 수 있다. 진정한 사랑은 조건을 달지 않는다. 진정한 용서는 상대방의 행위를 먼저 요구하지 않는 것이다.

예수가 정말로 죄인을 용서했다면, 죄인을 불쌍히 여긴다면 자신을 믿든

믿지 않든 구원해 주어야 할 것이다. 원수까지도 사랑하라고 말했던 예수가 자신을 믿지 않는다고 저주하고 지옥에 던져 넣는다는 것을 성경 곳곳에서 발견할 수 있다(요한계시록 21:8).

이러한 기독교의 구원론이 사랑일까? 기독교의 사랑은 제한된 편애이고 보편적인 인류애가 아닌 그들만의 사랑인 것이다.

'나를 믿으면 용서해 주고 나를 믿지 않으면 지옥에 던지겠다.'라는 예수의 메시지는 조건형이고 가변적인 것이다. 진정 인류를 사랑한다면 비록 아무것도 해 주지 않는다 하더라도 용서해 주는 것이 필요한 것이다. 예수의 사랑은 인류에 대한 사랑이기보다는 제한적 편애에 가깝다고 본다.

예수 천국, 불신 지옥의 비판

앞의 항에서 믿는 자와 믿지 않는 자를 나눈다는 성경의 진술을 살펴보았다. 즉, 예수 천국 불신 지옥이란 말은 사람들이 만들어 낸 것이 아니라 신의 말씀이라는 성경에 있는 내용을 옮긴 것이다. 하지만 이 기독교의 구원론이 정의인지에 대해서 비판해 본다.

한 죄인이 있는데 그가 예수를 믿었다고 가정해 보자. 그러면 그 사람의 모든 죄가 사해지고 천국에 들어간다. 반면 의를 위해 노력하는 사람이 있는데 그 사람은 예수를 믿지 않았다. 그래서 정죄를 받고 지옥에 간다. 이것이 합당한 결과일까? 나에게 잘해 주는 자, 나를 믿는 자는 어떤 죄라도 용서해 주고, 나를 믿지 않으면 조그마한 죄라도 잡아서 지옥에 넣겠다는 것이 인간을 천국과 지옥으로, 선과 악으로 나누는 합당한 기준일까? 아니라고 본다.

자신의 목숨을 아끼지 않고 취객을 구하기 위해 뛰어들었던 불교도 고 이수현 청년, 영국의 지배에 비폭력 불복종으로 맞섰던 간디와 같은 지도자, 그리고 예수가 누구인지도 모르고 죽어갔던 수많은 사람들 그들은 기독교의 이론대로라면 모두 지옥에 떨어지는 것이다.

천국과 지옥을 나누는 기준이 특정 인간의 경험 법칙상 불가능한 부활을 믿는 여부로 나눈다는 것은 명백히 불합리하다. 성경이 말하고 있는 구원론은 합리성과 평등성에 심각한 문제가 있는 것이다.

그리고 형벌에는 비례의 원칙이 있다. 형벌은 죄의 경중에 따라 형량이 정해져야 한다. 간음죄와 살인죄를 동일선상에서 처벌할 수 없는 것이다. 하지만 예수는 지옥을 설명하면서 영원히 고통 받는 곳이라고 한다(마태복음 25:41). 즉, 죄와 형벌 간의 비례 관계가 매우 부당하다.

인간이 아무리 많은 죄를 짓는다고 해도 영원한 고통을 받을 정도의 죄를 지은 사람은 거의 없다고 본다. 더군다나 보통의 사람들이 살면서 법질서에 위배함 없이 살아왔는데도 예수를 믿지 않았다는 이유로 행위 하나하나를 심판해서 죄를 발견해내고 지옥에 넣는다면 그것이 과연 올바른 심판일까?

예수 천국 불신 지옥은 두 가지 불합리를 내포하고 있다. 첫째, 선악의 기준이 특정 인간의 부활 여부를 믿는 신앙에 따라 나뉜다는 것, 둘째, 죄에 비해 형벌이 너무나도 가중하다는 것이다. 한 지도자가 자신을 믿지 않는다고 영원한 고문에 처한다고 한다면 그 지도자는 사악한 지도자일 것이다. 예수님이 하신 말도 이와 비슷하다. 자신을 믿지 않으면 지옥에 간다는 예수님의 말은 받아들이기 어려운 것이다.

예수만이 유일한 구원의 길이라는 성경 내용 비판

예수님께서는 자신만이 유일한 구원의 길이라고 말씀하셨고, 예수의 제자들 역시 그런 말씀을 하셨다. 그리고 예수님께서는 자신을 믿지 않는 자들은 지옥에 간다고 말씀하셨다.

하지만 이 이론은 문제가 있다고 본다. 먼저 모든 인간이 예수님 없이는 구원에 이를 수 없다는 말은 뒤집으면 예수님 없이는 모든 인간이 지옥에 가야 된다는 말과 같다.

하지만 만일 신이 있다면 인간을 창조하실 때에 과연 이렇게 만드셨을까? 모든 인간을 죄인으로 규정하고 특정 인간을 믿어야만 천국에 갈 수 있다고 정하셨을까? 필자는 그렇게 보지 않는다. 그리고 더욱 부당한 것은 예수님을 믿지 않으면 그 어떤 선행으로도 어떤 선한 마음으로도 지옥에 가야 된다는 기독교의 이론이다.

인간에게는 종교의 자유가 있다. 누구를 믿든 누구에게 경배하든 그것이 다른 사람에게 피해가 되지 않는다면 허용되는 범위의 행동인 것이다. 하지만 기독교의 신은 이것을 철저히 부정한다. '질투'에 사로잡혀 자기 자신을 믿지 않으면 지옥에 던지겠다는 협박만을 계속한다.

이것은 엄연히 부당한 것이다. 예수의 진술이 맞는지 입증하는 것은 사후 세계를 경험해 보지 않고는 불가능에 가깝다. 하지만 경우의 수로 생각해 보자. 만일 저 진술이 맞는다면 모든 인간은 살기 위해서 예수를 믿어야만 하는 부당한 결과를 가져온다. 이것을 진리라고 할 수 있을까? 이것을 사랑이라고 말할 수 있을까? 예수의 말이 맞는다고 가정해 보더라도 부당함이 나타난다. 그리고 저 진술이 거짓이라면 예수는 양상군자이다. 즉, 어떤 경우의 수를 생각해 보더라도 예수만이 유일한 구원의 길이라는 명제는 부당함을 내포하고 있는 것이다.

종교의 자유가 있기에 예수만을 신뢰하는 것은 개인 신앙의 문제이다. 하지만 이 신앙을 강요하고 강요를 넘어서서 협박하는 것은 올바른 태도가 아니다.

전에 신문기사에서 어떤 기독교인이 불교도에게 예수를 믿지 않으면 지옥에 간다는 말을 했다는 것을 들었다. 우리 주변에서 종종 볼 수 있는 일이다. 그 불교도는 어린 여자아이였다. 이런 선교 방식이 옳은 것인가? 지옥의 고통을 보여 주고 그곳에 떨어지기 싫으면 예수를 믿으라고 하는 것은 폭력배의 협박과 전혀 다를 바가 없지 않은가? 지옥이라는 두려움을 주고 예수를 믿도록 강제하는 기독교의 독트린은 분명 문제가 있다.

게다가 예수가 누군지 알지도 못하고 죽은 고대인들이나 미선교지 사람들은 예수가 없기 때문에 지옥에 가야할 것이 아닌가? 이것은 엄연히 부당하며 상식적으로 허용될 수 없는 이야기이다.

천주교에서는 이 부당함을 풀기 위해 연옥이라는 것을 개발했다. 즉, 예수를 믿지 않는 영혼들이 임시로 머무는 곳이라고 한다. 하지만 이것은 예수 천국 불신 지옥을 합리화시키기 위해 사람이 만든 이론일 뿐이다.

성경에서 말하는 예수 천국 불신 지옥에는 커다란 모순과 불합리가 숨겨져 있다. 이미 전제 자체가 잘못되었는데 그 전제를 회복하기 위해 여러 주장을 다는 것은 언 발에 오줌 누기 식의 방편일 것이다.

여기서 성경 구절 몇 개를 소개함으로써 예수가 어떤 주장을 했고 어떤 협박을 했는지를 살펴본다.

(요한복음 14:6)

예수께서 이르시되 내가 곧 길이요 진리요 생명이니 나로 말미암지 않고는 아버

지께로 올 자가 없느니라

(사도행전 4:12)

다른 이로써는 구원을 받을 수 없나니 천하 사람 중에 구원을 받을 만한 다른 이름을 우리에게 주신 일이 없음이라 하였더라

(요한계시록 21:8)

그러나 두려워하는 자들과 믿지 아니하는 자들과 흉악한 자들과 살인자들과 음행하는 자들과 점술가들과 우상 숭배자들과 거짓말하는 모든 자들은 불과 유황으로 타는 못에 던져지리니 이것이 둘째 사망이라

예수 천국 불신 지옥은 기독교가 만들어낸 불합리한 이론일 뿐이다. 믿지 않는 자를 지옥에 던진다는 성경! 그리고 예수! 그것은 인간을 협박하여 두려움을 주고 자신을 따르게 하려고 고안된 교묘한 이론일 뿐이다. 결코 하느님의 말씀이 될 수 없다.

천 명을 죽인 삼손과 성경의 잔인성

성경에는 잔인한 장면이 많이 나온다. 제노사이드(대량 학살)에서 시작해서 인신 제사까지 다양하다. 예수님의 십자가 처형도 잔인한 사건 중 하나가 될 수 있을 것이다. 성경의 잔인성에 대해 살펴보자.

이스라엘의 사사(일종의 지도자로 생각하면 된다) 삼손은 힘이 세기로 유명했다. 그는 블레셋 사람들을 죽이는데, 그 수가 무척이나 많다. 성경 구절

을 살펴본다.

(사사기 15:15~16)

삼손이 나귀의 새 턱뼈를 보고 손을 내밀어 집어 들고 그것으로 천 명을 죽이고 이르되 나귀의 턱뼈로 한 더미, 두 더미를 쌓았음이여 나귀의 턱뼈로 내가 천 명을 죽였도다 하니라

구약 성서는 전쟁의 연속이다. 블레셋 사람들을 죽이고 죽는 내용으로 도배가 되어있다. 사사기, 사무엘상, 신명기, 여호수아기 등 전쟁과 학살로 도배가 되어 있는 책이 바로 성경이다.

성경에는 끔찍하고 잔인한 말들이 가득하다. 사람들은 서로 죽고 죽인다. 그리고 하나님께 도움을 받아 사람을 많이 죽인 사람은 영웅이 된다. 삼손이 그러한 예이다. 그리고 이스라엘이 전쟁에서 패하면 죄를 지어서 패한 것이고 이기면 여호와가 도와주어서 이긴 것이라고 합리화한다.

성경의 잔인성은 일반 인간이 받아들이기에 무척 힘들다. 계속해서 이어지는 전쟁, 죄악, 진노, 저주는 인간의 선한 심성을 파괴하는 구절들일 것이다.

(예레미야애가 2:21)

늙은이와 젊은이가 다 길바닥에 엎드러졌사오며 내 처녀들과 내 청년들이 칼에 쓰러졌나이다 주께서 주의 진노의 날에 죽이시되 긍휼히 여기지 아니하시고 도륙하셨나이다

이 성경 구절은 이스라엘이 죄악 때문에 여호와의 진노를 받아 멸망한

참혹상을 기록해 놓았다. 성경에는 이같이 인간이 죄 때문에 죽고 죽이며 심판받는 내용이 나온다.

(호세아 13:16)

사마리아가 그들의 하나님을 배반하였으므로 형벌을 당하여 칼에 엎드러질 것이요 그 어린아이는 부서뜨려지며 아이 밴 여인은 배가 갈라지리라

말로 표현하기 끔찍한 내용이 성경에는 여럿 등장한다. 신을 배반했다고 철저한 저주를 받는 이야기는 모골이 송연해지게 만든다. 이런 것을 기록한 목적은 두려움을 주어 여호와를 경외하게 하기 위함이다. 하지만 공포와 저주를 두려워해서 신을 경외한다면 그것이 어찌 사랑이라 할 수 있는가?

여호와는 어린아이를 무척 싫어하는 것 같다. 그의 저주 내용과 그의 명령을 받아 행한 제노사이드(대량 학살)에는 어린이를 죽이는 내용이 많이 나온다. 위의 구절에도 어린아이를 부서뜨리고 심지어 임산부의 배를 가른다는 끔찍한 내용이 나온다. 이것은 선한 존재에게서 나올 수 없는 표현이다.

이러한 성경 구절로 인한 형벌에 대한 두려움으로 기독교인들이 매일 여호와와 예수 앞에서 죄를 회개하며 자신을 비판하는 것은 마치 북한의 '자아비판'을 생각나게 한다.

결론짓자면 성경은 상당히 '잔인한' 책이다. 구약 성서는 거의 전쟁 이야기이다. 그리고 신약 성서는 세상의 종말론 이야기가 거의 다이다. 성경은 신본주의에 빠져 신 중심으로 생활하는 인간을 만들어낸다. 하지만 만일 창조주께서 인간을 만드셨다면 신의 도구로 만드시지는 않으셨을 것이다. 인간은 자신의 의지가 있고 자유가 있는 동물이기 때문이다. 기독교는

신을 경외하는 것에서 넘어서서 신의 도구이자 종교의 도구로 인간을 전락시키고 있다. 아울러 잔인하고 끔찍한 구절이 많은 성경은 인간의 심성에 좋지 않은 책이라고 평가한다.

기독교의 방언 비판

교회에 가면 이상한 말로 기도를 하는 사람들이 많이 있다. 그들은 그것을 '방언', 하늘의 언어라고 한다. 그러나 하늘의 언어가 그토록 저급한 소리인지는 의문이다. 그냥 자신의 혀가 가는 대로 말하는 것이 그들이 하는 방언이 아닌가? 어떻게 그런 소리를 언어라고 할 수 있는가? 방언이라고 하려면 적어도 다른 언어로 말하거나 인간의 말보다 수준 높은 고상한 단어들을 내포한 소리로 말해야 할 것이다. 그러나 외계인도 못 알아듣는 언어를 방언이라고 하다니, 그리고 그것을 기적이라고 하다니 어이가 없는 일이다.

(고린도전서 14:22)
그러므로 방언은 믿는 자들을 위하지 아니하고 믿지 아니하는 자들을 위하는 표적이나 예언은 믿지 아니하는 자들을 위하지 않고 믿는 자들을 위함이니라

방언은 믿지 않는 자를 위한 표적이라고 한다. 그러나 필자는 수많은 교회에 다녀보았지만 다른 언어로 말을 하는 방언을 한 번도 듣지 못했다. 그냥 내 귀에는 혀에 나오는 대로 말하는 소리로 들렸을 뿐이다. 결코 신의 '표적'이 될 수 없었다.

(사도행전 2:4)

그들이 다 성령의 충만함을 받고 성령이 말하게 하심을 따라 다른 언어들로 말하기를 시작하니라

성경에서의 방언은 '다른 언어'로 되어 있다. 즉, 방언이란 언어이지 의미 없는 소리는 아닐 것이다. 만일 어떤 사람이 자신이 모르는 언어로 기도할 수 있다면 성경이 사실임이 입증되었다고 인정하겠다. 하지만 그런 경우는 없었다. 기독교들이 내는 '괴성'을 결코 다른 언어로 인정해 줄 수 없었다.

할례 때문에 모세를 죽이려 한 여호와

할례는 남성 성기의 표피 껍질을 벗기는 것이다. 이 할례는 이스라엘인들에게 여호와와의 언약의 상징으로 여겨졌다. 그런데 여호와는 모세가 자식에게 할례를 행해지 않았다고 죽이려 한 장면이 나온다. 정상적인 신의 모습으로는 볼 수 없는 행위를 여호와가 보여 주었다. 자식에게 할례를 행해지 않았다고 죽이려는 여호와의 모습에서 여호와가 결코 진짜 신이 아니었구나 하는 것을 느낄 수 있었다.

(출애굽기 4:24~26)

모세가 길을 가다가 숙소에 있을 때에 여호와께서 그를 만나사 그를 죽이려 하신지라

십보라가 돌칼을 가져다가 그의 아들의 포피를 베어 그의 발에 갖다 대며 이르되 당신은 참으로 내게 피 남편이로다 하니

여호와께서 그를 놓아 주시니라 그 때에 십보라가 피 남편이라 함은 할례 때문이었더라

할례를 하지 않았다고 인간을 죽이려 하는 여호와는 과연 신일까?

가나안 전쟁의 참혹성

여호와께서는 모세와 여호수아에게 가나안 전쟁을 명하신다. 즉, 이집트에서 탈출한 이스라엘인들이 현재의 성지라고 불리는 팔레스타인 지방에 들어가 그곳에 살고 있던 토착민인 가나안인들과 전쟁을 하게 하신다. 그 전쟁에서 여호와께서는 가나안의 모든 사람을 죽이라고 하신다. 심지어 갓난아기까지…….

이 전쟁에는 분명 문제가 있다. 필자가 기독교인들에게 이 문제(갓난아기까지 학살한 여호와의 명령)에 대해 논의한 적이 있다. 하지만 기독교인들의 대답은 비슷했다. 그들이 '죄인'이기에 죽여도 된다는 논리였다. 하지만 죄를 아직 짓지 않은 '갓난아기'까지 죽이는 것은 '심판'이 아닌 '잔인함'과 '전쟁 범죄'라고 하자 그들은 말이 없었다.

히틀러의 유대인 학살과 가나안 전쟁은 매우 비슷하다. 히틀러는 유대인 모두를 죽이려 했고, 이스라엘은 가나안인 모두를 죽였다는 점이다. 핑계 없는 무덤은 없기에 히틀러에게도 나름의 이유가 있겠지만, 결코 정당화될 수 없는 범죄였다는 점에서 동일하다.

역사는 반복된다고 한다. 인종 대량 학살이 다시 나타나지 말라는 법은 없다. 지금도 이슬람에서는 지하드(성전聖戰)라며 미국인들을 죽인다. 하지

만 '신의 뜻'에 따른 전쟁은 있어서는 안 된다. 왜냐하면 전쟁은 특수한 경우를 제외하고는 거의 '악'하기 때문이다. 십자군 전쟁도 30년 전쟁도 종교 때문에, 신의 뜻이라며 많은 사람이 죽어간 예였다.

종교의 목적은 사랑과 평화, 공존이 아닐까? 오히려 종교 때문에 사람들이 서로 미워하고 다툰다면 종교 자체가 없어져야 할 것이다. 종교에 몰두해서 더욱더 소중한 평화란 가치를 잊어버리고 있는지는 아닌지 자문해 본다.

(신명기 20:17)

곧 헷 족속과 아모리 족속과 가나안 족속과 브리스 족속과 히위 족속과 여부스 족속을 네가 진멸하되 네 하나님 여호와께서 네게 명령하신 대로 하라

여호와께서 뜻하신 바대로 다른 민족을 진멸했다고 성경은 기록하고 있다. 이처럼 실상은 제노사이드지만 '성전聖戰'이라고 포장된 살인은 인류의 역사에서 사라져야 할 것이다.

(여호수아 11:11~12)

그 가운데 모든 사람을 칼날로 쳐서 진멸하여 호흡이 있는 자는 하나도 남기지 아니하였고 또 하솔을 불로 살랐고

여호수아가 그 왕들의 모든 성읍과 그 모든 왕을 붙잡아 칼날로 쳐서 진멸하여 바쳤으니 여호와의 종 모세가 명령한 것과 같이 하였으되

이 전쟁 역시 신의 뜻이라며 민족들을 전멸시킨 이야기를 담고 있다. 성경은 이민족을 학살한 기록을 담고 있는 책이다. 인류 평화, 사랑, 공존이

아닌 멸망, 심판, 죄악을 다루고 있다. 이스라엘인들은 가나안 민족들 모두를 전멸시켜야 했을까? 그리고 이러한 끔찍한 기록이 진리라고 인식되어야 했을까? 인간을 도구로 이용하여 사람들을 죽이는 성경의 가르침에 의문을 품는다. 그리고 정의의 관점에서 이러한 전쟁을 더 이상 허용해서는 안 된다고 생각한다.

가나안 전쟁은 '신의 뜻', '죄악에 대한 심판'으로 합리화시킨 잔인한 전쟁이었다. 그리고 성경은 은연중 '불신자를 죽여도 된다.'는 가르침을 주고 있다. 이 사상에 길들여진 사람들은 '신의 뜻에 따른 살인'을 정당화시키는 오류를 범하고 있다.

아마 성경에서 가장 잔인한 부분이 이스라엘과 가나안의 전쟁일 것이다. 이민족의 어린아이까지 학살한 이 만행은 결코 정당화될 수 없는 일이다.

기독교의 독선 이분법 흑백 논리

기독교는 전형적인 이분법을 쓴다. 마치 이스라엘 민족이 이방인과 자신들을 구분했듯 기독교인들도 비기독교인들과 자신들을 구분한다. 이 사상의 근거는 성경에 있는데, 성경은 믿지 않는 자들과 기독교를 믿는 자를 나누는 흑백 논리를 사용한다. 그래서 예수를 믿으면 선, 예수를 믿지 않으면 악이라는 공식을 성립시켰다.

하지만 이것은 부당하다. 예수를 믿어도 악한 사람이 있고, 예수를 믿지 않아도 선하게 살려고 노력하는 사람이 있기 때문이다. 단지 예수를 믿고 안 믿고를 기준으로 사람의 선악을 나누는 것은 정당한 방법이 아니다.

(요한1서 5:12)

아들이 있는 자에게는 생명이 있고 하나님의 아들이 없는 자에게는 생명이 없느니라

이 성경에서 예수가 있으면 생명이 있고 예수가 없다면 생명이 없다는 이분법과 흑백 논리를 사용한다.

(고린도후서 6:14~16)

너희는 믿지 않는 자와 멍에를 함께 메지 말라 의와 불법이 어찌 함께하며 빛과 어둠이 어찌 사귀며 그리스도와 벨리알이 어찌 조화되며 믿는 자와 믿지 않는 자가 어찌 상관하며 하나님의 성전과 우상이 어찌 일치가 되리요

이 성경에서는 불신자와 상관하지 말라는 명령을 내린다. 그리고 불신자는 벨리알(악마)이라고 치부한다. 기독교인들이 자기 종교는 선이고 다른 종교는 악마의 종교라고 생각하는 것은 성경의 가르침에 따른 것이다. 하지만 진실이 아니다. 다른 종교에도 선한 가르침이 있기 때문이다. 다른 종교가 악마를 숭배하는 종교라는 것은 기독교인들의 착각일 뿐이다. 거의 대부분의 종교가 선한 신을 사모하고 있다는 것을 우리는 알고 있다. 기독교인들의 인식은 분명 잘못된 것이다. 그리고 그러한 사상의 원천은 성경에 기록되어 있다.

기독교인들은 마땅히 다른 종교도 존중하고 다른 종교를 가진 사람들과도 교류하며 평화롭게 지내야 할 것이다. 만일 기독교인들이 독선과 배타성을 버리지 못한다면 스스로를 망치게 될 것이다.

성경은 독선(오직 기독교만이 선하다고 인식하는 것)과 이분법(세상을 기독교와

비기독교로 나누는 것), 흑백 논리(모든 문제를 흑과 백, 선과 악, 득과 실의 양 극단으로만 구분하고 중립적인 것을 인정하지 아니하려는 편중된 사고방식이나 논리)를 사용한다.

성경이 가르쳐 주는 독선, 이분법, 흑백 논리는 사람을 병들게 하는 마약과 같다. 진정한 진리라면 다른 사람을 인정해 주는 마음이 있어야 할 것이고, 인류를 오직 신자와 불신자라는 두 가지 대상으로만 분류해서 생각해서는 안 될 것이며, 극단적인 선악관에 빠져서는 안 될 것이다.

기독교식으로 사람을 판단한다면 건강하지 못한 판단 방법이 될 것은 명약관화이다.

이방인과 혼인을 금지한 성경

이스라엘에서는 이방인과의 혼인을 금했다. 성경 중 에스라서에는 이방인 여자와 혼인했다고 때리고 벌주는 내용이 나온다. 마치 히틀러가 독일 민족의 순수성을 유지하기 위해 독일인과 비독일인의 결혼을 금지했듯 성경은 이스라엘과 이방인 간의 혼인을 금지하고 있다. 그들의 생각이 무엇인지, 왜 그렇게 자국 중심주의에 미쳐 있는지는 필자도 잘 모르겠다. 하지만 분명히 말할 수 있는 것은 그들은 잘못되었다는 점이다.

인류는 민족에 관계없이 평등하며 존귀한 것이다. 이 정신을 잃어버리고 자국 민족주의에 빠져버린다면, 그리고 자신과 다른 것에 배타적으로 대한다면 분열과 대립만이 지속될 뿐이다. 진정한 종교는 민족을 차별하지 않고 평등하게 대우하는 것이다. 마땅히 세계 종교라면 그래야 하지 않겠는가? 기독교인들은 민족 자체는 차별하지 않지만, 비기독교인과 기독교인을 차별하고 있다. 그래서는 폐쇄성과 배타성을 가질 뿐이고 결국 기독교라는 독선적인 집단을 형성할 뿐이라고 본다.

그리고 유대인들은 아직까지도 구약 성서의 가르침에 매몰되어 자민족을 우수하게 여기고 타민족을 멸시하는데, 이것은 성서가 잘못 가르친 효과가 철저히 현실로 나타나는 것이다. 그것은 정당하지 못하다.

(에스라 10:1~4)

에스라가 하나님의 성전 앞에 엎드려 울면서 기도하며 죄를 자백하자, 이스라엘 사람도 남자, 여자, 어린아이 할 것 없이, 많은 무리가 에스라 주변에 모여서, 큰 소리로 슬피 울었다.

그 때에 엘람의 자손 여히엘의 아들 스가냐가 에스라에게 말하였다. '우리가 주변에 있는 이 땅의 백성에게서 이방 여자를 데려와서 아내로 삼음으로써, 하나님께 죄를 지었지만, 아직도 이스라엘에 희망은 있습니다.

이제 우리는 하나님의 명령을 두려워하면서 받드는 분들의 권면과, 에스라 제사장님의 가르침을 따라서, 이방 여자들과 그들에게서 난 아이들을 다 보낼 것을 하나님 앞에서 언약하겠습니다. 율법대로 하겠습니다.

그러므로 이제 일어나십시오. 이 모든 일은 제사장님이 맡아서 하셔야 합니다. 우리가 제사장님을 도와 드리겠습니다. 용기 있게 밀고 나가십시오.'

에스라서에도 이방인과 결혼하는 것을 법으로 금지하는 성서의 가르침이 드러나 있다. 앞서 말했듯 성경의 가르침은 히틀러의 독일 민족주의와 매우 비슷하다. 어째서 이방 여자와 결혼하는 것이 죄가 되는 것인가? 결혼은 사랑의 행위가 아닌가? 정당한 인간의 사랑을 죄로 규정짓는 성경을 규탄한다.

예수의 헌금 강조 설교

예수가 예루살렘 성전에 갔을 때 한 과부가 헌금을 한다. 그런데 그 과부는 있는 생활비 전부를 다 헌금함에 넣었다. 예수는 그것을 보고 칭찬한다. 그런데 이 저의는 어디 있는 걸까? 예수는 헌금을 강조했던 것이다. 가난한 과부의 생계보다 여호와께 드리는 헌금을 강조했던 것이다. 이는 그 역시도 헌금을 중시하고 물질을 중시했음을 알 수 있다.

현대 교회에서는 헌금을 강조하는 설교를 한다. 그것은 그들의 물질욕에서 비롯된 설교일 뿐 진리는 아니다. 사람들이 '하나님'께 바친다며 교회에 내는 돈은 어디에 사용되는 것일까? 또한, 그 가난한 과부의 헌금은 상식을 벗어났다. 자기 자신도 먹고살기 어려운 판국에 헌금으로 다 바치면 어떻게 되겠는가? 구걸하거나 굶어 죽거나 해야 할 것이다. 그러한 가난한 과부의 대책 없는 헌금도 분명히 문제가 있다. 현대에도 자신의 생계를 내팽개치고 교회에 헌금을 바치는 사람들이 부지기수다.

(누가복음 21:1~4)

예수께서 눈을 들어 부자들이 헌금함에 헌금 넣는 것을 보시고

또 어떤 가난한 과부가 두 렙돈 넣는 것을 보시고

이르시되 내가 참으로 너희에게 말하노니 이 가난한 과부가 다른 모든 사람보다 많이 넣었도다

저들은 그 풍족한 중에서 헌금을 넣었거니와 이 과부는 그 가난한 중에서 자기가 가지고 있는 생활비 전부를 넣었느니라 하시니라

예수는 이 여자를 위해 무슨 일을 했을까? 정말로 그리스도라면 가난한

여자의 생계에 도움을 주어야 했을 것이다. 하지만 성경에는 이 구절로 끝이다. 예수가 칭찬한 모습만 나타나 있다.

교회는 이 구절을 이용해서 '헌금'을 내는 자의 헌신을 강조한다. 하지만 헌금이 하늘로 날아가서 여호와에게 전달되는가? 아니면 누가 헌금을 가지는가? 이 문제는 초등학생도 알 수 있을 것이다. 그리고 예수는 가난한 과부의 헌금을 칭찬했는데, 여호와는 그 가난한 과부의 조그마한 헌금을 받아서 무엇을 할 것인가? 정말 그런 돈까지 받아야 했을까? 예수의 헌금 강조 설교는 물질을 요구하는 교회의 요구와 정확히 일치한다.

예수는 자신의 생계를 내팽개치고 헌금을 한 과부를 칭찬하면서 은연중 헌금 행위를 강조하고 있는 것이다. 하지만 하나님을 섬기는 사람들이라면 역으로 저 가난한 과부의 복지를 위해 힘써야 하는 것이 아닐까? 숨길 수 없는 교회의 물질욕은 이 구절을 이용해서 헌금하는 자의 과도한 헌신을 요구하고 있다.

초대 교회의 헌금 강조

현대의 교회에서 '헌금 강조'를 하면 사람들은 교회가 '타락'했다고 비판한다. 이 말은 맞는 말이다. 그런데 사람들은 초대 교회는 '순수'했다고 생각한다. 하지만 성경을 보면 초대 교회에서부터 '헌금 강조'가 있었다는 것을 밝힐 수 있다. 성경 본문을 살펴본다.

(고린도후서 8:1~7)

형제 여러분, 우리는 하느님께서 마케도니아 여러 교회에 얼마나 큰 은총을 내려

주셨는지를 여러분에게 알려드립니다.

그들은 환난을 만나 큰 시련을 당하면서도 오히려 기쁨에 넘쳤고 극심한 가난에 쪼들리면서도 많은 희사를 했습니다.

나는 확실히 말할 수 있습니다. 그들은 제 푼수대로만 희사한 것이 아니라 그 이상의 희사까지도 했습니다.

그리고 부디 자기들에게도 성도들을 구제하는 일에 참여하는 특전을 달라고 자진해서 간청해 왔습니다.

우리가 기대도 하지 못했던 일이 일어났습니다. 그들은 먼저 주님께 그들 자신을 바치고 하느님의 뜻을 따라서 우리에게도 헌신하였습니다.

그래서 우리는 디도더러 여러분에게 가서 이미 시작한 그 은혜로운 모금 사업을 마저 끝내라고 권했습니다.

여러분은 모든 일에 뛰어났습니다. 믿음이나 언변이나 지식이나 열성이나 우리에 대한 사랑에서 여러분을 따를 사람이 없습니다. 그러니 이 은혜로운 모금 사업에 있어서도 뛰어나기를 바랍니다.

기독교의 교부 바울은 이 성경에서 '가난한 사람들의 헌금'을 칭찬한다. 그리고 그 돈이 구제에 쓰였다고 한다. 하지만 '가난한 사람'이 '구제'를 받아야 할 대상이 아닌가? 어째서 '가난한 사람'들이 '구제'를 하는가? 그들이 구제했던 대상은 누구였을까? 아마 교회의 지도자들을 '구제'해 주지 않았을까?

교회에 바치는 제물을 '신에게 바치는 제물'로 둔갑시킨 성경에는 순수하지 못한 의도가 숨어 있다. 그리고 교회의 이 전통은 초대에도 중세에도 그리고 현대에도 계속되고 있는 것이다.

교회의 헌금 활동은 초대 교회에서부터 있어 왔음이 성경을 통해 입증된다. 물론 가난한 사람의 구제는 좋은 일이다. 그런데 정말로 헌금이 가난한 사람의 구제에 쓰이는지는 고찰해야 할 대목이다.

이 부분의 판단은 독자들에게 맡기고 싶다. 과연 저 '은혜로운 모금 사업'의 돈이 어디 쓰였는지는 상상의 영역이다.

인륜을 저버리라는 성경

예수는 자기 자신보다 부모나 자식을 사랑하는 사람은 자신의 제자가 될 자격이 없다고 했다. 예수는 자신을 낳아준 부모의 정을 끊고 자신만을 바라보라고 하고 있다. 이는 명백히 부당하다. 많은 기독교인들이 부모와의 갈등을 겪는다. 종교 때문에 부자지간의 인륜이 끊어지는 경우도 있다. 이것은 좋지 않다. 진정한 종교는 사랑과 배려이다. 자신에 대한 사랑을 명령하고 광신주의를 가르치는 예수의 가르침은 진정한 선을 끊는 부당함을 부추길 뿐이다.

불교에서는 이러한 얘기가 있다(필자는 불자는 아니다). 부모에게 막 대하는 자식이 부처님을 보고 싶어 했다. 그래서 한 스님을 만나서 부처님이 어디 있는지를 물었다. 그때 스님은 부처님은 허름한 옷을 입고 집에 계시다고 했다. 그래서 그 사람은 부처님을 만나기 위해 집으로 돌아갔다. 집에는 어머니밖에 계시지 않았다. 그때 그 사람은 허름한 옷을 입고 있는 어머니가 바로 부처님이라는 것을 깨달았다. 그 후로 어머니께 부처님께 하듯 잘했다는 이야기이다.

이곳에서는 예수가 가족의 정을 하찮게 여기는 장면 몇 가지를 살펴볼 것이다.

(누가복음 9:61~62)

또 다른 사람이 이르되 주여 내가 주를 따르겠나이다마는 나로 먼저 내 가족을 작별하게 허락하소서

예수께서 이르시되 손에 쟁기를 잡고 뒤를 돌아보는 자는 하나님의 나라에 합당하지 아니하니라 하시니라

예수를 따르겠다고 가족에게 작별 인사를 하려던 사람을 천국에 합당하지 않는 사람이라고 말하는 예수를 볼 수 있다. 예수가 원하는 것은 자신의 가족까지 내팽개치고 자신을 따르라는 말에 다름 아니다. 현대에도 많은 기독교인들이 가족을 등한시하고 종교에 매몰되는 모습을 보인다. 진정 사랑할 사람은 자신의 가족이다. 자신의 가족에게 소홀히 하면서 어떻게 하나님을 섬길 수 있다고 말하겠는가?

서양 속담에는 이런 말이 있다. '하느님은 사람들을 다 돌볼 수 없어서 부모님을 만드셨다.'라는 이야기이다. 부모님은 자식이 사랑해야 할 대상이다. 부모에게 효를 행하는 것이 신앙보다 우선이고, 효야말로 진정한 종교의 가르침이다.

(마태복음 23:9)

땅에 있는 자를 아버지라 하지 말라 너희의 아버지는 한 분이시니 곧 하늘에 계신 이시니라

자신의 아버지를 아버지라고 부르지 말라고 예수는 가르치고 있다. 그러면 무엇이라고 불러야 하는가? 예수는 인륜을 끊고 종교에 매몰된 광신자를 양산하고 있다. 이렇듯 예수의 말은 광신적이고 배타적인 것이 많다.

물론 부모님의 가르침에 절대 복종하는 권위주의적 관계가 설정되는 것 또한 옳지 않지만, 부모님을 존중하는 것이 중요하다. 하나님을 믿는다면서 낳아 준 아버지의 호칭조차 부르지 말라는 예수의 가르침에 동의할 수 없는 이유도 여기에 있다.

(마태복음 10:37)
아버지나 어머니를 나보다 더 사랑하는 자는 내게 합당하지 아니하고 아들이나 딸을 나보다 더 사랑하는 자도 내게 합당하지 아니하며

예수 말의 클라이맥스이다. 자기보다 부모님이나 자식을 사랑하는 자는 합당하지 않는다는 말을 했다. 인류보다 자기 자신을 더 따르라는 가르침이다. 예수에 매몰되어 가족까지도 돌보지 않는 기독교인들은 예수의 가르침을 훌륭히 수행하고 있는 셈이다. 그러나 이것은 잘못된 것이다. 진짜 사랑해야 할 대상은 우리의 가족이다. 결코 피 한 방울 섞이지 않은 유대인 예수가 아니다.

바울의 광신성狂神性 비판

사도 바울은 예수님을 무척 경외했나 보다. 바울은 예수님을 사랑하지 않는 자는 저주를 받을 것이라는 과도한 표현을 썼다. 현대의 기독교인들이 예수 천국 불신 지옥을 외치는 것과 비슷하다. 이러한 말은 성경에 기록된 사상이 기독교를 통해 퍼지고 있다는 것의 증거이다. 우리는 살면서 이러한 말을 많이 듣는다. 성경에 기록된 바울의 과도한 표현을 살펴본다.

(고린도전서 16:22)

만일 누구든지 주를 사랑하지 아니하면 저주를 받을지어다 우리 주여 오시옵소서

왜 예수를 사랑하지 않는 자는 저주를 받아야 하나? 모든 인간이 예수님을 사랑해야 하는 것인가? 사도 바울의 말은 기독교의 광신성을 내포하고 있다. 기존의 모든 종교를 멸시하고 예수만을 신으로 모시고 싶어 하는 바울의 열정이 드러난다. 하지만 이것은 명백히 부당한 것이다. 예수를 사랑하지 않는다고 저주를 받게 하겠다는 바울의 말은 종교에 미친 광인의 저주 외에는 아무것도 아닌 것이다. 바울의 사상을 그대로 드러내 주는 대목이다.

순교에 대한 의견

과거 로마 제국 시절, 기독교는 박해를 당했고, 많은 기독교인들이 순교했다. 그러나 여기서는 순교하게끔 만드는 성경의 가르침을 규탄하려 한다.

물론 종교의 자유는 보장되어야 한다. 남에게 종교를 강요하고 기독교를 탄압하는 행위는 부당한 행위이다. 하지만 기독교인들도 자신의 목숨을 더 소중히 여겨야 할 것이 아닌가? 그들은 보이지 않는 천국이라는 세상을 위해 자신의 목숨을 버리고 있다. 예수는 순교를 강조했다. 순교를 미덕으로 생각했다. 하지만 진정 자기를 믿는 성도들을 아낀다면 그들을 보호해 주어야 하지 않겠는가? 어떤 부모가 자식이 자기를 위해 죽는다는데 그것을 장려하겠는가? 진정한 부모라면 자식을 살려야 할 것이다. 예수의 어록

을 통해 기독교가 순교를 어떻게 장려해 왔는지를 살펴본다.

(마태복음 10:33)
누구든지 사람 앞에서 나를 부인하면 나도 하늘에 계신 내 아버지 앞에서 그를 부인하리라

예수는 누구든지 사람 앞에서 자신을 부인하면 자신 역시도 부인한다는 말을 했다. 이 말에 사랑이 담겨 있는가? 아니면 괴팍한 종교 지도자의 광신 요구가 담겨 있는가? 진정 성도들을 사랑한다면 성도들이 죽음이 두려워 예수를 부인하더라도 용서해 주고 이해해 주어야 할 것이다.

(요한복음 15:13)
사람이 친구를 위하여 자기 목숨을 버리면 이보다 더 큰 사랑이 없나니

예수는 자신을 위해 순교를 장려하는 문구를 썼다. '나를 위해 죽으라'는 것이 예수가 기독교인들에게 요구하는 메시지이다. 하지만 꼭 죽음으로 자신의 사랑을 입증해야 하는 것인가? 순교자에게는 상을 주고 두려워서 예수를 부인하는 사람에게는 자신 역시도 부인한다는 예수의 냉혹한 말은 기독교인들의 목숨을 앗아갔다.

신앙보다 목숨이 중요한 것이다. 과거 로마 시대에 예수를 부인하면 살려주겠다고 했는데도 기독교인들은 신앙을 지키고 죽었다. 물론 신앙을 박해한 로마가 잘못한 것은 분명하다. 하지만 기독교인들도 '천국'보다 '현재'를 중시했어야 하지 않겠는가? 그들의 신앙심은 대단하다. 하지만 자신을 부인하면 자신도 부인하겠다는 그들의 수장은 그런 그들의 신앙심을 받기

에는 부족한 듯 보인다.

더 이상 종교로 인해서 아까운 목숨을 버리는 일이 없기를 바란다. 진정한 부모는 자식의 안위를 생각하는 법이다. 진정한 신이 계신다면 그는 사람들이 자기 때문에 죽는 것을 원하지 않으실 것이라고 생각한다.

이슬람교도들이 알라를 위해서 싸우면 '천국' 간다고 생각하는 것과 기독교인들이 예수의 복음을 위해 죽으면 '천국'에 갈 것으로 생각하는 것은 다를 바가 없다. 인간의 생명은 종교보다 소중한 것이다. 종교가 인간의 도구가 될 수 있을지언정 인간이 종교의 도구로 전락해서는 안 된다.

성경에 나타난 역설적 표현

성경의 문서 시편은 여호와를 찬양하는 구절로 가득하다. 그런데 여호와를 찬양하는 것이 지나쳐 읽는 사람이 언어도단에 빠지는 경우를 많이 본다. 다음 구절을 살펴보자.

(시편 136:18)
힘센 왕들을 죽이신 분께 감사하여라. 그 인자하심이 영원하다.

사람을 살해한 여호와께 감사하며 그의 '인자하심'을 찬양하고 있다. 살인자에게 자비롭다는 표현을 쓸 수 있을까? 이것은 정말로 역설적인 표현이다. 이스라엘 사람들은 그리고 기독교인들은 사람을 죽인 여호와가 정말로 '자비'로운 일을 한 것이라고 생각하는 걸까? 그렇게 생각한다면 정말 심각한 일이다.

이 구절에서처럼 성경은 좋은 단어들을 오용하고 있다. 기독교 성경에서 가장 오염되고 있는 단어가 '사랑', '자비', '선'과 같은 단어들일 것이다. 실제로는 자비롭지 않는데 자비롭다고 계속 부르면 자비롭다고 인식하게 되는 일종의 세뇌적 언어가 성경에는 많다.

성경은 이렇듯 결코 붙일 수 없는 대상에 언어 개념을 형상화시켜 결과적으로는 모순된 개념을 만들어냈다. '인자한 살인범'이라는 역설적 표현은 성경에서 종종 나타나는 개념이다. 아울러 사람들은 좋은 단어의 어감에 빠져서 대상을 정확하게 인식하지 못하고 대상을 오류적으로 인식하게 되는 것이다.

기독교에서는 여호와를 '아버지'라 부르는데, 아버지는 자식을 아끼는 존재이다. 하지만 우상 숭배를 했다고 자신의 아들딸들인 이스라엘에 끔찍한 저주를 내린 여호와는 결코 아버지라고 부를 수 없는 존재이다. 즉, 단어가 심각하게 오용되고 있다.

예수는 불신자들을 지옥에 보낸다고 한다(요한계시록 21:8). 기독교인들은 '예수님이 당신을 사랑하십니다.'라는 표현을 많이 쓴다. 사람의 감성을 자극하는 표현이다. 하지만 실상은 그렇지 않다. 예수는 자신을 믿는 자가 아니면 지옥에 던진다고 위협했기에 실상은 '불신자'를 결코 사랑하고 있지 않다고 볼 수 있다. 그렇기에 기독교인들이 '예수님이 당신을 사랑하십니다.'라고 표현하는 것은 성경에 부합하지 않는 말이다.

예수의 진면목을 가린 채 사랑으로 위장하여 접근하는 기독교의 선교 방식은 일종의 기만에 지나지 않는다(기독교인들 역시 기독교의 기만에 속아 예수님이 자신을 사랑하고 있다고 착각하고 있을 것이다). 차라리 '불신 지옥'을 외치며 기독교의 진면목을 그대로 보여 주는 선교 방식이 성경에 보다 부합할 것이다.

결론짓자면 성경은 좋은 단어들을 나쁜 곳에 적용시킴으로써 일종의 오개념을 만들어냈고, 사람들은 좋은 단어의 의미에 속아 기독교를 바로 보지 못하고 있다. 구약에서 여호와의 '자비'를 찾기란 모래밭에서 바늘 찾기이다. 성경에는 사람을 죄인으로 몰아붙여 심판하는 어떤 이스라엘의 민족신만 덩그러니 있을 뿐이다.

침노하는 자가 빼앗는 천국

예수는 천국에 대한 묘사를 많이 하였다. 그의 말은 진리나 깊이 있는 말이라기보다는 피상적이고 즉흥적인 표현으로 구성되어 있다. 예수가 한 말 중에 이해되지 않는 부분이 있는데, 이는 심오한 뜻이 숨어 있기 때문이 아니라 아무 의미 없는 표현이기 때문이다. 예수의 말을 잘 들어보면 사상이 상당히 불온했음이 잘 드러난다. 다음 예수의 표현을 분석해 보자.

(마태복음 11:12)
세례 요한의 때부터 지금까지 천국은 침노를 당하나니 침노하는 자는 빼앗느니라

예수는 천국을 묘사하며 '침노'와 '빼앗다'라는 표현을 사용했다. 그런데 천국이란 곳이 좋은 곳이라면 그리고 의인들이 들어가는 곳이라면 어떻게 '침노'당할 수 있단 말인가? 그리고 천국을 무력으로 탈취한다는 것이 가능한 일일까? 예수가 말하는 천국이란 이렇듯 불순한 개념이었던 것이다. 무력으로 탈취가 가능한 곳을 말하며 침노하는 자는 천국에 들어갈 수 있다는 주장을 내세운 예수의 사상은 평화와 거리가 멀다. 설령 저 말을 비유적으

로 해석해 준다고 하더라도 단어 자체가 이미 불순함을 내포하고 있다. '침노'와 '탈취'와 같은 전쟁 개념, 범죄 개념을 동원해서 천국을 비유해야 했을까? 그 사람이 쓰는 단어를 보면 그 사람의 사상을 대략 짐작할 수 있다. 그러니 이러한 표현이 예수의 사상이 그대로 노출되는 구절이라고 할 수 있다. 또한, 그가 말하는 천국이 깊은 지식이나 진리에서 우러나온 것이 아닌 편협한 사고방식에서 즉흥적으로 지어낸 말이라는 것 역시 알 수 있다.

결론짓자면 예수의 위 표현은 예수를 적나라하게 드러내 준 것이고, 그가 말하는 '천국'이라는 것이 얼마나 허황되고 불온한 것이었는지 증명한다.

인구 조사를 시켜서 사람들을 죽인 여호와

여호와는 다윗 왕의 통치 말기에 이스라엘 백성에게 진노한다. 그래서 벌을 주려고 다윗 왕을 충동질해서 인구 조사를 하게 한다. 그리고 사람들을 학살한다. 자기가 화가 난다고 벌을 주기 위해 죄를 짓게 하는 것은 수사 기관의 범의유발형 함정 수사에 가깝다. 또한, 여호와가 처벌한 이유인 인구 조사도 죄라고 생각하지 않는다.

여호와를 신뢰할 수 없는 이유가 있다. 사람들의 목숨을 매우 가볍게 여기는 여호와의 모습을 구약에서 그리고 신약의 요한계시록이라는 책에서 자주 보게 된다. 여호와는 스스로 살인하지 말라고 십계명에 명령해 놓고 (출애굽기 20:13) 가장 많은 살인을 저지르는 분이다.

여호와가 행했던 것을 살펴보자.

(사무엘하 24:1~15)

여호와께서 다시 이스라엘을 향하여 진노하사 저희를 치시려고 다윗을 감동시키사 가서 이스라엘과 유다의 인구를 조사하라 하신지라

왕이 이에 그 곁에 있는 군대 장관 요압에게 이르되 너는 이스라엘 모든 지파 가운데로 다니며 단에서부터 브엘세바까지 인구를 조사하여 그 도수를 내게 알게 하라

요압이 왕께 고하되 이 백성은 얼마든지 왕의 하나님 여호와께서 백배나 더하게 하사 내 주 왕의 눈으로 보게 하시기를 원하나이다 그런데 내 주 왕은 어찌하여 이런 일을 기뻐하시나이까 하되

저희 무리가 국중을 두루 돌아 아홉 달 스무 날 만에 예루살렘에 이르러

요압이 인구 도수를 왕께 고하니 곧 이스라엘에서 칼을 빼는 담대한 자가 팔십만이요 유다 사람이 오십 만이었더라

다윗이 아침에 일어날 때에 여호와의 말씀이 다윗의 선견자 된 선지자 갓에게 임하여 가라사대

가서 다윗에게 말하기를 여호와의 말씀에 내가 네게 세 가지를 보이노니 너는 그 중에서 하나를 택하라 내가 그것을 네게 행하리라 하셨다 하라

갓이 다윗에게 이르러 고하여 가로되 왕의 땅에 칠 년 기근이 있을 것이니이까 혹시 왕이 왕의 대적에게 쫓겨 석 달을 그 앞에서 도망하실 것이니이까 혹시 왕의 땅에 삼 일 동안 온역이 있을 것이니이까 왕은 생각하여 보고 나를 보내신 이에게 대답하게 하소서

다윗이 갓에게 이르되 내가 곤경에 있도다 여호와께서는 긍휼이 크시니 우리가 여호와의 손에 빠지고 내가 사람의 손에 빠지지 않기를 원하노라

이에 여호와께서 그 아침부터 정하신 때까지 온역을 이스라엘에게 내리시니 단부터 브엘세바까지 백성의 죽은 자가 칠만 인이라

여호와는 이스라엘을 '처벌'하기 위해 다윗 왕을 감동시켰다고 나온다. 이것은 악한 신의 모습이 아닌가? 아무 죄 없이 살고 있는 이스라엘을 치기 위해 죄를 짓게 하는 것은 정당하지 못하다.

그리고 다윗 왕이란 사람도 정당하지 못하다. 여호와가 다윗 왕에게 재앙을 내리는 것을 선택하려 했을 때 백성들을 사랑하는 왕이라면 자기 자신이 피해 보는 두 번째 방법을 택해야 했을 것이다. 하지만 다윗은 여호와의 진노(?)를 백성에게 돌렸고, 무려 7만 명이 '긍휼이 크신' 여호와의 손에 죽었다고 기록되어 있다. 물론 이 구절은 사실이 아니겠지만, 문자 그대로 해석해 본다면 여호와뿐만 아니라 다윗 역시도 선하지 않았음을 보여 주는 대목인 것이다.

역대상 21장 1절을 보면 사탄이 인구 조사를 시켰다고 나온다. 사무엘하에서는 여호와가 시켰다고 나와 있는 것과 다르다. 인구 조사를 시킨 것이 사탄인지 여호와인지 성경은 분명하게 말하고 있지 않다. 하지만 분명한 것은 사무엘하 구절처럼 벌을 내리기 위해 인구 조사를 시킨 것이 여호와라면 그는 부당한 일을 했다는 것이다. 아울러 7만 명을 죽인 '긍휼이 크신' 학살 역시도 부당함은 말할 나위도 없다. 역대상 구절에도 사탄이 인구 조사를 시켰지만, 여호와가 7만 명을 학살했다는 점에서는 동일하다. 고로 비판은 그대로 적용된다.

언약궤를 손으로 잡았다고 죽인 여호와

다윗 왕은 여호와의 궤(일종의 성물로 볼 수 있다)를 예루살렘으로 옮기려 한다. 그런데 옮기려 하던 도중 소가 놀라서 궤를 떨어트린다. 그러자 궤를 옮기던 웃사란 사람이 궤를 잡아 준다. 그런데 이 일이 여호와를 진노하게 했고 여호와는 웃사란 사람을 그 자리에서 죽인다.

이 일은 여호와의 처벌이 얼마나 불합리한지를 드러내 준다. 웃사는 순전히 호의로 궤를 잡은 것이다. 그것이 여호와에게 얼마나 거슬렸는지 모르지만 선의를 악의로 갚은 것과 다름없다. 웃사는 궤를 옮기는 사람으로 궤가 땅에 떨어지는 것을 막으려 했던 것이다. 그런데 여호와는 죄 아닌 것을 어떠한 자비도 없이 공격하는 모습을 보여 준다.

이런 여호와의 모습을 살펴보자.

(역대상 13:9~10)

기돈의 타작마당에 이르러서는 소들이 뛰므로 웃사가 손을 펴서 궤를 붙들었더니 웃사가 손을 펴서 궤를 붙듦을 인하여 여호와께서 진노하사 치시매 웃사가 거기 하나님 앞에서 죽으니라

이번 사건은 여호와가 정당하지 않다는 것을 보여준다. 일말의 자비도 없이 선의를 악의로 갚는 여호와가 사랑의 하나님이라는 것은 그리고 공의의 하나님이라는 것은 사랑이란 단어와 공의란 단어를 심각하게 왜곡하는 일일 것이다. 웃사가 죽어야 할 이유는 없다. 보통 사람이라면 자신이 섬기는 하나님의 궤가 땅에 떨어지는 것을 막기 위해 손으로 잡았을 것이다. 오히려 웃사가 궤를 잡지 않았다고 가정해 보자. 그러면 성물인 여호와의 언약궤는 땅에 떨어지는 것이다. 옮기기 위해서는 누군가가 분명히 손으로 잡아야 한다. 그런데 여호와는 손으로 잡는 사람마다 죽일 것인가? 물론 이 이야기는 사실이 아닐 것이다. 유대인들이 왜 이런 일을 기록했는지는 알 수 없다. 신화를 기록하려 했다면 조금 더 선한 신으로 묘사하면 안 되

었을까? 유대인들은 자신의 하나님의 진노하는 모습에 매력을 느꼈나 보다. 하지만 필자는 사소한 이유로 사람을 죽이는 여호와에게서 전혀 매력이나 위압감을 느끼지 못한다. 웃사를 죽인 여호와가 '사랑의 하나님'으로 불리고 있는 현 실태를 개탄한다.

언약궤와 관련된 살인 행위를 한 여호와

이스라엘과 팔레스타인 간의 전쟁에서 팔레스타인이 승리한다. 팔레스타인인들은 여호와의 언약궤를 빼앗아가 자기 신당에 옮긴다. 그런데 여호와의 궤가 오자 사람들은 궁금해서 언약궤를 살펴본다. 그러자 여호와는 잔인하게 처벌을 내려 수많은 사람을 죽인다.

마치 깡패가 남이 자신의 눈을 봤다고 처참하게 살해하는 것과 비슷하다. 호기심에서 언약궤를 구경하러 온 사람들을 살해한 여호와의 잔인성이 그대로 드러난다. 이 이야기는 물론 거짓이겠지만, 이스라엘이 자기 신의 무용담에 빠져 사람들을 도륙하는 여호와의 모습을 자랑스레 기록했다는 데에 문제가 있는 것이다. 자국의 신이 그토록 강한 신이라는 것에 자부심을 느끼는 유대인의 경전이 어찌하여 세계 종교의 경전이 되어서 사람들을 이토록 괴롭히는가? 이것은 분명 잘못된 것이고 신화로서 그리고 단순한 이야기로서 읽어야 할 것이다. 기독교인들은 신화를 현실로 받아들여 혼동하는 데에 문제가 있다.

(사무엘상 6:19)

벧세메스 사람들이 여호와의 궤를 들여다 본 까닭에 그들을 치사 (오만) 칠십 명을

죽이신지라 여호와께서 백성을 쳐서 크게 살육하셨으므로 백성이 슬피 울었더라

읽어 보면 허황된 이야기이다. 앞서 말했듯 이스라엘은 자기 자신의 신의 위대함을 알리려고 이 이야기를 썼다. 그런데 이런 신화를 마치 사실처럼 교훈을 끄집어내고 신화 속의 신 여호와를 찬양하고 실제로 숭배하는 현실을 보자. 21세기인 지금도 고대인의 무지함이 깊게 배여 있는 것이다.

그리고 여호와란 신에 대해 평가하자면 결코 좋은 신이 아니다. 그는 인간을 파리 목숨처럼 여기는 신이었다. 처벌을 좋아하고 사람을 살육하는데 일종의 가책도 없는 신이었다. 이런 신이 행한 일이 칭송되고 엮여져서 인류의 고전이 되었으니 통탄할 일이라고 할 수 있다. 여호와는 거짓일 수 있지만 여호와가 행한 일은 사실처럼 사람들의 가치관을 지배한다. 이것은 심각한 문제이다. 기독교인들은 저런 행위들을 잘 정당화시키는데, 그들의 사고방식에는 사람들은 저렇게 죽어도 된다는 끔찍한 생각이 숨겨져 있는 것이다. 이는 인류의 발전을 가로막는 장애물임에 틀림없다.

인류애를 실천하고 자유, 평등, 박애를 향해 나아가야 하는 인류의 과제 앞을 성경이라는 오래된 신화 책이 가로막고 있는 것이다.

이교도의 성전을 변소로 만든 이스라엘

기독교는 타 종교에 배타적이다. 그 이유는 성경의 가르침에 따른 것이다. 위에서 바울이 이교도를 벨리알(악마)이라고 부르는 구절을 살펴보았다. 그런데 이것보다 더한 일이 성경에 있었다.

이방인이 섬기던 신 중에 바알이라는 신이 있었는데, 여호와는 이 신을

싫어했다고 나온다. 그래서 이스라엘 사람들은 바알 신전을 부수고 변소로 만들었다는 기록이 있다.

우리나라로 치면 기독교인들이 절에 가서 스님들을 죽이고 절을 변소로 만든 것이다. 이러한 만행이 성경에 나타나 있다. 성경 구절을 살펴본다.

(열왕기하 10:25~27)

번제 드리기를 다하매 예후가 호위병과 지휘관들에게 이르되 들어가서 한 사람도 나가지 못하게 하고 죽이라 하매 호위병과 지휘관들이 칼로 그들을 죽여 밖에 던지고 바알의 신당 있는 성으로 가서 바알의 신당에서 목상들을 가져다가 불사르고 바알의 목상을 헐며 바알의 신당을 헐어서 변소를 만들었더니 오늘까지 이르니라

예후란 사람이 여호와를 위해서 이방신을 섬기는 사람을 죽이고 신전을 변소로 만들었다는 내용이다. 이것은 상대방의 종교를 인정하지 않는 이스라엘의 배타성을 나타내 준다. 아울러 용서받을 수 없는 범죄를 저질렀다는 것을 밝히고 싶다. 기독교의 배타성은 성경에서 비롯된 것이다. 나와 다른 것도 존중하는 것이 진정한 선善의 요건이다. 나와 다르다고 멸시하고 심지어 죽이고 파괴하는 것은 진정한 종교라고 부를 수 없다. 기독교가 진정한 종교의 요건을 갖추지 못한 것은 이와 같은 행위 때문이다. 상대방의 종교를 존중하는 마음이 기독교인들에게는 필요할 것이다. 이렇듯 성경은 자신의 종교에 미쳐 상대방을 공격하기까지 서슴지 않는 부당한 행동을 기록하고 있고, 이러한 배타성은 현실에서도 종종 나타난다.

이곳뿐만 아니라 곳곳에서 여호와는 이방 신들을 공격하라는 명령을 성경 곳곳에 내린다. 이곳에서는 그 구절들의 일부를 살펴본다.

(역대하 14:3)

이방 제단과 산당을 없애고 주상을 깨뜨리며 아세라 상을 찍고

(사사기 6:25)

그 날 밤에 여호와께서 기드온에게 이르시되 네 아버지에게 있는 수소 곧 칠 년 된 둘째 수소를 끌어 오고 네 아버지에게 있는 바알의 제단을 헐며 그 곁의 아세라(이방 신의 이름이다) 상을 찍고

성경 속 여호와의 명령에 따라 이교도 공격이 일어났음을 알려 주는 중요한 대목이다. 기독교인들이 불상이나 단군상을 훼파하는 것은 성경에서 비롯된 것이다. 그들이 개인적으로 미쳐서 그런 행동을 하는 것이 아니라 성경이 그들을 그렇게 만들었다. 이것은 명백히 부당하다고 본다. 내 것이 소중하면 남의 것도 소중한 것이 진리이다. 내 것은 소중하고 남의 것은 부수는 기독교의 성경을 규탄하며 결코 진리로 인정할 수 없는 내용이라는 것을 밝힌다.

모세의 비정함 비판

모세란 사람은 유명한 선지자이다. 기독교, 유대교, 이슬람교에서 모세를 선지자로 추앙한다. 하지만 이 사람을 제대로 살펴보면 매우 냉혹하고 비정한 사람이었다는 것을 알게 된다. 특히 전쟁에서 내린 명령이 그러한데, 모세의 명령(여호와의 명령)은 사람들을 죽이고 탈취하는 내용이 대부분이다. 그리고 죄 아닌 죄를 죄로 규정해 놓고 죄를 지으면 가차 없이 투석

형을 행하는 것도 모세의 법이 얼마나 잔인했는지를 알려준다. 다음 구절을 통해 모세의 잔인성을 살펴본다.

(민수기 31:9~18)

이스라엘 자손이 미디안의 부녀들과 그 아이들을 사로잡고 그 가축과 양떼와 재물을 다 탈취하고 그 거처하는 성읍들과 촌락을 다 불사르고 탈취한 것, 노략한 것, 사람과 짐승을 다 취하니라

그들이 사로잡은 자와 노략한 것과 탈취한 것을 가지고 여리고 맞은편 요단 가 모압 평지의 진에 이르러 모세와 제사장 엘르아살과 이스라엘 자손의 회중에게로 나아오니라

모세와 제사장 엘르아살과 회중의 족장들이 다 진 밖에 나가서 영접하다가

모세가 군대의 장관 곧 싸움에서 돌아온 천부장들과 백부장들에게 노하니라

모세가 그들에게 이르되 너희가 여자들을 다 살려두었느냐

보라 이들이 발람의 꾀를 좇아 이스라엘 자손으로 브올의 사건에 여호와 앞에 범죄케 하여 여호와의 회중에 염병이 일어나게 하였느니라

그러므로 아이들 중에 남자는 다 죽이고 남자와 동침하여 사내를 안 여자는 다 죽이고 남자와 동침하지 아니하여 사내를 알지 못하는 여자들은 다 너희를 위하여 살려 둘 것이니라

미디안과 이스라엘 간의 전쟁에서 이스라엘 사람들은 여자와 아이를 살려준다. 그러자 모세는 진노하여 여자 중에서 남자를 안 사람들은 죽이고 남자 아기는 다 죽이라는 명령을 내린다.

얼마나 잔인한 명령인가? 이스라엘 사람들은 전투 능력이 없는 여자와 어린아이를 살려 두었지만, 모세는 싹마저 자르라는 명령을 내리는 것이

다. 그리고 남자를 안 여자는 죽이고 남자를 모르는 여자를 살려 두어 탈취물로 삼으라고 한다. 고대 전쟁에서는 이런 일이 흔했다고 하지만, 자비가 전혀 없는 모세는 선지자로서는 결코 인정할 수 없는 인물이다. 전쟁의 장군 정도로 인식한다면 문제될 것이 없지만, 그렇게 본다 해도 역시 비정하다.

이러한 모세를 정의의 사도인 것처럼 받드는 기독교의 모습은 문제가 있다. 이슬람교는 모세의 영향을 많이 받았는데 이슬람교의 전쟁 명령도 투쟁적이지만 적어도 이교도가 항복한다면 살려 주라는 명령이 기록되어 있다. 모세의 명령은 이슬람의 코란보다도 잔인했던 명령이었던 것이다. 이런 모세를 결코 선지자로 인정할 수 없다.

성경의 장애인 차별

성경 구약 성서에는 장애인 차별이 언급되어 있다. 물론 예수님은 신화적 이야기이지만 병든 자를 많이 고쳐 주셨다. 하지만 구약 성서에서는 장애인을 차별하며 장애인은 하나님에게 나아올 수 없다고 기록되어 있다. 히틀러는 장애인을 무척 싫어했는데, 여호와와 히틀러가 일치하는 대목이라고 할 수 있다. 성경을 살펴보자.

(레위기 21:18~21)

몸에 흠이 있어서 하나님께 가까이 나아갈 수 없는 사람은, 눈이 먼 사람이나, 다리를 저는 사람이나, 얼굴이 일그러진 사람이나, 몸의 어느 부위가 제대로 생기지 않은 사람이나,

팔다리가 상하였거나 손발을 다쳐 장애인이 된 사람이나,
곱사등이나, 난쟁이나, 눈에 백태가 끼어 잘 보지 못하는 사람이나, 가려움증이 있는 환자나, 종기를 앓는 환자나, 고환이 상한 사람들이다. 제사장 아론의 자손 가운데서 이처럼 몸에 흠이 있는 사람은, 누구든지 주에게 가까이 나아와 살라 바치는 제사를 드릴 수 없다. 몸에 흠이 있는 사람은 하나님께 음식 제물을 바치러 나올 수 없다

장애인인 것도 서러운데 장애인을 차별하는 여호와의 법을 읽을 때 장애인들을 어땠을까? 여호와는 사랑의 하나님이 아니었다. 몸이 아프든 아프지 않든 돌봐 주고 사랑해 주는 그런 신이 아니었다. 장애인들은 제사를 드리러 나오지도 못하게 함으로써 장애인들을 분명히 차별한 것이다. 여호와의 법이 얼마나 불합리한지를 드러내 주는 대목이다.

성경이 만일 보편적인 '사랑'을 말했다면 장애인들을 차별하지 않았을 것이다. 성경은 신본주의에 빠져 소외받고 힘들어하는 장애인을 배려하지 않았다. 하나님은 거룩하니 장애인은 만나지 않는다는 것이 성경이 우리에게 주는 가르침이다. 정말 신이 있다면 장애인을 멀리하실까? 그렇지 않다고 본다. 오히려 더욱 불쌍히 여기고 아껴 주시지 않을까? 우리가 선善이라고 부르는 것은 장애인에 대한 더욱 깊은 사랑이다. 성경의 가르침은 진정한 사랑을 가르쳐 주지 못했다.

여호와의 칼

성경에서 여호와는 순종하면 복을 받고 불순종하면 저주를 받는다고 말

했다. 그리고 여러 가지 부당한 율법들을 주었다(물론 율법에 합당한 구절도 있다는 것은 인정한다). 구약 성서 신명기에는 순종해서 받는 복과 불순종해서 받는 저주가 나열되어 있다. 그런데 여호와가 인간을 다루는 이러한 방식은 합당하지 않다고 본다. 그 이유를 살펴본다. 여호와는 인간과 일종의 계약을 맺으려 했다. 순종하면 여호와에게 복福을 많이 받고 거절하면 저주를 받게 하겠다는 일종의 노예 계약이다.

복을 받기 위해서 순종하고 저주를 받기 싫어서 순종하는 것은 진정한 존경에서 나오는 순종이라기보다는 위협 속에서 자라나는 복종에 가깝다. 여호와가 인간에게 원했던 관계는 이렇듯 두려움에 사로잡힌 노예 계약이었다. 죽기 싫으면 순종하라, 순종하면 복을 많이 주겠다는 것은 인간의 인격을 부당히 저급하게 평가하는 계약 내용이라고 하지 않을 수 없다.

필자는 여호와가 주는 복 따위는 받고 싶지 않다. 복으로 사람을 유혹해서 자신에게 복종하게 하려는 여호와를 하느님으로 인정하지 않는다. 그리고 거절하면 자신의 칼에 죽게 하겠다는 여호와의 협박 역시도 매우 부당하다고 생각한다.

여호와가 했던 말들을 살펴본다.

(이사야 1:19~20)

너희가 즐겨 순종하면 땅의 아름다운 소산을 먹을 것이요

너희가 거절하여 배반하면 칼에 삼켜지리라 여호와의 입의 말씀이니라

순종하면 복을 주고 거절하면 죽이겠다는 여호와의 노예 계약이 성경에 나타나 있다. 사람들은 자진해서 여호와와 계약을 맺었다. 그들이 원했던 것은 여호와의 '복'이었다. 하지만 이스라엘 사람들은 어떻게 되었는가? 그

들은 여호와와 맺은 계약을 이행하지 못했다. 그래서 여호와의 '저주'를 받았다. 여호와는 성경 속에서 저주를 내리면서 '너희가 계약을 어겼으니 계약 내용대로 너희를 죽이겠다'고 했다. 이렇듯 여호와와의 계약은 자신의 영혼을 여호와에게 파는 행위였던 것이다.

다음 구절을 보자.

(호세아 13:16)
사마리아가 그들의 하나님을 배반하였으므로 형벌을 당하여 칼에 엎드러질 것이요 그 어린아이는 부서뜨려지며 아이 밴 여인은 배가 갈라지리라

여호와를 배반했다고 내리는 저주이다. 여호와는 이렇듯 자신에게 불순종하면 상대를 가리지 않고 저주하고 처벌한다. 매우 무서운 폭군이 바로 여호와인 것이다. 복福이라는 하찮은 것에 유혹당하여 여호와를 섬기고 여호와의 노예로 살아가는 것은 인간의 영혼을 여호와에게 파는 일이다. 여호와는 어떤 이유로든 죄를 지었다고 핑계를 대며 저주를 내렸다. 여호와가 약속한 복이 실제로 이루어지는 경우는 픽션인 성경에서조차 거의 없었다.

실제로 유대인들은 율법을 지켜서 안식일을 준수했지만, 적군은 안식일에 쳐들어왔고 유대인들은 살육 당했다. 여호와는 약속을 지키지 못했던 신이다. 여호와와의 계약은 거짓말이다. 그리고 사람이 복福이란 말에 넘어가 여호와란 신神과 계약을 맺는다면 자기 자신의 영혼을 망치는 일일 것이다. 여호와는 죄를 핑계로 살인하고 저주하는 신神이다.

(이사야서 34:2~5)

대저 여호와께서 열방을 향하여 진노하시며 그들의 만군을 향하여 분내사 그들을 진멸하시며 살육 당하게 하셨은즉

그 살육 당한 자는 내던진 바 되며 그 사체의 악취가 솟아오르고 그 피에 산들이 녹을 것이며

하늘의 만상이 사라지고 하늘들이 두루마리 같이 말리되 그 만상의 쇠잔함이 포도나무 잎이 마름 같고 무화과나무 잎이 마름 같으리라

여호와의 칼이 하늘에서 족하게 마셨은즉 보라 이것이 에돔 위에 내리며 진멸하시기로 한 백성 위에 내려 그를 심판할 것이라

여호와의 살인성殺人性을 보여 주는 대목이라 할 수 있다. 죄를 핑계로 살인을 즐기는 여호와 그리고 그것을 찬양하는 이스라엘과 기독교인들! 소름이 끼치는 대목이다. 여호와는 이방 나라들을 저주하며 자신의 위대성을 강조한다. 이방의 '죄인'들을 죽이는 것이 여호와의 낙이요, 영광이다. 이렇듯 성경은 여호와의 학살을 노래하고 있다. 비단 구약 성경뿐만 아니다. 신약 성경에도 예수는 여호와의 진노로 온 세상이 멸망당할 것이라고 예언했고, 요한계시록이란 책을 쓴 저자는 저주가 부어지는 지구 전체를 그려냈다. 피에 굶주린 여호와의 악성惡性으로 인하여 고통 받는 인간, 그리고 여호와를 두려워하여 떨며 복종하게 되는 사람들, 그리고 이러한 여호와를 '사랑의 하나님'이라고 찬양하는 기독교인들…… 분명히 무언가가 잘못되어 있다.

(스바냐 1:3)

내가 사람과 짐승을 진멸하고 공중의 새와 바다의 고기와 거치게 하는 것과 악

인들을 아울러 진멸할 것이라 내가 사람을 땅 위에서 멸절하리라 나 여호와의 말이니라

여호와에게 '죄'와 '악'은 자신의 살인을 즐기기 위한 핑계이다. 여호와는 인간을 무척 싫어한다. 아울러 죄 없는 짐승들조차 싫어한다. 여호와가 원하는 것은 피의 살육이다. 여호와의 존재는 물론 거짓말일 것이다. 하지만 여호와가 하는 말에서 그가 실제로 있다고 가정해 볼 때 살육과 멸절을 매우 좋아하는 신神임을 깨달을 수 있을 것이다.

'사랑'이란 무엇인지 '공의'란 무엇인지 생각해 본다. 여호와는 사랑과 공의라는 가면을 쓰고 있다. 그래서 학살할 때는 공의가 되고 구원을 줄 때는 사랑이 된다. 하지만 필자는 여호와는 사랑도 공의도 아니라고 생각한다. 무자비하게 학살하는 것은 결코 공의로운 심판이 될 수 없고, 자기 백성만을 구원한다는 것은 보편적인 사랑이 될 수 없기 때문이다.

만일 다른 신을 섬긴다면 여호와는 어떻게 할까?

여호와는 자기 외에는 신을 두지 말라고 십계명에서 말했다(출애굽기 20:3). 그런데 만일 사람들이 다른 신을 섬긴다면 여호와는 어떻게 할까? 여호와가 다른 신을 섬기려고 하는 사람한테 시행하라고 명령한 성경 구절을 살펴본다.

(신명기 13:13~16)

너희 가운데서 어떤 불량배가 일어나서 그 성읍 주민을 유혹하여 이르기를 너희가 알지 못하던 다른 신들을 우리가 가서 섬기자 한다 하거든

너는 자세히 묻고 살펴보아서 이런 가증한 일이 너희 가운데에 있다는 것이 확실한 사실로 드러나면

너는 마땅히 그 성읍 주민을 칼날로 죽이고 그 성읍과 그 가운데에 거주하는 모든 것과 그 가축을 칼날로 진멸하고

또 그 속에서 빼앗아 차지한 물건을 다 거리에 모아 놓고 그 성읍과 그 탈취물 전부를 불살라 네 하나님 여호와께 드릴지니 그 성읍은 영구히 폐허가 되어 다시는 건축되지 아니할 것이라

다른 신을 섬기자고 했다는 이유로 가축까지 몰살하고 영원히 폐허로 만들라는 여호와의 명령이 드러나 있다. 사람이 어떻게 여호와만을 섬길 수 있겠는가? 여호와보다 훨씬 자비롭고 공정한 신은 세상에 많다. 여호와는 스스로 질투하면서 자기 자신을 섬기기를 강요함으로써 자신이 악신惡神임을 드러내고 있다.

여호와가 인간 지도자라고 가정해 보자. 북한에서는 김일성을 섬기지 않으면 반역죄로 수용소에서 갖은 고난을 당한다. 여호와도 김일성과 마찬가지이다. 오히려 김일성보다 잔인한 것이 여호와이다. 심지어 그가 소유한 가축까지 진멸하라는 여호와의 명령을 보면 그가 만일 인간이었다면 어떤 사람도 따라가기 힘든 폭군暴君이었을 것임을 알 수 있다.

사람을 진멸해서 바쳐라!

성경의 여호수아라는 문서에는 성전聖戰이라는 명목으로 이방인들을 학살하는 이스라엘을 그리고 있다. 그런데 이들은 살육을 하며 '여호와께 바쳐진 제사'라고 표현한다. 즉, 사람을 죽여서 바치는 것이 그들의 예배였던 것이다. 그리고 피에 굶주린 여호와는 이것들을 기쁘게 받았을 것이다.

따지고 보면 예수의 십자가도 인신 제사에 속한다. 인간을 죽여서 신에게 바치는 혐오스러운 제사를 구약에서도 신약에서도 그들은 계속했던 것이다.

(여호수아 10:35)

그 날에 그 성읍을 취하고 칼날로 그것을 쳐서 그 중에 있는 모든 사람을 당일에 진멸하여 바쳤으니 라기스에 행한 것과 같았더라

이스라엘 군대가 한 성읍을 진멸해서 여호와께 '바쳤'다고 기록되어 있다. 이러한 끔찍한 살육이 이스라엘의 예배였던 것이다. 무고한 사람들이 힘이 없다는 이유로 학살당했다. 성경은 악서惡書이다. 성경이 말하고 있는 이러한 인신 제사는 결코 종교로서 인정해 줄 수 없는 것이다. 성경의 기록을 성전聖戰으로 미화하고 정의의 전쟁이라고 평가하는 것은 무리가 있다. 이것은 명백한 제노사이드(대량 학살)였다. 여호와와 이스라엘이 했던 일은 세계에서 유래를 찾기 힘든 학살이었던 것이다. 마치 20세기 일어났던 히틀러의 유대인 학살처럼 이스라엘인들도 가나안 사람들을 진멸시켰다. 그리고 그 피의 제사를 받았던 한 신이 오늘날 '사랑의 아버지'로 둔갑해 있다.

(여호수아 11:21)

그 때에 여호수아가 가서 산지와 헤브론과 드빌과 아납과 유다 온 산지와 이스라엘의 온 산지에서 아낙 사람들을 멸절하고 그가 또 그들의 성읍들을 진멸하여 바쳤으므로

이스라엘이 이민족을 살육해서 여호와에게 바친 것은 한두 번이 아니다. 성경은 이렇듯 잔인한 피의 제사를 기록해 두고 있다. 현대에 사는 우리가 이 구절을 읽으며 깨달아야 하는 것은 무엇일까? 첫째로 성경과 여호와는 결코 좋은 것이 아니라는 것, 둘째로 다시는 종교로 인한 분쟁이 없도록 노력해야 한다는 것이다. 역사는 좋은 교훈을 준다. 다시는 이런 일이 일어나지 않도록 막는 것이 후세에 사는 우리의 과제일 것이다.

(여호수아 10:40)

이와 같이 여호수아가 그 온 땅 곧 산지와 네겝과 평지와 경사지와 그 모든 왕을 쳐서 하나도 남기지 아니하고 호흡이 있는 모든 자는 다 진멸하여 바쳤으니 이스라엘의 하나님 여호와께서 명령하신 것과 같았더라

(여호수아 10:28)

그 날에 여호수아가 막게다를 취하고 칼날로 그 성읍과 왕을 쳐서 그 성읍과 그 중에 있는 모든 사람을 진멸하여 바치고 한 사람도 남기지 아니하였으니 막게다 왕에게 행한 것이 여리고 왕에게 행한 것과 같았더라

진멸한 기록을 자랑스럽게 걸어 놓은 성경 그리고 이스라엘. 이런 구절들을 읽으며 분노가 일어나는 것은 필자뿐일까? 어떻게 이러한 잔인한 악

서惡書가 진리로 포장되어 사람들에게 배포될 수 있을까? 기독교인들은 정말 이런 구절들을 모두 읽고 있을까? 그들은 그러면서도 '사랑의 하나님'이라며 찬양하고 있는 것일까? 그리고 죽어간 사람들을 죄인으로 매도하며 여호와의 공의를 찬양하고 있는 것일까?

성경에서 여호수아가 행했던 일은 전쟁 범죄 제노사이드였지, 공의의 심판이 될 수 없다. 사람들의 정의관이 성경으로 인해 왜곡되면 안 된다. 그렇게 되면 또 같은 일이 후세에 반복될 수 있을 것이다.

후대에 사는 우리는 역사에 대한 바른 평가와 재발 방지를 위해 노력해야 할 것이다. 일본이 대동아전쟁을 미화시키는 것과 역사를 왜곡하는 것, 이스라엘이 여호와의 권위를 등에 업고 역사를 왜곡했던 것, 이는 동일하다. 진실은 멀리 있지 않다. 일본군의 학살이 만행이었듯 이스라엘 군대의 학살 역시 만행이었던 것이다. 역사는 반복된다고 한다. 우리는 성경을 보며 악서惡書임을 깨닫고 다시는 세계에 이런 전쟁이 없도록 힘써야 할 것이다. 아울러 성경이란 책에 대한 정당한 평가가 이루어져야 할 것이다.

토기장이는 주인에게 말할 권리가 없다!

사람들은 묻는다. 하나님께서 사람을 만드셨는데 왜 사람을 죽이시느냐고. 이곳에서는 여호와가 인간에게 어떤 방식으로 죄를 짓게 하는지를 살펴본다. 여호와는 죽이면서 꼭 한 가지 핑계를 대는데, 그 사람이 죄인이기 때문이라는 것이다. 그런데 여호와의 말이 정당화될 수 없는 이유가 있다. 먼저 그들이 죽여도 되는 죄인은 아니라는 점, 죄인이라고 무조건 죽여서도 안 된다는 점, '여호와가 스스로 그들을 죄짓게 만들었다는 점'이다. 성경을 살펴본다.

(여호수아 11:20)

그들의 마음이 완악하여 이스라엘을 대적하여 싸우러 온 것은 여호와께서 그리하게 하신 것이라 그들을 진멸하여 바치게 하여 은혜를 입지 못하게 하시고 여호와께서 모세에게 명령하신 대로 그들을 멸하려 하심이었더라

여기서 여호와와 이스라엘은 사람들을 학살하면서 그들이 대항해서 죽였다고 한다. 그리고 그들이 이스라엘과 전쟁한 이유는 '여호와가 그렇게 만들었기 때문'이라고 한다. 여호와는 평화가 아닌 살육을 원했던 것이다. 그래서 사람들의 마음을 움직여서 피의 제사를 즐겼던 것이다. 여호와가 평화의 하느님이 아니란 것은 명백하다.

(출애굽기 10:27)

여호와께서 바로의 마음을 완악하게 하셨으므로 그들 보내기를 기뻐하지 아니하고

여호와가 자신에게 대항하는 이집트 파라오의 마음을 완악하게 만들었다는 구절이다. 즉, 여호와 자체가 악惡을 조장하고 있다는 것이다. 성경에 의하면 여호와란 신은 사람이 죄를 짓게 할 수 있고 선을 행하게 할 수 있는 능력이 있다(물론 거짓이지만). 여호와는 이 능력을 사용하여 사람들의 마음을 악하게 만든다. 그리고 자신이 악하다고 살육한다. 누가 악한가? 악하게 만들고 악하다고 살육하는 여호와의 모습에서 부당함을 느낄 수 있지 않는가?

(사무엘상 16:14)

여호와의 영이 사울에게서 떠나고 여호와께서 부리시는 악령이 그를 번뇌하게 한지라

여호와는 자신이 선택했던 사울이란 사람에게 악령을 보내 괴롭힌다. 성경 속에서 여호와는 악령을 조종할 수 있는 존재이다(물론 사실은 아니다). 그러한 여호와는 인간에게 악령을 보내 괴롭히는 모습을 보여 준다.

신약 성경에 들어가면 사도 바울이란 기독교 교부가 하나님의 정의에 대해 이야기하는 모습을 보여 준다. 어떤 사람이 '하나님이 완악하게 하셨으면서 어째서 사람에게 책임을 묻는가?'라고 하자 사도 바울은 토기를 만든 토기장이는 토기를 마음대로 할 수 있다고 대답한다. 즉, 여호와가 만들었으니 부수는 것도 여호와의 자유란 것이다. 기독교인들은 이 이론에 넘어가 여호와가 악을 행해도 그는 하나님이니 정당화된다고 믿고 있다. 하지만 그렇지 않다.

예컨대 부모가 있다고 해서 자녀를 마음대로 할 수 있겠는가? 부모라고 자식을 죽여도 되는가? 인간은 하나의 인격체이다. 신이라고 하더라도 인간을 마음대로 사용할 수는 없을 것이다. 만일 인간을 마음대로 하는 신이 있다면 신이 아니라 악마이다. 신의 요건은 선해야 한다는 것이다. 자신이 만든 창작물을 아끼고 보살피고 귀중히 여기는 것이 선한 신의 마음이라는 것이다.

그렇기에 사도 바울의 변명은 정당하지 못하며 사람을 마음대로 악하게 만들고 마음대로 죽이는 여호와란 신은 신으로 인정할 수 없는 존재라는 것을 말하고 싶다.

(로마서 9:18~21)

그런즉 하나님께서 하고자 하시는 자를 긍휼히 여기시고 하고자 하시는 자를 완악하게 하시느니라

혹 네가 내게 말하기를 그러면 하나님이 어찌하여 허물하시느냐 누가 그 뜻을 대적하느냐 하리니

이 사람아 네가 누구이기에 감히 하나님께 반문하느냐 지음을 받은 물건이 지은 자에게 어찌 나를 이같이 만들었느냐 말하겠느냐

토기장이가 진흙 한 덩이로 하나는 귀히 쓸 그릇을, 하나는 천히 쓸 그릇을 만들 권한이 없느냐

사도 바울은 인간은 자신을 마음대로 하는 여호와에게 물을 권리가 없다고 한다. 신본주의의 정점을 찍는 말이다. 그렇지 않다. 인간은 누구나 기본적인 권리를 가지고 있다. 여호와가 신이라고 생각하지도 않지만 설령 신이라고 해도 마음대로 할 수 있는 권리는 없다. 그렇다면 하나님이 악한 것이 되기 때문이다. 사도 바울의 말은 자신이 믿는 하나님이 인간을 마음대로 하는 악한 존재라는 것을 스스로 밝히고 있다.

만일 진짜 하느님이 계신다면 그분은 인간을 그렇게 대하지 않으실 것이다. 자신께서 만든 것을 귀중히 여기실 것이다. 그리고 악이 있다면 마음 아파하실 것이다. 사도 바울의 말은 부당함을 내포하고 있고, 여호와의 부당성을 논리로 변명하는 말밖에는 되지 않는다. 아울러 여호와는 인간을 자신의 마음대로 하겠다고 하는데 그러면서 어떻게 이율배반적으로 인간을 '사랑'한다고 속이는가!

사람의 마음을 악하게 만들고 악하다고 처벌하는 여호와는 결코 사랑의 하느님이 아닌 죄를 핑계로 사람을 살인하는 신 그 이상도 이하도 아니다.

세상 학문을 멸시하는 기독교

사도 바울은 세상의 학문을 '초등 학문'이라고 폄하했다. 그리고 기독교의 가르침만이 유일하고 위대한 진리라고 말을 했다. 우선 바울의 말을 들어 보자.

(골로새서 2:8)

누가 철학과 헛된 속임수로 너희를 사로잡을까 주의하라 이것은 사람의 전통과 세상의 초등 학문을 따름이요 그리스도를 따름이 아니니라

정말로 세상 학문이 초등 학문이고 기독교가 진리일까? 냉정하게 살펴보자. 당시에 있었던 아리스토텔레스의 학문이나 피타고라스의 학문이 기독교의 학문보다 진리에 가깝다고 생각한다. 기독교가 가르쳐 준 것은 '기적'과 '광신적인 믿음', '편애' 외에는 무엇인가? 기독교가 가르쳐 준 우주의 법칙이나 진리는 거의 없다고 해도 무방하다. 유대인의 우주관은 고대인들의 전형적인 산물이다. 기독교는 인류사에 어떠한 진리도 가르쳐 주지 못했다. '사랑하라'라고 명령하는 것은 누구나 할 수 있는 말이기에 진리라고 할 수 없다.

오히려 기독교는 사람들을 무지로 이끌고 착취하기 쉬운 우민으로 변질시킨다. 기독교의 가르침에 심취한 사람들은 기독교만이 유일한 진리로 생각하여 다른 학문을 배우는 것에 소홀히 하게 되고 당연히 지적 능력이 떨어지게 된다. 그러면 기독교가 끄는 대로 끌려갈 수밖에 없는 사람이 되어버리는 것이다.

성경이란 책은 진리를 가로막는 우상에 지나지 않는다. 지구 나이를

6,000년 정도로 인식하고 화석들을 부인하며 비과학적인 성경의 기적들을 진리로 믿고 살아간다면 그야말로 사람들의 이성을 가리는 것이 아닌가?

기독교인의 우민화는 사도 바울에 의해 철저히 이루어졌다. 당시에는 물론 지금도 기독교보다 진리를 가르쳐 주는 종교, 학문은 많다. 기독교의 요한계시록을 읽으며 666이라는 악마 짐승을 연구하는 것보다 뉴턴의 만유인력 법칙, 아인슈타인의 상대성 이론을 연구하는 것이 훨씬 지적이고 진리에 가까워질 수 있는 길일 것이다. 예수의 십자가 대속을 믿고, 믿는 자에게만 베풀어지는 예수의 대사면을 생각하는 것 보다 근대법인 형법 총칙을 읽으며 범죄와 형벌의 정확성과 보편성에 대해 생각하고 범죄에는 합당한 응보가 있어야 한다는 칸트의 말을 생각하는 것이 진리에 가까워지는 일일 것이다.

청동기 시대의 유대인의 기록, 고대 로마 시대의 신약 성서 기록을 만고불변의 진리라고 생각할 수는 없다. 기독교가 정확하고 논리적이라면 가치를 부여할 수 있을 것이다. 하지만 예수는 당시 시대에 종말이 올 것이라고 말했고, 사도 바울은 어지러운 환상만을 나열해 놓고 성도들을 현혹했다. 사람들은 종말론에 빠져서 예수만 바라보고 현실을 등졌다. 그들에게는 죽은 한 사형수의 부활이 세계의 전부가 되어버렸다. 그것을 믿으면 고통 없는 낙원에 들어갈 것이라는 미신이 그들을 그렇게 이끌었다. 또한, 살인을 일삼는 유대교의 신을 자신의 아버지로 받아들였다. 그리고 예수가 했던 의미 없고 어지러운 몇 마디 말을 하나님의 말씀으로 인식하여 살아가야 되었다.

기독교는 인류의 지성을 가로막는 장애물이었고, 이는 중세 시대의 암흑기가 입증한다. 기독교 국가였던 중세 유럽에는 어떠한 과학도 학문도 예술도 꽃피우지 못했다. 사람들은 기독교란 암흑에 갇혀서 이성을 잃어버렸다. 다행히 모든 사람이 그런 것은 아니었기에 중세에서 근대로 넘어갈 수 있는 선구자들이 태어났다. 만일 모두가 기독교에 갇혀 있었다면 인류는 진리를 잃어버리고 암흑 속에서 살아가야 했을 것이다.

유럽이 중세 시대에 겪었던 일을 한국이 겪고 있다. 한국 기독교는 무지로 사람들의 눈을 가리고 과학을 부정하게끔 하며 청동기 시대의 우주관과 지구관을 진리로 인식하게 하는 등 믿음으로 이성을 철저히 기만하고 있다.

한국도 모든 사람이 기독교인이 아니기에 학문적 발전은 있다. 하지만 많은 사람이 기독교를 믿고 그 신앙에 빠져들수록 한국은 퇴보하게 될 것이다. 한국 역시도 기독교의 미신에서 벗어나야 하는 과제를 안고 있는 것이다.

아울러 사도 바울의 말은 인간의 이성을 가리고 우민화시켜서 기독교로 이끄는 교활한 가르침밖에는 되지 않는다. 성경의 말을 믿고 세상 학문을 등진다면 결국 암흑에 빠지는 것은 기독교인들이 될 것이다.

'기적'을 말하고 있는 복음서

성경의 예수에 대한 기록인 4복음서를 읽어 보면 기독교의 핵심을 알 수 있다. 즉, 기독교의 핵심은 예수란 인물에 맞추어져 있고 그 인물의 행적이 곧 종교가 되었다. 기독교의 핵심인 4복음서의 전체 주제는 '예수의 기적'이다.

종교에는 고급 종교와 그렇지 못한 종교가 있다. 고급 종교란 사람의 마음을 선으로 이끌고 진리의 가르침을 주며 깊이 있는 지식을 가르치는 종교이다. 반면 그렇지 못한 종교란 원시적으로 '기적'에 의존하고 신의 권위만을 이용하며 인간에게 선한 가르침을 주지 못하는 종교이다.

기독교는 '기적'에 많은 양을 할당했기에 고급 종교라고 부르기에는 부족하다. 4복음서는 예수란 인물의 신격화에 거의 모든 지면을 할애한다. 그는 기적을 일으키는 존재다. 그리고 하나님의 아들이란 칭호를 사용한다. 요한복음이라는 성경 문서에서는 심지어 예수가 스스로 하나님 자신이라고 밝힌다.

냉정하게 판단해보자. 기독교가 여러 기적에 대한 '믿음'을 강조하는 것은 그것이 진실이 아니기 때문이다. 만일 기독교가 진실이라면 사람들은 '믿을' 필요가 없다. 누구나 당연한 사실은 '믿음'의 대상이 아닌 '인식'의 영역이기 때문이다. 기독교는 비현실적인 기적만을 나열해 놓은 후 이것을 믿으면 구원받는다고 한다. 하지만 깊이 없는 단순한 무지와 맹목만을 요구하는 기독교를 비판하지 않을 수 없다.

복음서에서 예수는 물로 포도주를 만들고 병든 사람을 고치고 귀신을 쫓고 죽은 사람을 일으킨다. 그리고 죽었다가 부활한다.

이러한 기적 자체가 나쁘다는 것은 아니다. 하지만 이러한 기적이 '사실'인지는 고찰을 요한다. 아울러 기독교가 인류에게 말하고 있는 것은 '기적'을 믿는 것 외에는 사실상 다른 종교와 대동소이하다는 점이다. 사람들은 예수란 인물의 기적에 빠져 그를 신으로 섬기고 있지만, 그 일들이 사실인지는 누구도 모른다. 단지 성경의 가르침대로 '믿음'만을 가지고 맹신적으로 살고 있는 것이다.

진정한 종교란 인간을 선하게 계도하고 사회와 국가를 선하게 이끄는 종교이다. 평화에 대한 가르침을 주고 서로를 사랑하도록 만들고 사회 정의를 세우고 신에 대한 사랑과 존경심을 가르치는 종교여야 할 것이다.

하지만 기독교는 '기적'을 보여 주어 사람들의 이성을 파괴하고 있다. 우주의 법칙이나 인간 세상의 복잡 다각한 문제들을 풀지 못하고, 기적과 원론적인 가르침으로 그리고 별 뜻 없는 비유들로 진리로 포장하는 기독교에 심각한 의문을 품는다.

물론 예수가 실제로 기적을 일으켰다면 매우 신비한 일일 것이다. 아파도 낫고 죽어도 부활하고 믿기만 하면 천국에 갈 수 있다는 것은 매우 그럴듯한 이야기이긴 하다. 하지만 기독교라는 종교가 실제로는 인간을 선하게 이끄는 진리를 주지 못하고 기적만을 바라고 허황된 것을 따르게 하고 있는 것은 아닌지 비판해 본다. 자신의 노력 없이 무상으로 주어지는 선물만을 바란다면 인간의 존재 의의를 어디서 찾을 수 있단 말인가?

기독교가 진정한 종교로 불리기 위해서는 비현실적인 기적 외에 인간의 심성을 바꿀 수 있는 선한 가르침이 필요할 것이다. 하지만 성경에는 그러한 선한 가르침이 부족하다. 예수에 대해 기록한 복음서만 보아도 예수는 몇 마디 좋은 말을 했지만, 기적을 보여준 것이 다였다. 오히려 성경에는 인간을 원죄로 몰아 저주하고 인간에게 신에 대한 '죄'만을 부과하는 구절이 많다. 성경은 처음부터 끝까지 '죄'와 '심판'으로 도배되어 있는데, 이러한 사상은 인간 삶을 제약하고 인간성을 악하게 몰아가는 일종의 세뇌 교육에 가깝다.

기적으로 도배되어 있는 4복음서는 물론 죄라는 병을 주고 약도 같이 주는 예수의 가르침은 인류를 이끄는 진리의 가르침이 될 수 없다고 생각한다.

3부

성경의 비현실성 비판

성경에는 수많은 기적들이 기록되어 있다. 하지만 이 기적들이 모두 사실일까? 실제로 입증해 볼 수는 없다. 하지만 추론과 경험 법칙을 통해 성경의 기적들을 파헤칠 수 있다.

나관중의 고전 소설 삼국지에는 도교의 황건적 두목 장각이 나온다. 각종 요술을 통해 사람들을 끌어 모으고 황건적을 조직한 사람이기도 하다. 이 사람은 여러모로 예수와 닮았다. 기적을 행한다고 사람들을 속이고 사람들을 끌어 모으는 수법과 죽은 뒤 신선이 되었다는 장각, 죽은 뒤 여호와의 우편에 앉았다는 예수 역시 비슷하다.

예수가 행한 기적들의 비현실성을 살펴본다.

병을 고치는 기적

예수는 수많은 사람들의 병을 고쳤다고 기록되어 있다. 역사가 요세푸스는 짤막하게 예수가 신기한 일을 행했다고 기록했다.(요세푸스의 예수에 대한 기록은 문서 변조일 확률이 높다. 왜냐하면 요세푸스가 예수를 표현할 때 한 곳에는 그리스도라고 인정한 반면, 다른 곳에서는 그리스도라고 불리는 예수라고 표현했기 때문이다. 아울러 요세푸스는 예수에 대해 헤롯의 10분지 1도 못 되는 분량을 할애했다. 요세푸스가 예수를 메시아로 믿었다면 그렇게 적은 분량만 남기지는 않았을 것이다) 그리고 성경은 물론 코란에도 예수의 기적이 적혀 있다. 이는 고대 근동에서 예수의 기적 소문이 횡행했음을 보여 준다. 하지만 몇 가지 반론을 제시해 보고자 한다.

예수가 병을 고친다면 그리고 지금도 그들의 주장대로 살아있다면 계속해서 고칠 수 있어야 한다. 중세에는 기독교 국가였다. 그 때 흑사병이 유행했고, 이 전염병으로 중세 유럽의 인구 3분의 1이 죽었다. 예수가 병을 고칠 수 있다면 흑사병을 치료할 수 있어야 했다. 하지만 교회 지도자들은 아무것도 하지 못했다. 기적은 없었고 많은 사람이 죽었다. 교회의 신뢰도는 바닥으로 떨어졌고 근대 개혁이 일어나는 동력이 되었다.

그리고 예수가 지금도 병을 고친다면 암과 같은 불치병을 치료할 수 있어야 하지 않겠는가? 그러나 기독교인들 중에 암으로 죽는 사람이 부지기수이다. 교회에서는 '간증'이라며 불치병을 치료받은 사람들의 예를 소개한다. 하지만 이는 사실이 아닐 것이다. 왜냐하면 비기독교인들 중에도 불치병에 걸렸다가 나은 사람이 더러 있기 때문이다. 이와 같이 불치병이라도 예외적으로 낫는 경우가 있다. 인간의 면역 체계로 인해 자연히 치유된 것을 신의 신유라고 생각하는 것은 무리가 있다. 즉, 병이 호전되었다고 예수란 존재가 인간의 질병을 고친다고 생각할 수 없다.

그러면 믿음이 있는 기독교인들이 병으로 죽는다면 예수가 능력이 없어서인가? 그리고 예수가 병을 고친다면 모든 기독교인들은 질병이 없어야 하지 않겠는가? 지상 천국이 도래해야 하지 않겠는가? 그러나 많은 기독교인들이 질병으로 죽는다. 그들의 믿음이 부족해서일까? 믿음 좋은 사람들도 병으로 죽어간다. 예수는 성경에서 믿음만 있으면 산을 옮길 수 있다고 했다(누가복음 17:6). 하지만 예수의 말은 증명된 바 없다.

죽은 사람을 다시 살리는 기적

예수가 죽은 나사로를 다시 살렸다고 성경에 나온다. 그리고 나인성의 과부의 아들을 다시 살렸다고 기록되어 있다. 하지만 예수의 아버지 요셉은 예수가 젊었을 때 죽었다. 만일 죽은 사람을 다시 살릴 수 있다면 자신의 아버지부터 살리지 않았을까? 그리고 죽은 사람을 다시 살렸다고 치더라도 그들은 다시 죽었다. 결국 하나의 Show이지 영원한 생명을 준 것은 아니었다. 예수는 자신을 믿으면 영원히 죽지 않는다고 했다. 하지만 예수를 믿는 사람들 역시 죽었으니, 그것은 거짓말이 아닌가?

기독교는 이 생명이 영혼의 생명이라는 궁색한 변명을 내놓는다. 하지만 그것은 만들어진, 증명할 수 없는 이야기일 뿐 현실은 기독교인들도 죽는다.

예수의 말을 살펴본다.

(요한복음 11:25~26)

예수께서 이르시되 나는 부활이요 생명이니 나를 믿는 자는 죽어도 살겠고

무릇 살아서 나를 믿는 자는 영원히 죽지 아니하리니 이것을 네가 믿느냐

예수가 한 말은 믿고 싶어도 믿을 수 없다. 예수의 말을 믿는다는 것은 곧 미친다는 것과 동의어이기 때문이다. 모든 사람이 죽는다는 것은 진리이다. 예수는 진리를 말한다면서 진리를 부정하고 있다.

아울러 죽은 사람을 살렸다는 기적 역시 경험 법칙상 거짓임에 분명하다. 정황을 살펴보자. 유대인들은 예수를 정죄하고 죽였다. 예수가 정말로 기적을 행했다면 무엇보다도 유대인들이 믿었을 것이다. 그렇지만 유대인 지도자들과 대다수의 유대인 민중들은 예수를 믿지 않고 사형 판결을 내렸다. 이로 보아 예수의 기적은 거짓말임을 추론할 수 있지 않을까? 예수가 정말로 훌륭한 현자였고 기적도 사실이었다면 무엇보다도 가까이에 있었던 유대인들이 믿었을 것이다.

하지만 예수를 직접 본 유대인들은 예수를 죽였고, 오히려 예수를 보지 못한 이방인들이 소문을 듣고 믿어버렸다. 이는 예수가 실제로는 기적을 행하지 못했음을 입증한다. 왜냐하면 그를 직접 본 유대인 대다수가 예수를 믿지 않았기 때문이다. 그리고 고대에는 기적을 행한다고 사람들을 속이는 부류가 많이 존재했다. 기적을 행한다고 하는 자는 비단 예수뿐만이 아니었다.

과학 법칙상 법칙에 위배되는 기적은 일어나지 않는다. 과거 사회가 어지러울 무렵 혹세무민하기 위해 나타난 것이 바로 기적이다. 조선에서도 동학이란 종교가 부적을 달고 싸우면 총알이 피해나갈 것이라며 사람들을 속이지 않았던가? 근대에도 이런 거짓이 횡행했는데 하물며 고대는 말할 나위도 없었을 것이다.

예수가 정말로 죽은 사람을 일으켰다면 그는 선지자이거나 신일 수도

있다. 하지만 성경은 그 구성에 있어서 오류를 포함하고 있다. 오류가 있는 성경을 문자 그대로 믿고 예수의 기적을 믿는다는 것은 어려운 일이다.

만일 성경이 오류가 없고 완전한 책이었다면 이야기가 달라질 수 있지만, 성경 내용 자체에 하자가 있음은 분명하다는 것이다. 그렇기에 예수의 기적 역시도 사실이 아닐 확률이 높다.

오병이어의 기적

예수님께서 계실 때에 사람들이 많이 모이고 음식이 없었다. 예수님은 사람들에게 음식을 나눠주라고 하셨다. 그런데 빵 다섯 개와 물고기 두 마리 밖에 없자 예수님은 기적을 행하신다. 이 오병이어로 5천 명의 사람들을 먹이셨다는 기적이다.

하지만 이 기적이 사실이라고 믿는 것은 무리가 있다. 빵 다섯 개와 물고기 2마리로 어떻게 5천 명을 먹일 수 있다는 것인가? 불가능하다.

예수님이 만일 생명을 만드실 수 있었다면 그분은 자급자족이 가능하신 분이다. 하지만 실제로는 그렇지 못했다. 성경에는 여자들이 물질로써 예수님을 후원했다고 나온다(누가복음 8:3). 그분은 사람들에게 물질을 받으셨다. 그분이 자급자족이 가능하다고 한다면 돈을 받으실 필요가 없으셨을 것이다.

이 기적은 예수님을 신격화한 일종의 신화로 보인다. 이 세상은 물질에 속해 있다. 즉 생명 역시 세포와 물질로 구성되어 있다. 그런데 이 생명으로 이루어진 물질을 3D 프린터처럼 복제할 수 없다. 진짜 신이 있다고 해도 생명을 만드는 데에는 시간이 걸릴 것이다. 예수처럼 물고기를 나눠주면서 동시에 복제할 수는 없는 일이란 것이다. 이 예수의 기적은 일어날 수 없는 일이다.

(마태복음 14:16~21)

예수께서 이르시되 갈 것 없다 너희가 먹을 것을 주라
제자들이 이르되 여기 우리에게 있는 것은 떡 다섯 개와 물고기 두 마리뿐이니이다
이르시되 그것을 내게 가져오라 하시고
무리를 명하여 잔디 위에 앉히시고 떡 다섯 개와 물고기 두 마리를 가지사 하늘을 우러러 축사하시고 떡을 떼어 제자들에게 주시매 제자들이 무리에게 주니
다 배불리 먹고 남은 조각을 열두 바구니에 차게 거두었으며
먹은 사람은 여자와 어린이 외에 오천 명이나 되었더라

한 사람의 말을 덧붙인다. '종교란 평민들에게 진실로 여겨지며 현자들에게 거짓으로 여겨지고 통치자들에게는 유용한 수단으로 여겨진다.'라는 말이다. 이 사람의 분석은 참이다. 평민들은 기적을 믿고 따른다. 그들에게는 정확히 사고할 이성적 능력이 약하기 때문이다. 그들은 시키는 대로 하고 말하는 대로 믿는다. 반면 현자들은 사고해 보고 판단한다. 그래서 이성에 부합하지 않는 거짓된 이야기는 받아들이지 않는다. 종교가 허무맹랑하게 들리는 것도 그들의 사고방식이 거짓을 거부하기 때문이다. 반면 통치자들에게는 종교는 유용한 것이다. 왜냐하면 평민들을 믿게 하고 지배하는 유용한 도구로 쓰일 수 있기 때문이다. 종교가 발생한 기원도 통치 체제와 밀접한 관련이 있다. 즉, 선민의식을 깨우기 위해 그리고 지배를 정당화하기 위해 '신'이라는 개념을 끌어들인 국가가 고대에 무척 많았다. 그러니 종교는 인간의 권력을 합리화하려는 지배의 기술에서 비롯된 것이다.

결론짓자면 예수님의 기적은 평민들에게는 진실로 와 닿고, 현자들에게는 거짓으로 인식되며, 종교를 이용해서 평민들을 통치하는 교회 목사들에게는 유용한 것으로 여겨질 것이다.

출애굽기의 기적

여호와는 이스라엘을 해방시키기 위해 성경에서 이집트에 10가지 기적을 일으킨다. 기적의 내용은 다양하고 대단하다. 하지만 여호와가 진짜 기적을 일으켰으면 이집트인들이 여호와를 믿어야 하지 않았겠는가? 이집트는 다신교 사회였다. 그러나 이집트인들은 여호와를 믿지 않았다. 그러한 기적이 사실이라면 누구보다 이집트 사람들이 먼저 개종했을 것이다. 하지만 이집트 사람들은 개종하지 않았다. 성경 외에는 출애굽 기적의 어떠한 '역사적' 기록이 없다고 한다. 만일 출애굽 기적이 사실이라면 이집트 역사에 기록되어야 했을 것이다. 장자들을 잃고 군대까지 잃은 이집트 사람들이 여호와를 믿고 기록해 두어야 했을 것이다.

하지만 출애굽에 대해서는 성경 외에는 어떠한 '객관적' 기록도 없다(성경보다 후에 쓰인 코란에 출애굽이 기록되어 있으나 성경과 대동소이하다). 그렇기에 성경을 믿고 기적이 존재했다고 주장하는 것은 해리포터 소설을 읽고 해리포터의 마법이 실제로 존재했다고 주장하는 것과 동일하다.

기독교인들의 주장을 요약하면

1. 성경에 기적이 기록되어 있다.
2. 성경은 진리이다.
3. 고로 기적은 사실이다.

라는 논리로 요약된다. 이에 반박해 보면

1. 성경에 기적이 기록되었다고 해서 그것이 사실이라는 근거는 되지 못한다. 소설 해리포터 시리즈에 마법이 기록되었다고 해서 마법이 있지는 않은 것과 같다.
2. 성경에는 오류가 있으니 진리라고 부를 수 없다.

로 정리할 수 있다.

기적이라는 것은 사람의 마음을 현혹시킨다. 병이 걸려도 낫고 재앙에서 구원받고 보이지 않는 세상에 가는 것을 사람들은 꿈꾼다. 상상은 자유이지만 그것이 현실이 되어 우주의 경험 법칙을 무시하고 기적만을 바라는 삶은 건강한 삶이 아닐 것이다.

예수의 축귀 기적

예수는 여호와의 성령으로 귀신을 쫓았다고 나와 있다. 하지만 무당을 멸시하는 기독교가 어찌 무당과 같은 일을 하는가? 고대 사람들은 질병이 귀신에게서 비롯된다고 믿었을 것이다. 그래서 귀신을 쫓으면 건강이 회복된다고 생각했다. 성경에도 귀신이 들어와 질병이 생겼다고 나와 있다. 이것은 고대인의 미신이지 보편적 진리가 될 수 없다. 예수가 악한 영들을 쫓았다고 나와 있는 것 역시 미신적 행위이지 과학적 진실이 아니다.

오늘날에도 교회에서 귀신을 쫓는다며 기도 행위를 한다. 하지만 기도 행위를 하면서 사람을 때려 숨지게 하는 경우도 많다. 사람을 살리라고 기도를 하는 것이지 사람을 죽이라고 기도를 하는 것은 아니다.

예수가 행했던 일은 입증해 볼 수 없는 허구의 일이다. 입증할 수 없다고 모두 사실이 되는 것이 아니다. 그리고 질병은 귀신에게서 비롯되는 것이 아니다. 이것은 고대의 미신이다. 귀신이 나가면 질병도 나간다는 생각은 진실과 거리가 멀다. 예수의 축귀 기적 역시 예수를 추종하는 사람들이 어떠한 목적을 가지고 만들어낸 신화 그 이상도 이하도 아닌 것이다.

예수의 기적을 믿다가 죽은 목사

예수는 성경에서 자신을 믿는 자는 자신이 한 일을 할 수 있으며 심지어 뱀에 물려도 해를 받지 않는다고 했다. 이 말은 그냥 거짓이라고 생각하고 넘어가면 된다. 하지만 안타깝게 이 말을 믿고 실천에 옮긴 목사가 실제로 있었다. 미국의 뱀 목사라고 불리는 사람인데 이 목사는 뱀에게 물려도 죽지 않는다는 예수님의 말에 영감을 받은 것 같다. 그래서 뱀을 다루며 전도했다. 그러다가 그 목사님은 뱀에 물렸다. 하지만 그 목사님은 치료를 거부하셨다. 그리고 돌아가셨다. 안타까운 죽음이다. 그 목사님은 예수님의 말을 믿었지만 결국 목숨을 잃었고 예수의 말은 거짓으로 판명 났다. 예수가 무슨 말을 했고 그 결과가 어떠했는지를 살펴본다.

(마가복음 16:18)

뱀을 집어 올리며 무슨 독을 마실지라도 해를 받지 아니하며 병든 사람에게 손을 얹은즉 나으리라 하시더라

예수가 했던 말이다. 다음은 한 기사를 살펴본다.

【 VCR 】

뱀을 잘 다뤄 일명 '뱀 목사'로 불렸던 미국의 한 목사가 결국 뱀에 물려 사망했습니다.

미국 켄터키 주의 목사였던 제이미 쿠츠는 '독사에 물려도 믿음만 있으면 해를 입지 않는다'는 설교로 유명세를 탔었는데요.

【 싱크 】

코디 쿠츠(사망한 목사 아들): 설교에서 항상 뱀을 사용했었기 때문에 다치시리라고는 생각도 못 했어요.

뱀에 물린 뒤에도 믿음으로 치유될 수 있다며 의학적 치료를 거부했던 그는 결국 목숨을 잃고 말았습니다.

(OBS 뉴스)

이 기사에서 예수를 믿다가 아깝게 죽은 한 미국인 목사를 볼 수 있다. 위의 성경 구절과 연계해서 해석해 보면 결론은 예수의 말은 거짓이었다는 것을 입증한 셈이다. 이 목사님은 예수를 정말 믿었고 치료까지도 거부했다. 만일 예수의 말처럼 '믿음'이 기적을 만든다면 이 목사는 살아났어야 한다. 하지만 그러지 못했다. 이 목사님의 죽음이 성경의 거짓을 증언하고 있는 것이다.

엘리사의 곰 학살 사건

구약 시대에 엘리사란 선지자가 있었다. 그런데 이 엘리사는 대머리였나 보다. 아이들이 엘리사를 대머리라고 놀리자 엘리사는 여호와의 이름으로 그들을 저주한다. 그러자 암곰 두 마리가 42명을 죽였다는 이야기이다. 이 이야기는 허구인데 그 이유를 분석해 본다. 먼저 성경을 살펴보자.

(열왕기하 2:23~24)

엘리사가 거기서 벧엘로 올라가더니 그가 길에서 올라갈 때에 작은 아이들이 성읍에서 나와 그를 조롱하여 이르되 대머리여 올라가라 대머리여 올라가라 하는지라 엘리사가 뒤로 돌이켜 그들을 보고 여호와의 이름으로 저주하매 곧 수풀에서 암곰 둘이 나와서 아이들 중의 사십이 명을 찢었더라

이 기적은 거짓인 이유가 있다. 왜냐하면 암곰 두 마리가 아이들 42명을 죽일 수 없기 때문이다. 왜 그런지를 생각해 보자. 곰이 아이를 죽일 때는 시간이 걸린다. 물거나 후려치거나 해야 할 것이다. 하지만 아이들도 곰을 보면 도망간다. 곰이 산발적으로 흩어지는 아이를 잡아서 42명을 학살하기는 불가능한 이야기라는 것이다. 사자나 곰은 사냥할 때 한 마리만을 쫓는다. 동시다발적으로 사냥하는 기술이 없다. 그런데 성경에는 곰 2마리가 아이들 42명을 죽였다고 기록되어 있으니 분명히 거짓이다.

덧붙이자면 조금 놀렸다고 아이들을 죽이는 행위 자체도 부당한 것이다. 오히려 이 구절이 사실이 아니라서 다행스러운 일이다.

엘리야의 불벼락 기적

엘리야라는 구약 시대의 선지자는 아합이란 왕이 자신을 잡아갈 것이라

는 두려움에 사로잡혀 산에 숨는다. 그런데 군사들이 엘리야를 잡으러 오자 엘리야는 기적을 행해서 그들을 죽인다. 다음 구절을 살펴보자.

(열왕기하 1:9~10)

이에 오십 부장과 그의 군사 오십 명을 엘리야에게로 보내매 그가 엘리야에게로 올라가 본즉 산꼭대기에 앉아 있는지라 그가 엘리야에게 이르되 하나님의 사람이여 왕의 말씀이 내려오라 하셨나이다

엘리야가 오십부장에게 대답하여 이르되 내가 만일 하나님의 사람이면 불이 하늘에서 내려와 너와 너의 오십 명을 사를지로다 하매 불이 곧 하늘에서 내려와 그와 그의 군사 오십 명을 살랐더라

이것은 판타지 소설에 가깝다. 하늘에서 불벼락이 떨어질 수는 없다. 이 기적을 입증해볼 수도 없다. 왜냐하면 일어날 수 없는 일이기 때문이다. 판타지 소설을 과학적으로 입증하는 것은 매우 불편한 일이다. 하지만 엘리야의 기적은 결코 일어날 수 없는 일이라는 것을 밝힌다. 고대인들은 하늘이란 곳에 여호와가 살 것이라고 생각했다. 하지만 하늘이란 대기권 외에는 아무것도 아니다. 대기권에서 불이 만들어질 수도 없지만, 만일 만들어 진다 해도 연료가 없어서 소화된다. 불이 대기권에서 만들어져서 인간에게 떨어질 수 없다.

아시리아 대군 기적과 역사서

히스기야 왕 시대에 아시리아 군대가 이스라엘의 수도 예루살렘에 쳐

들어온다. 아시리아 군대는 이스라엘을 도발하는데 히스기야 왕은 이사야 선지자와 함께 여호와에게 기도한다. 그러자 여호와가 기도를 듣고 아시리아의 대군을 전멸시켰다는 내용이다. 성경을 살펴보고 기적의 허구성을 입증한다.

(이사야 37:33~36)

그러므로 여호와께서 앗수르 왕에 대하여 이같이 이르시되 그가 이 성에 이르지 못하며 화살 하나도 이리로 쏘지 못하며 방패를 가지고 성에 가까이 오지도 못하며 흉벽을 쌓고 치지도 못할 것이요

그가 오던 길 곧 그 길로 돌아가고 이 성에 이르지 못하리라 나 여호와의 말이니라

대저 내가 나를 위하며 내 종 다윗을 위하여 이 성을 보호하며 구원하리라 하셨나이다 하니라 여호와의 사자가 나가서 앗수르 진중에서 십팔만 오천 인을 쳤으므로 아침에 일찍이 일어나 본즉 시체뿐이라

성경은 여호와의 천사가 아시리아의 대군을 전멸시킨 기적을 담고 있다. 그런데 역사상 이런 일이 실제로 일어난 것일까? 만일 이 일이 진실이었다면 아시리아의 역사서에 기록되어야 했을 것이다. 그런데 아시리아 역사서를 보면 이 기적이 허구였음을 보여준다.

아시리아 센나케리브의 기록에는 히스기야가 금과 은을 조공으로 바쳐 철수하였다고 기록하며 조공으로 요구한 금 30달란트와 은 300달란트가 부족하자 시온 성전의 문과 기둥에 입혀진 금까지 벗겼다고 기록되어 있다.(출처:두산백과)

보았듯이 아시리아의 역사서에는 히스기야가 조공을 바쳐서 아시리아

의 군대가 철수했다고 기록되어 있다. 여호와가 18만 5천 명을 죽인 것을 믿을 것인가? 아니면 조공을 바쳐서 철수했다는 역사서의 기록을 믿을 것인가? 독자들의 판단에 맡긴다.

기적을 바라는 허황된 마음 비판

물론 기적이 있다면 좋은 일이다. 예컨대 성경에서처럼 병든 사람이 낫고 죽은 사람이 살아나면 매우 좋은 일일 것이다. 현대에도 기독교는 기적으로 사람들을 끌어모은다. 병든 사람 불치병이 걸린 사람에게 기대를 심어 놓고 기독교를 믿게 하는 수법이다. 하지만 기적은 쉽게 일어나지 않는다. 기적의 내용을 살펴보면 인간의 면역 체계로 자연 치유된 것을 예수님이 고쳐 주었다고 착각하는 것이거나 거짓말이 대부분이다. 암과 같은 불치병도 예수 안 믿고 자연에서 생활하다가 나은 사람 역시 많다. 예수가 병을 고쳐 주었다는 것은 기독교인의 바람일 뿐이다. 그리고 현실적으로 예수가 병을 고친다면 기독교인들 중에는 병자가 없어야 하지 않겠는가? 많은 기독교인들이 병으로 죽는다. 예수가 병을 고칠 능력이 있다면 자신을 믿는 사람들을 고쳐 주어야 할 텐데 그렇지 못하다.

죽지 않고 산다는 말 역시 거짓임을 살펴보았다. 예수의 기적은 사람들의 헛된 기대를 일으킨다. 즉, 절망에 놓인 사람에게 기적을 바라게 함으로써 헛된 희망을 불러일으키고 결국에는 기적만을 바라다가 끝이 나는 것이다. 진정한 기적은 인간이 만드는 것이다. 노력 없이 기대만을 가지고 예수나 여호와만을 바라보는 것은 합당하지 않다.

4부

기독교의 순順기능

•

•

•

이곳에서는 책의 객관성을 최대한 유지하기 위해 기독교에 있는 좋은 가르침을 분석해 보았다. 성경에도 좋은 가르침이 없지 않다. 성경의 좋은 가르침을 살펴보고 그 의의와 한계에 대해서 밝히도록 하겠다.

성경에 나타난 사랑 구절

성경의 좋은 구절을 '사랑'을 중점으로 살펴보도록 하겠다.

(고린도전서 13:4~7)

사랑은 오래 참고 사랑은 온유하며 시기하지 아니하며 사랑은 자랑하지 아니하며 교만하지 아니하며 무례히 행하지 아니하며 자기의 유익을 구하지 아니하며 성내지 아니하며 악한 것을 생각하지 아니하며 불의를 기뻐하지 아니하며 진리와 함께 기뻐하고 모든 것을 참으며 모든 것을 믿으며 모든 것을 바라며 모든 것을 견디느니라

사랑에 대한 기독교의 정의이다.

(요한1서 4:7)

사랑하는 자들아 우리가 서로 사랑하자 사랑은 하나님께 속한 것이니 사랑하는 자마다 하나님으로부터 나서 하나님을 알고

(요한1서 4:18)

사랑 안에 두려움이 없고 온전한 사랑이 두려움을 내쫓나니 두려움에는 형벌이 있음이라 두려워하는 자는 사랑 안에서 온전히 이루지 못하였느니라

하나님에 대한 두려움을 사랑으로 극복한다는 구절이다. 즉 하나님을 사랑하는 자는 하나님에 대한 두려움이 사라진다는 내용이다.

(요한1서 4:11)

사랑하는 자들아 하나님이 이같이 우리를 사랑하셨은즉 우리도 서로 사랑하는 것이 마땅하도다

하나님이 예수를 보내어 사람들을 사랑하신 것처럼 기독교인들 역시도 서로 사랑하는 것이 옳다는 가르침을 주고 있다.

(누가복음 6:32)

너희가 만일 너희를 사랑하는 자만을 사랑하면 칭찬받을 것이 무엇이냐 죄인들도 사랑하는 자는 사랑하느니라

자신을 사랑해 주지 않더라도 사랑해 주는 것이 좋다는 예수의 가르침이다.

(로마서 13:10)

사랑은 이웃에게 악을 행하지 아니하나니 그러므로 사랑은 율법의 완성이니라

남을 사랑하는 사람은 남에게 악을 행하지 않는다고 한다. 지극히 당연한 구절이다.

(요한복음 13:34)

새 계명을 너희에게 주노니 서로 사랑하라 내가 너희를 사랑한 것같이 너희도 서로 사랑하라

예수님이 제자들에게 준 계명이다. 서로 사랑하며 살라는 것. 예수가 가르쳐 준 계명이었다.

(요한1서 2:15)
이 세상이나 세상에 있는 것들을 사랑하지 말라 누구든지 세상을 사랑하면 아버지의 사랑이 그 안에 있지 아니하니

세상을 사랑하지 말고 하나님을 사랑하라는 가르침이다. 하지만 이 가르침에는 동의할 수 없다. 사람이 세상에 살면서 세상의 것들을 사랑하지 않을 수 있겠는가? 선한 하나님이라면 세상을 사랑한다고 해도 인간을 사랑하실 것이다. 오히려 기독교의 이 구절은 세상을 등지게 하는 광신적인 가르침을 준다. 이러한 구절들은 세상의 것은 악하고 마귀의 것이고 하나님께로부터 온 기독교는 선하다는 인식을 심어 주게 된다. 이분법적인 논리인 것은 분명하다. 세상이 마귀의 것이라면 그 세상을 만든 하나님은 누구인가? 기독교의 논리대로라면 하나님은 기독교인들만을 다스리는 하나님이고 마귀는 세상의 모든 사람들을 다스리는 존재이다. 하나님과 마귀의 위치가 역이다.

(로마서 12:9)
사랑에는 거짓이 없나니 악을 미워하고 선에 속하라

원론적인 말이다. 사랑과 선을 따라야 한다는 가르침이다. 하지만 구체적으로 무엇이 선인지는 성경이 자세히 가르쳐주지 않는다. 성경이 우리에게 보여 준 이스라엘의 제노사이드(대량 학살)가 선은 아닐 것이다.

(요한1서 4:20)

누구든지 하나님을 사랑하노라 하고 그 형제를 미워하면 이는 거짓말하는 자니 보는 바 그 형제를 사랑하지 아니하는 자는 보지 못하는 바 하나님을 사랑할 수 없느니라

하나님을 사랑하려면 그 전제 조건으로 형제를 사랑해야 한다는 것이다.

(에베소서 5:25)

남편들아 아내 사랑하기를 그리스도께서 교회를 사랑하시고 그 교회를 위하여 자신을 주심같이 하라

아내를 사랑하고 아끼라는 성경의 가르침이다. 예수와 교회의 관계를 남녀에 비유한 것이 흥미롭다. 이하에서는 특별히 주석을 붙이지 않고 성경의 사랑에 관한 구절을 뽑아 소개하겠다.

(레위기 19:18)

원수를 갚지 말며 동포를 원망하지 말며 네 이웃 사랑하기를 네 자신과 같이 사랑하라 나는 여호와이니라

(요한3서 1:11)

사랑하는 자여 악한 것을 본받지 말고 선한 것을 본받으라 선을 행하는 자는 하나님께 속하고 악을 행하는 자는 하나님을 뵈옵지 못하였느니라

(요한1서 3:18)

자녀들아 우리가 말과 혀로만 사랑하지 말고 행함과 진실함으로 하자

(신명기 10:19)

너희는 나그네를 사랑하라 전에 너희도 애굽 땅에서 나그네 되었음이니라

(갈라디아서 5:14)

온 율법은 네 이웃 사랑하기를 네 자신같이 하라 하신 한 말씀에서 이루어졌나니

(마태복음 5:44)

나는 너희에게 이르노니 너희 원수를 사랑하며 너희를 박해하는 자를 위하여 기도하라

이 구절들이 성경에서 나오는 사랑의 거의 다이다. 성경의 그 많은 책 중에서 사랑은 매우 일부분이다. 요약해 보면 이웃을 사랑하고 원수도 사랑하고 하나님을 사랑하라는 구절이다. 매우 원론적인 가르침이다. 성경이 정말로 사랑을 가르친다면 사랑에 대해 더욱 많은 것을 할애했어야 했을 것이다.

그렇지만 성경은 단지 '사랑하라'라는 명령조의 형태로 사랑을 규정하고 있을 뿐 사랑에 대해서는 깊이 있는 가르침을 주지 못했다고 본다. 성경에도 좋은 구절이 등장하지만, 사람들의 정신을 바꿀 만큼 깊지는 못하다고 평가한다. 아울러 진실은 그 많고 많은 성경 구절 중 사랑은 그다지 많지 않았다는 것이다. 전쟁, 저주, 멸망이 성경에서 나타난 '사랑'보다 많았다. 그리고 교회를 바라보자. 역사상 교회는 서로 갈라져서 싸우기만 했지 서로 '사랑'하지 않았다. 30년 전쟁은 기독교도끼리 싸운 대표적인 전쟁이다. 기독교가 사랑을 가르치려면 입이 아닌 행동으로 가르쳐야 할 것이다.

성경에 나타난 정의

이 부분에서는 성경에서 말하는 정의에 대해 살펴볼 것이다. 성경 전체를 살펴본 결과 성경에도 좋은 가르침이 몇 군데 있었다.

(출애굽기 23:6)

너는 가난한 자의 송사라고 정의를 굽게 하지 말며

이 구절은 옳다. 가난한 자라고 해서 차별하는 것은 그르기 때문이다.

(잠언 21:3)

공의와 정의를 행하는 것은 제사드리는 것보다 여호와께서 기쁘게 여기시느니라

예배보다 정의를 행하는 것을 좋아하시는 여호와 하나님을 볼 수 있다. 이것은 기독교의 좋은 가르침이다. 하지만 현실에서 이 구절은 거의 인용되지 못한다. 사람들은 십일조를 내면, 교회에 열심히 다니고 찬양하면 하나님이 기뻐하시는 줄로 생각한다. 하지만 잠언 21장 3절은 하나님께서는 예배보다 정의를 더욱 더 좋아하신다고 나와 있다. 타당한 구절이라고 생각한다.

(시편 140:12)

내가 알거니와 여호와는 고난당하는 자를 변호해 주시며 궁핍한 자에게 정의를 베푸시리이다

여호와 하나님께서는 약자를 돌보시며 정의를 베푸신다는 성도의 고백이 들어 있다. 실제로 이러한 하나님이시라면 매우 훌륭한 분일 것이다. 여호와께서 정말로 그런 신이기를 바란다.

(에스겔 33:16)

그가 본래 범한 모든 죄가 기억되지 아니하리니 그가 반드시 살리라 이는 정의와 공의를 행하였음이라 하라

악인이라도 죄를 뉘우치고 정의를 행한다면 하나님께서 그를 벌하지 않으실 것이라고 한다. 죄인에게도 회개할 기회를 주는 여호와의 관대함을 엿볼 수 있다. 하지만 여호와께서 성경에서 보여 준 학살은 이 구절로 정당화할 수 없을 것이다.

(이사야 1:17)

선행을 배우며 정의를 구하며 학대 받는 자를 도와주며 고아를 위하여 신원하며 과부를 위하여 변호하라 하셨느니라.

(예레미야 22:3)

여호와께서 이와 같이 말씀하시되 너희가 정의와 공의를 행하여 탈취 당한 자를 압박하는 자의 손에서 건지고 이방인과 고아와 과부를 압제하거나 학대하지 말며 이곳에서 무죄한 피를 흘리지 말라

이 부분에서는 여호와께서 좋은 말씀을 하는 것을 볼 수 있다. 하지만 이스라엘이 했던 가나안 탈취는 어째서 '신의 뜻'이 되었는지 납득하기 어

렵다. 여호와는 예레미야 22장 3절에서 이방인을 선대하라고 했는데, 성경에는 이방인 차별이 엄연히 존재한다. 예레미야 22장 3절 말씀처럼 이방인을 압제해서는 안 된다.

(마태복음 23:23)
화 있을진저 외식하는 서기관들과 바리새인들이여 너희가 박하와 회향과 근채의 십일조는 드리되 율법의 더 중한 바 정의와 긍휼과 믿음은 버렸도다 그러나 이것도 행하고 저것도 버리지 말아야 할지니라

예배도 중요하지만 더 중요한 것은 정의와 긍휼, 믿음이라는 예수의 가르침이다. 좋은 말이다. 하지만 예수는 무엇이 정의인지 구체적으로 가르쳐 주지 못했다. 일반 사람들의 인식에 있는 정의관을 그대로 말했을 뿐이다. 그래서 아쉬운 부분이 많다. 이 말은 예배만을 중시하고 실천적인 선행을 경시하는 기독교인들에게 매우 좋은 일침이 될 것이다.

(예레미야 21:12)
여호와께서 이와 같이 말씀하시니라 다윗의 집이여 너는 아침마다 정의롭게 판결하여 탈취당한 자를 압박자의 손에서 건지라 그리하지 아니하면 너희의 악행 때문에 내 분노가 불같이 일어나서 사르리니 능히 끌 자가 없으리라

여기까지가 성경에서 나와 있는 정의에 대한 좋은 구절의 거의 전부이다. 그 외에는 추상적이고 형식적인 표현으로 되어 있다. 아쉽게도 성경은 몇 가지 좋은 구절을 남겼지만 정의에 대해 깊게 다루지 못했다. 약자를 보호하고 약자를 압제하지 말라는 지극히 당연한 정의관을 말했을 뿐이다.

성경 전체가 정의로 채워져 있다면 성경은 진실이든 거짓이든 간에 매우 좋은 지침서가 될 수 있을 것이다. 정말로 많은 내용이 성경에 담겨있지만 있지만 정의에 대한 구절이 매우 적은 점은 아쉬웠다. 하지만 성경에도 분명 좋은 구절이 있다는 것은 인정한다. 기독교인들이 성경에서 배워야 할 것은 일부분이나마 적혀 있는 사랑과 정의일 것이다.

진정한 종교와 사이비 종교를 나누는 기준이 있다. 그것은 그 종교에 담긴 가르침이다. 진정 선善을 추구하고 정의를 추구하는 종교는 좋은 교훈을 준다. 반면 비현실적인 기적만을 강조하고 선이든 정의든 상관하지 않고 빌고 또 비는 종교는 미신적인 종교이다. 기독교가 정말로 세상의 빛과 소금이 되려면 형식적인 표현보다 실천이 필요하다고 본다.

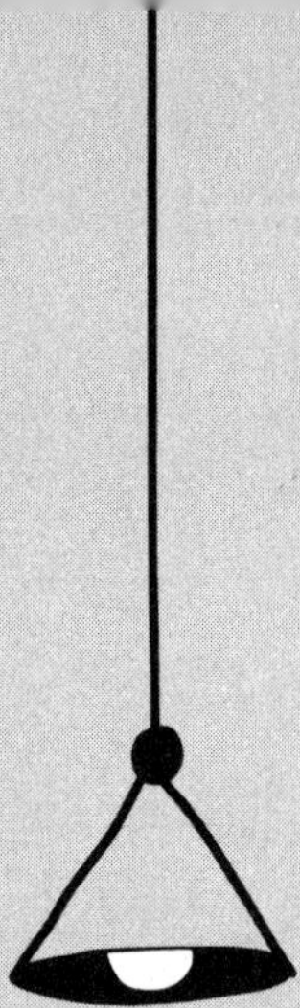

5부

진리에 대한 고찰과 기독교

진리는 오류가 없는 만고불변 동서고금의 것이다. 아울러 선하고 정의롭고 진실된 가치일 것이다. 이번 장을 통해 기독교와 관련하여 진정한 진리란 무엇인가를 개략적으로 살펴볼 것이다. 또한, 필요하면 다른 종교에 관해서도 언급하겠다. 아울러 기독교의 가르침이 정말로 진리에 부합되는지를 살펴보도록 하겠다.

예수의 진리론

예수는 자기 자신이 곧 진리라고 말했다(요한복음 14:6). 즉, 예수라는 특정 인간이 진리 그 자체라는 것이다. 물론 예수는 부분적으로 좋은 가르침을 주었다. 그럴지라도 그가 했던 말을 진리라고 보기에는 무리가 있다. 평화가 아닌 칼을 주러 왔다고도 했고 부모님보다 자신을 더 사랑해야 한다고도 했다. 아울러 자신을 부인하면 자신 역시도 부인하겠다는 치졸한 말 역시도 했다. 그렇기에 예수 자체를 진리로 볼 수는 없다.

그리고 무엇보다도 예수에게는 진리가 될 수 없는 결점이 있었다. 그것은 여호와에게서 비롯되는 한계이다.

여호와는 구약에서 많은 살인을 보여 주었다. 여호와를 선한 신이라고 부를 수 있을까? 그리고 예수는 명백히 여호와에 종속된 존재였다.

그렇기에 예수는 진리가 될 수 없는 결격 요건을 갖추고 있는 것이다. 왜냐하면 예수의 전제인 여호와 자체에 이미 흠결이 있기에 그 흠결을 치유하지 못한 채 메시아라고 자칭했던 예수 역시도 여호와의 한계에서 벗어나지 못하는 본질적인 문제가 있기 때문이다. 예수가 스스로 밝힌 바 있듯이 '이스라엘의 잃어버린 양' 외에는 여호와의 은혜가 미치지 않는다는 것으로 예수의 한계를 살펴볼 수 있었다.

그리고 예수가 보여 준 것은 '진리'라기보다는 '기적'이었다. 예수는 여러 '기적'들을 주된 전도 수단으로 삼았다. 인류에게 어떠한 사상을 가르쳐 준 것보다, 단지 믿기 힘든 '기적'을 통해 메시아로 등극한 인물이었다. 예수의 '기적' 자체를 진리로 보아 줄 수는 없는 것이다.

성경 속에 예수의 가르침들은 유대교의 랍비들의 가르침과 비슷한 구절이 있다. 그렇기에 예수가 성경 속 가르침들 모두를 창작했다고 보기는 어렵다. 즉 예수의 신격화에서 일종의 표절이 있었을 가능성을 부인할 수 없다.

동양에서도 메시아 행세를 하고 기적을 일으킨다는 사람은 많았다. 하지만 이러한 사상은 결과적으로 인류에 폐해를 가져왔다. 사회를 어지럽히고 사람들을 흔들었기 때문이다. 예수의 가르침도 이와 대동소이하다.

혹세무민이라는 고사성어가 있다. '세상을 현혹시키고 백성들을 속인다.'는 뜻이다. '기적'으로 세상을 현혹했던 예수는 결국 그 '기적'이란 패러다임 속에 갇힌 좁은 인물이었다. 예수에 대한 신격화는 나름 체계적으로 이루어졌지만, 예수가 인류에게 주었던 사상은 '기적' 외에는 거의 없다.

예수가 가르친 '사랑'이란 것도 진리로 보아 줄 수 없다. 예수는 진정한 사랑을 보여 준 적이 없다. 아니 보여 줄 시간도 없었다. 그의 행동은 짧은 3년이란 시간 속에 압축되어 있을 뿐이다.

십자가 사형 사건을 사랑으로 보는 것은 심각한 문제가 있다. 사형당한 일이 인류를 위한 사랑이라면 세상의 사형수 모두가 메시아로 등극되어야 했을 것이다. 예수의 '사랑론'은 말은 그럴듯하지만, 결국은 실천이 뒷받침되지 못한 허울 좋은 말이었다. 예수는 유대인 지도자들을 저주했고 자신을 믿는 사람에게만 후대했다. 그는 원수까지도 사랑하라고 말했지만 스스로는 원수를 사랑하지 못했다. 오히려 그의 말은 그의 행위에 비추어 보면 더욱 더 가증스러운 말이 되고 말았다. '사랑하라'라고 가르쳐 주는 것은 매우 쉽다. 하지만 그 말을 실천하기란 어려운 것이다.

결론은 예수는 스스로를 진리라고 밝혔지만, 진리가 될 수 없는 인물이었다. 오히려 예수의 사상은 혹세무민하는 어지러운 사상에 가까웠다. 진리란 것은 실재하는 개념이지 특정 인물에 대한 호칭은 아니다. 예수라는 특수한 인간이 진리가 되어 그의 사상 모두가 '진리'란 탈을 쓰는 것은 하나의 우상을 만드는 작업에 지나지 않을 것이다.

성경의 악역 효과와 예수

동화 속에는 악당과 주인공이 등장한다. 악당은 주인공을 괴롭히는 존재이다. 하지만 역설적으로 악당은 주인공을 빛나게 해 준다. 주인공에게 정당성을 부여하고 사람들이 주인공의 편이 되도록 만드는 역할을 한다. 필자는 이 효과를 '악역 효과'라고 부르겠다.

성경도 이와 비슷하다. 특히 복음서는 이 악역 효과가 두드러지는데, 바로 바리새인들(유대의 지도자층)과 예수의 대립이 그 효과를 유발한다.

예수는 바리새인들을 비판하면서 그들이 악한 사람들이라는 것을 강조했다. 그럼으로써 자기 자신은 선한 편이라는 인식을 성경을 통해 주었다. 하지만 실제로도 그랬을까?

바리새인이 악인으로 인식되면 인식될수록 예수란 인물도 정의로운 사람으로 생각하게 된다. 하지만 이는 악역 효과가 일으키는 작용이지 실제로 바리새인들이 악하거나 예수란 인물이 선하다는 논리적 귀결은 아니다.

오히려 바리새인들은 사람들의 존경을 받았다. 어느 책에는 바리새인들을 묘사하면서 이렇게 기록해 놓았다. '그들은 종교 관습에 있어서 민족 가운데 누구보다도 뛰어나다는 평판을 받는 사람들로서 율법의 정확한 해석자들이었다.'(출처: 최창모, 이스라엘사-바리새파, 미래엔, 2007)

민중들은 바리새인들이 아닌 예수를 십자가에 매달라고 요구했다고 기록되어 있다. 민중들이 왜 그랬을까? 물론 예수가 현자인데 부당하게 미움을 받아서 그렇게 되었을 수도 있다. 하지만 부처님의 예를 보면 부처님은 사람들은 물론이고 왕들에게도 존경을 받은 인물이었다. 예수 역시 현자라면 그리스도라면 사람의 마음을 사로잡아야 하는 것이 아닐까?

도대체 왜 현실에서 유대인들은 예수를 십자가에 못 박으라고 했던 걸까? 율법을 지키지 않았다는 이유에서였을까? 아니면 예수의 행동에 어떠한 하자가 있어서였을까?

(누가복음 23:21)

그들은 소리 질러 이르되 그를 십자가에 못 박게 하소서 십자가에 못 박게 하소서 하는지라

성경의 기록을 보면 유대인들은 예수를 믿지 않았음을 알 수 있다. 눈앞에서 기적이 일어난다면 믿기 싫어도 예수를 믿어야 했을 텐데 성경을 곧이곧대로 믿는다면 유대인들이 예수를 정죄하고 죽인 것을 쉽게 상정하기 어렵다.

성경의 기록 요한복음에 의하면 유대인들은 예수를 믿지 않았고 일종의 이단자 취급을 하였다. 아울러 성경에 의하면 예수는 자기 자신을 그리스도이자 하나님이라고 표현함으로써 유대인의 미움을 샀다. 유대인들에게는 여호와란 존재는 인간이 될 수 없는 매우 위대한 존재로 인식되었다. 그런데 인간이었던 예수가 자기 자신이 여호와라고 하니 사람들이 믿을 수 없었던 것은 당연한 것 같다. 예를 들어 대한민국에서 어떤 남자가 자기 자신이 기적을 행하고 자신이 환인(한국 건국신화에 나오는 신)이라고 밝힌다면 누가 믿어줄 것인가? 예수의 경우 역시 마찬가지였을 것이다.

민중들이 예수를 죽인 데에는 어떠한 이유가 있을 것이다. 성경만을 놓고 판단하기는 쉽지 않다. 가정을 세워 보면

1. 예수는 현자였는데 유대인들이 부당하게 죽였다.

2. 예수의 행동이 사악해서 유대인들은 예수를 미워했다.

로 요약할 수 있겠다. 두 가정 다 가능성이 있다. 현자를 부당하게 미워

하는 사람들 역시 존재하기 때문이다.

하지만 선지자들을 존경하는 유대인들이 예수가 기적을 일으킨 현자라면 부당히 미워할 이유가 없었을 것이다. 유대인들은 예수를 '사기꾼'이라고 생각했고 그들의 생각에는 나름의 이유가 있을 것이다. 그리고 예수가 로마 제국으로부터 사형 판결을 당한 것은 단지 종교적인 죄만은 아니었다. 로마는 유대 종교를 존중하는 편이었고, 종교 문제에 개입하기 싫어했다. 예수를 로마의 본디오 빌라도란 총독이 종교적 문제로 사형시켰던 것이 아니었음은 분명하다. 왜냐하면 십자가형은 당시에는 반역자나 반항하는 노예에게 내리는 형벌이었지 종교적 문제로 내리는 형벌이 아니었기 때문이다. 예수란 존재가 로마의 법률에 위배되었기에 십자가라는 당대의 가장 끔찍한 형벌을 받게 한 것이 아니었을까 추측해 본다.

현대인들은 성경에 익숙해져 있다. 그래서 '바리새인'들은 위선자이고 '예수'는 그리스도라는 공식이 주입되어 있다. 하지만 우리가 인식하는 선악관이 정말 진실인지는 고찰해 볼 문제로 보인다. 예수는 공개적으로 바리새인들을 질타했는데, 그 부분에 있어서 아쉬운 점이 없지 않다. 오히려 하나님의 입장에서 바리새인들을 포용해 주고 그들을 계도해 주었으면 예수란 인물 자체도 더욱 더 넓어 보였을 것으로 생각한다. 예수가 '악마의 자식', '독사의 새끼'라는 입에 담기 힘든 거친 표현으로 바리새인들을 몰아붙여야만 했는지 필자는 이해가 되지 않는다. 그리고 그런 저급한 표현을 쓰는 것으로 보아 예수 자체를 현자라고 생각하고 싶지도 않다.

예수의 제자들이 기술한 성경은 객관적이지 못한 것 같다. 유대인 측의 기술을 읽어 보는 것이 상황을 판단하는 데에 도움이 될 것이라고 본다.

유대인들은 현재도 예수를 믿지 않는다(물론 소수의 유대인이 기독교를 믿고, 이들은 메시아닉 쥬라고 불린다). 유대인들은 예수가 사기꾼이었고 범죄자였다고 인식한다. 그들의 예수에 대한 사상은 어떻게 생겨난 것일까? 유대인들은 누구보다도 예수를 가장 가까이서 본 사람들이었다. 그들이 그런 말을 하는 것을 그냥 흘려들을 수는 없을 것이다.

성경에는 유대인들이 예수의 부활을 감춘 것이라고 기록되어 있다. 하지만 이 성경 구절은 납득하기 어렵다. 왜냐하면 죽은 사람이 정말로 부활했다면 유대인들은 자신들의 생각을 꺾고 예수를 믿게 되었을 것이다. 그들은 하나님을 공경하는 사람들로 그런 기적에 대해 숭상하는 마음을 가진 사람들이었다(구약 성서의 선지자들의 기적을 보라). 그런데 유대인들이 예수의 부활을 의도적으로 감추었다고 서술한 성경 자체를 믿기가 어렵다. 유대인들이 굳이 예수의 부활을 감출 이유가 있었을까? 오히려 예수의 제자들이 부활을 꾸며내고 유대인들을 악역으로 묘사한 것이 아니었을까?

성경의 기록을 살펴본다.

(마태복음 28:11~14)

여자들이 갈 때 경비병 중 몇이 성에 들어가 모든 된 일(부활)을 대제사장들에게 알리니 그들이 장로들과 함께 모여 의논하고 군인들에게 돈을 많이 주며

이르되 너희는 말하기를 그의 제자들이 밤에 와서 우리가 잘 때에 그를 도둑질하여 갔다 하라

만일 이 말이 총독에게 들리면 우리가 권하여 너희로 근심하지 않게 하리라 하니

유대인들이 예수가 부활한 상황을 알고서도 돈으로 매수해서 제자들이 도둑질해 갔다고 소문을 퍼트리게 시키는 대목이다. 하지만 유대인의 부활을 감추려는 유언비어는 실제로 일어나지 않았을 가능성이 높다. 오히려 성경의 부활 내용보다 제자들이 시체를 도둑질해 갔다는 유대인의 말이

더욱 신빙성 있게 들린다. 왜냐하면 첫째로, 예수의 시체는 경비병이 지켰다고 하는데 죽은 사람의 시체를 지키는 바보 같은 사람은 없었을 것이기 때문이다. 또 로마와 유대인들의 목적은 예수의 죽음으로써 달성되었기 때문이다. 성경에서 본디오 빌라도가 예수의 시체를 아리마대 요셉이란 사람에게 그대로 전달해 준 것을 보면 로마인이나 유대인들이 죽은 예수가 두려워서 시체를 지켰을 것 같지는 않다. 두 번째로 만일 예수가 실제로 부활했다면 유대인들은 그것을 인정하지 않을 수 없다. 하나님을 두려워하는 유대인들이 하나님이 행한 기적을 보게 되면 당연히 믿었을 것이다. 하지만 유대인들은 옛날도 지금도 예수를 사기꾼 취급한다. 예언자를 받아들이는 유대인들이 유독 예수에게만 비판적인 것은 무엇일까? 그들은 예수에 대해 잘 알고 있기 때문에 그런 것은 아닐까?

필자는 성경을 그대로 받아들이는 시각에 의문을 제시한다. 예수의 제자들이 쓴 성경 자체를 진실이라고 생각하는 것은 누군가의 생각을 무비판적으로 흡수하는 주입 외에는 아무것도 아니다. 아울러 성경이 논리적인 글이거나 사실을 기록한 글도 아니기 때문이다. 성경에서 예수는 일종의 주인공이었고 신격화되고 추앙된 묘사로 떠받들어진 인물이었다. 하지만 실제로 예수가 그런 인물이었는지는 비판적으로 생각해야 될 대목이라고 생각한다. 유대인들이 예수에 대해 자세히 기록했다면 조금 더 객관적인 자료를 찾을 수 있었을 것이다. 여기서 유대인의 탈무드에 예수에 대한 기록을 살펴본다. 매우 짧은 이 기록은 예수를 매우 부정적으로 보고 있다.

그(Jesus the Nazarene)와 그의 제자들은 마법과 흑마술을 사용하여 유대인들이 우상을 숭배하도록 미혹했으며 유대민족의 종교를 전복시키려는 이방 민족 열국의 사주를 받은 자였다.(Sanhedrin, 43a)

그는 기적을 행하기 위해 이집트에서 배운 마법을 사용했으며 이 과정에서 그는 토라에서 엄격하게 금지하는, 자신의 살갗을 자르는 행위를 저질렀다.(Shabbos, 104b)

그는 성적性的으로 문란했으며 돌로 만든 우상을 숭배했다. 그는 그의 사악함으로 인하여 이스라엘 민족으로부터 쫓겨났으면서도 자신의 죄를 뉘우치지 않았다.(Sanhedrin, 107b; Sotah, 47a)

유월절 전날 밤, 예수는 사형에 처해졌으니…… 당신은 그가 변호할 가치가 있는 자였다고 생각하오? 그는 민중을 미혹하는 자가 아니었나이까?(Sanhedrin, 43a)

(유대인 탈무드)

이 유대인 탈무드의 기록은 당시의 유대인들이 예수를 어떻게 보았는지를 보여 준다. 그들은 예수의 기적을 악마의 '흑마술'로 보고, 율법을 위배한 자이자 성적으로 문란한 자와 사악한 자로 묘사하고 있다. 우리가 읽었던 성경에서 예수에 대한 찬양 일색의 평가와 대조적이라는 점을 알 수 있을 것이다. 예수가 어떤 인물이었는지는 현실로 만나 보지 않는 이상 기록을 객관적으로 분석하여 평가해야 할 것이니 이 부분에 대해서는 말을 아끼도록 하겠다. 물론 필자는 성경이나 유대인의 기록 자체를 무비판적으로 신뢰하는 것은 아니다. 독자들이 예수에 대한 다른 기록도 살펴봄으로써 객관성을 유지할 수 있기를 바라는 마음에서 다소 부정적인 유대인의 탈무드까지 인용해 보았다. 법정에서 한 진술만 듣고 판단을 내린다면 그 의견에 치우칠 수 있을 것이다. 독자들이 기독교의 진실에 대한 재판장으로서 예수에 대한 찬반론을 모두 듣고 판단할 수 있기를 바란다.

예수에 대한 기록은 기독교 측에 무척 많은데, 기독교의 문서는 왜곡되고 편향된 부분이 많다. 인간인 예수에 대한 무분별한 찬양 행위, 갖은 미사여구는 예수란 인물에 대한 본질을 흐릴 수 있는 중요한 가림막이다. 필자는 예수가 인간이라고 생각하기에 그를 신으로 모시는 기독교 측의 행위에 동의하지 않는다. 아울러 기독교 문서는 논리적으로 사실이 아닌 것을 사실처럼 기록한 문서가 많다.

예를 들어 기독교 문서 중에 '빌라도의 보고서'라는 문서가 있다. 이 문서는 예수를 사형시켰다는 본디오 빌라도가 시저에게 보낸 보고서 형식으로 되어 있다. 그런데 이 글은 문서 위조일 확률이 높다. 왜냐하면 빌라도가 성경 복음서 내용을 거의 그대로 인용하면서 예수를 신격화시키고 있으며 상황 구성이 맞지 않고 계속해서 예수를 찬양하고 있기 때문이다. 예수를 사형시킨 본디오 빌라도가 미치지 않은 이상 시저에게 예수를 찬양하지는 않을 것이다.

또한, 빌라도 보고서 내용은 성경의 복음서를 보고 기록되었다는 확실한 증거가 있다. 성경 속 예수의 기적을 그대로 묘사하고 성경 속 예수가 한 말을 빌라도가 지나가다 들었다는 어색한 상황 구성으로 각색하고 있기 때문이다. 아마 예수를 믿는 기독교인이 상상력으로 써낸 문서였을 것이다. 소설이라고 밝히고 그런 문서를 쓴다면 문제가 없을 텐데, 빌라도의 공문서 형식으로 작성했으니 현대로 치면 엄연히 '공문서 위조죄'이다. 아울러 금전적 이익을 탐하고 작성되었다면 '사기죄'까지 포함된다.

이렇듯 예수에 대한 기독교 측의 기록은 편향되고 위조된 기록이 많다. 유대인의 탈무드의 예수에 대한 기록 역시 그냥 무시해 버릴 수 없다. 필자가 기독교 측의 문서인 성경을 읽으면서 느낀 것은 미화된 성경에서조차 예수에게 하자가 있었다는 점이다. 예수를 주인공으로 한 책에 예수에 대한 하자가 있다면 실제 예수에게는 더욱 더 하자가 있었을 것이다.

(누가복음 12:51)

너희는 내가 세상에 평화를 주러 왔다고 생각하느냐? 아니다. 내가 너희에게 말하지만 오히려 분쟁을 일으키려고 왔다 – 예수

예수가 한 이 말을 분석해 보아도 도저히 이해할 수 없는 '악惡'이 도사리고 있다. 평화가 아닌 분쟁을 주러 왔다는 것은 자기 자신이 악惡이라는 것을 밝히는 것인가? 아니면 나는 신이기에 내 권위에 순종해서 분쟁하라는 고압적인 명령인가? 예수가 한 이 말은 문자를 고치지 않는 이상 악惡을 제거할 수가 없다. 예수가 저런 말을 한 것이 사실이라면 그는 평화보다 분열을 원했던 사악한 지도자가 되고 만다.

이상 성경의 '악역 효과'로 만들어진 바리새인과 예수의 관계 그리고 유대인들이 예수를 보는 시각에 대해 분석해 보았다. 필자는 예수를 무비판적으로 하나님으로 보는 기독교의 시각에 반론을 제시했고 충분한 근거를 달았다. 예수에 대한 종합적인 결론은 이 책을 읽는 독자들의 몫이다.

구약 성경을 증거로 사용한 신약 성경

예수가 메시아라는 가장 강력한 증거는 바로 구약 성서였다. 신약 성경에 의하면 초대 기독교 교부들은 예수를 구약 성서에 기록된 메시아라고

주장했다. 당시 구약 성서는 매우 성스러운 책으로 여겨지고 있었고 여러 사람들이 그들의 말을 믿었다.

하지만 이 구약 성서 예언을 자세히 분석해 보자. 그리고 구약 성서가 정말로 예수를 예언한 것인지 아니면 신약 성서 저자들이 상황이 맞지 않는 내용을 예수에 억지로 대입했는지 여부를 판단해 보도록 하자.

(마태복음 2:15)

헤롯이 죽기까지 거기 있었으니 이는 주께서 선지자를 통하여 말씀하신 바 이집트로부터 내 아들을 불렀다 함을 이루려 하심이라

성경은 예수가 어렸을 때 헤롯왕을 피해 이집트에 내려가서 살았다는 이야기를 기록하며 그 일이 마치 구약 성서에서 예언되어 있는 일인 것처럼 묘사하고 있다. 위의 구절은 이집트에서 나온 아기 예수를 예언했다고 신약 성서에 인용된 구약 성서 구절이다. 하지만 당시의 기록을 담은 요세푸스의 역사서에는 아기 예수가 도피한 이유인, 헤롯왕이 메시아를 죽이기 위해 자행했다는 아기 학살에 대한 기록이 없다. 상식적으로 어떤 왕이 미치지 않고서야 메시아가 나온다는 소문에 휘둘려 아기들을 학살할 수 있겠는가? 아마 신약 성경 저자가 예수의 신격화를 위해 꾸며낸 일종의 에피소드일 것이다. 신약 성경 저자들은 구약 성경 모세의 어린 시절과 비슷하게 예수를 만들었다. 모세도 히브리인들 학살에서 살아남은 것처럼 예수 역시 그러한 비범한 출생을 그리고 싶었나 보다. 예수는 헤롯의 박해를 피해서 이집트로 갔다고 하는데 근거가 박약하고 성경 문서 간에도 서로 일치하지 않는다. 누가복음에는 예수가 곧바로 나사렛으로 돌아갔다고 기록되어 있기 때문에 성경 속에서도 아기 예수의 족적은 의문

과 불일치만을 보여 준다.

또한, 위에서 신약 성경 저자가 인용한 '이집트로부터 내 아들을 불러내었다.'라는 구약 성서 구절은 여호와가 이스라엘을 이집트로부터 해방시키기 위해 했던 출애굽 사건을 가리키는 것이지, 예수가 헤롯의 박해를 피해 이집트로 내려갔다는 이야기를 뒷받침하는 구절이 아님이 분명하다. 귀에 걸면 귀걸이 코에 걸면 코걸이가 되는 것이 예언서의 문서이다. 신약 성서 저자들이 구약 성서의 문서를 자기들의 입맛에 맞게 적용했을 가능성이 있다. 이집트에서 나온 것은 이스라엘을 가리키는 것이 구약 성경의 문맥상 명백하지 아기 예수가 이집트로 도망갈 것을 예언해서 기록한 것은 아니라고 보인다.

만일 예수의 이집트 피신을 예언하려고 했다면 메시아에 대한 언급이 들어가야 했을 텐데, 신약 성서 저자들은 아무 상관없는 이스라엘 이야기를 예수에 대한 예언인 것처럼 묘사했다. 누구도 저 구절을 보고 메시아가 이집트로 내려갈 것이라는 것을 예측할 수는 없을 것이다. 그럼 그것은 당연히 예언이 될 수 없는 문장이다. 예언이란 것은 미래를 정확히 예측해야만 하기 때문이다.

다른 예를 살펴봄으로써 예언의 허구성을 입증한다.

(이사야서 9:1~2)

스불론 땅과 납달리 땅과 요단 강 저편 해변 길과 이방의 갈릴리여

흑암에 앉은 백성이 큰 빛을 보았고 사망의 땅과 그늘에 앉은 자들에게 빛이 비치었도다 하였느니라

신약 성경 저자들은 예수가 활동한 갈릴리 지방에 대한 이 예언 구절을 인용하며 예수가 메시아임을 입증하려 했다. 하지만 필자가 찾아본 바로는 유대인의 구약 성경에 빛을 보았다는(빛은 예수라고 해석된다) '갈릴리 지방'이 언급이 안 된 문서가 있었다. 즉 저 '갈릴리 지방'이란 문구는 예수를 메시아로 만들기 위해 후대에 추가된 구절일 수 있다는 것이다. 개신교 성경에서는 갈릴리 부분이 모두 기록되어 있지만, 갈릴리 지방이 언급되지 않은 유대인의 성경은 혹 성경에 문서 변조가 있었는지를 의심스럽게 한다. 갈릴리 지방이 왜 중요하냐면 예수가 활동했던 장소이기 때문이다. 기독교 측의 구약 성서에는 갈릴리 지방의 사람들이 빛을 보았다는 구절이 있는데, 이것은 예수의 활동에 대한 예언으로 간주되기 때문이다.

하지만 천주교에서 번역한 성경에는 이사야서 9장 1절에 갈릴리 지방에 대한 언급이 없다. 기독교인들이 예언을 만들기 위해 이사야서에 추가했거나 아니면 유대인들이 의도적으로 삭제했을 것이나 둘 중 하나이다.

그렇지만 유대인들이 갈릴리 지방을 삭제했다기보다는 기독교인들이 추가적으로 예언을 만들기 위해 삽입했을 가능성이 높아 보인다. 천주교에서 쓰는 최고最古의 성경인 불가타 번역본에는 갈릴리 지방이 언급되어 있지 않다. 위의 구절과 비교하여 보라.

(가톨릭 성경(이사야서 9:1))
어둠 속을 헤매는 백성이 큰 빛을 볼 것입니다. 캄캄한 땅에 사는 사람들에게 빛이 비쳐 올 것입니다.

이렇듯 천주교의 성경에는 예수가 활동한 갈릴리 지역을 언급하지 않고 있다. 예수를 믿는 천주교도가 저 중요한 구절을 일부러 빼 먹고 번역하지 않았을 리 만무하다. 즉 원래 히브리어로 된 구약 성경에는 이사야서 9장 1절에 갈릴리 지방이 언급되어 있지 않았을 것이다. 그렇기에 번역 과정에서 천주교는 기록하지 않은 것 같다.

그렇게 되면 신약 성경 저자들은 예수를 메시아로 만들기 위해 자신들의 성경을 변조했다는 의혹을 받을 수 있다. 필자는 신약 성경 저자들이 구약 성서에 첨삭했다고 생각한다.

다음의 예언은 그럴듯하다. 기독교인들은 이사야서 53장이 예수를 예언했다고 생각한다. 선입관 없이 읽어 보고 이 구절을 통해 예수를 추론할 수 있는지를 판단해 보라.

(이사야 53장 (공동 번역-대한성서공회))

그러니 우리에게 들려주신 이 소식을 누가 곧이들으랴? 야훼께서 팔을 휘둘러 이루신 일을 누가 깨달으랴?

그는 메마른 땅에 뿌리를 박고 가까스로 돋아난 햇순이라고나 할까? 늠름한 풍채도, 멋진 모습도 그에게는 없었다. 눈길을 끌 만한 볼품도 없었다.

사람들에게 멸시를 당하고 퇴박을 맞았다. 그는 고통을 겪고 병고를 아는 사람, 사람들이 얼굴을 가리고 피해 갈 만큼 멸시만 당하였으므로 우리도 덩달아 그를 업신여겼다.

그런데 실상 그는 우리가 앓을 병을 앓아 주었으며, 우리가 받을 고통을 겪어 주었구나. 우리는 그가 천벌을 받은 줄로만 알았고 하느님께 매를 맞아 학대받는 줄로만 여겼다.

그를 찌른 것은 우리의 반역죄요, 그를 으스러뜨린 것은 우리의 악행이었다. 그 몸에 채찍을 맞음으로 우리를 성하게 해 주었고 그 몸에 상처를 입음으로 우리의 병을 고쳐 주었구나.

우리 모두 양처럼 길을 잃고 헤매며 제멋대로들 놀아났지만, 야훼께서 우리 모두의 죄악을 그에게 지우셨구나.
그는 온갖 굴욕을 받으면서도 입 한번 열지 않고 참았다. 도살장으로 끌려가는 어린 양처럼 가만히 서서 털을 깎이는 어미 양처럼 결코 입을 열지 않았다.
그가 억울한 재판을 받고 처형당하는데 그 신세를 걱정해 주는 자가 어디 있었느냐? 그렇다, 그는 인간 사회에서 끊기었다. 우리의 반역죄를 쓰고 사형을 당하였다.
폭행을 저지른 일도 없었고 입에 거짓을 담은 적도 없었지만 그는 죄인들과 함께 처형당하고, 불의한 자들과 함께 묻혔다.
야훼께서 그를 때리고 찌르신 것은 뜻이 있어 하신 일이었다. 그 뜻을 따라 그는 자기의 생명을 속죄의 제물로 내놓았다. 그리하여 그는 후손을 보며 오래오래 살리라. 그의 손에서 야훼의 뜻이 이루어지리라.
그 극심하던 고통이 말끔히 가시고 떠오르는 빛을 보리라. 나의 종은 많은 사람의 죄악을 스스로 짊어짐으로써 그들이 떳떳한 시민으로 살게 될 줄을 알고 마음 흐뭇해하리라.
나는 그로 하여금 민중을 자기 백성으로 삼고 대중을 전리품처럼 차지하게 하리라. 이는 그가 자기 목숨을 내던져 죽었기 때문이다. 반역자의 하나처럼 그 속에 끼여 많은 사람의 죄를 짊어지고 그 반역자들을 용서해 달라고 기도했기 때문이다.

어떻게 느꼈는가? 이 구절이 예수에 대한 예언 같은가? 이 이사야서 53장은 필자를 가장 곤혹스럽게 하는 부분이다. 성경은 거짓에 대한 서술이 주를 이루는데 이 예언은 예수와 무척 비슷하기 때문이다. 이사야서 53장의 주인공은 실제로 신약 성서에 기록된 예수의 죽음과 매우 흡사하다. 이사야서 53장은 예수가 태어나기 몇백 년 전에 쓰여졌다. 이 예언은 훗날에 조작되지 않았음은 분명하다. 이 구절이 정말로 예수에 대해 예언한 것이라면 성경이 미래를 예측했다고도 볼 수 있을 것이다.

신약 성경에서 예수는 자신의 죽음을 예측했다던데, 이사야서 53장을 보고 그런 것이었을까? 아니면 사람은 자신의 미래를 예측할 수 없는 평범한 진리가 맞는 것이고 이사야서 53장은 신약 성경 저자들이 예수를 메시아로 위조하면서 사용했던 논거였을까? 진실은 어디에 있는 것일까?

예언은 이성적인 사람들을 속일 수 있는 효과적인 수단이다. 이전에 기록된 일이 실제로 이루어진 것을 보면 사람들은 속기 쉬운 것이다. 하지만 성경을 살펴보면 예언에 함정이 있다. 즉 서술시점에 따른 사기수법인데 예컨대 한국에서는 1995년도 삼풍백화점 붕괴사고가 일어났다. 그런데 2014년에 삼풍백화점 붕괴사고를 서술하면서 발행연도는 1800년대로 서술한다. 그러면 사람들은 1800년도에 쓴 글이 1995년도 사건을 예측했다며 예언이라고 속을 수 있을 것이다.

그리고 두 번째로는 예언의 인위적 성취이다. 노스트라다무스가 예언한 한 문서가 있다고 하자. 그곳에 적혀 있는 애매모호한 표현을 실제사건에서 일어난 것처럼 꾸민 후에 예언이 맞았다고 주장하는 것이다. 즉 이사야서 53장을 주장하는 신약성경은 그런류의 설명이다. 즉 신약성경 저자들은 구약성경에 예수가 기록되어 있다고 생각했고 신약성경 저술에 구약성경을 적극 활용했다.

하지만 냉철하게 분석해보면 예수는 예언되어 있지 않았다. 그 수많은 구약의 구절 중에서 예수에 대한 예언은 애써 찾아봐도 찾기 어렵다. 메시아에 대한 예언은 한국의 정감록이나 불교의 미륵불과 비슷한 유대인의 미신이었다.

유대인들의 메시아 사상은 매우 추상적이고 비현실적이다. 즉 다윗왕의 후손에서 메시아가 나타나서 세계를 지배할 것이라는 것이 성경에 기록된 메시아 사상이었다. 즉 유대민족주의와 결부되어 있는 사상인 것이다.

메시아 사상이 얼마나 부정확했냐면 수많은 '자칭 메시아'가 나타난 것만 봐도 분명해진다. 이들은 잠시 있다 사라졌지만 예수처럼 많은 사람들을 미혹한 경우는 드물다.

신약성경에서는 예수가 스스로 메시아임을 자칭하는 구절이 있다. 그리고 제자들은 예수를 메시아로 여겼다. 예수가 죽은 후 구약성경을 통해 논리를 만들려던 예수의 제자들은 이사야서 53장을 찾아냈다. 그리고 예수를 이사야서 53장의 인물로 묘사했다.

즉 예수가 사형당한 것을 이사야서 53장에 기록된 속죄제사로 미화한 것이다. 이것은 정말로 교묘한 이론이다. 지성인들도 속을 수 있게 만든 것이다. 신약성경에서 예수는 이사야서 53장을 성취하는 듯 보인다. 하지만 제자들은 예수를 기록할 때 이미 이사야서 53장을 알고 있었고 그에 맞추어 서술한 것이다. 즉 위에서 말한 예언의 인위적 성취를 신약성경 저자들은 실현한 것이다. 그렇기에 신약성경 4복음서는 매우 부정확하면서도 가증스럽게도 일치하는 부분이 있는데 그것은 십자가 사건의 미화이다. 예수가 군병들에게 희롱당한 것을 기술한 것(상당히 수치스러운 일인데도 기록한 점은 예언서 때문이다. 탈무드에 나온 예수의 성적 문란 등등은 성경은 기록하지 않았다), 그리고 예수가 죽기 직전에 자신의 죽음을 예측하고 기도했다는 허구의 일을 서술한 것(심지어 요한복음 18:6절에는 예수를 잡으러 온 사람들이 예수가 말하자 기적으로 엎드러지게 된다는 허황된 진술도 있다. 그리고 예수가 자신을 잡으러 온 군병의 귀를 고쳐주었다는 말도 안 되는 서술도 보인다) 등을 통해 예수가 이사야서 53장의 인물처럼 보이도록 그리고 예언이 성취된 것 처럼 보이게 꾸민 것 이다. 신약성경 저자들은 예수의 언행에 구약의 메시아의 언행을 넣었고 사람들은 구약성경의 권위와 그를 이용한 교묘한 수법에 속아버리는 것이다.

초대 기독교가 많은 사람을 미혹할 수 있었던 이유는 바로 '예언'이었다. 구약성경에 적힌 구절이 실제로 일어났다고 사람들에게 말을 하면서 믿게 유도했다는 것이다. 하지만 지성인이라면 예수의 '부활'이 거짓이라는 것을 인식할 수 있을 것이다. 신약성경에서는 곳곳에서 구약의 예언을 성취했다고 성도들에게 가르치는 부분을 살펴볼 수 있다.(고린도전서 15:3)

하지만 구약성경의 예언은 비현실적이고 의미 없는 거짓이고 거짓을 전제로 사실처럼 만든 예수의 신화 역시도 문자 그대로 '신화'에 지나지 않는 것이다.

예언이 오류라는 논거를 위해서 예수에 대한 예언 중 의심스러운 점을 몇 가지 더 지적한다.

당시 유대인들은 메시아가 다윗이 살던 마을 '베들레헴'에서 태어날 것이라고 생각했다. 구약 성서에 그렇게 기록이 되어 있기 때문이었다. 하지만 예수는 나사렛 지방 출신이었다. 그렇기에 유대인들은 예수를 믿지 않았다. 신약 성경 저자들은 시저의 호구 조사 사건을 기록하여 예수가 호구조사를 위해 나사렛에서 베들레헴으로 갔고 베들레헴 마구간에서 출생했다고 기록해 놓았다.

예수가 어디서 태어났는지를 입증하는 것은 현재로서는 성경 외에 신빙성 있는 기록이 없으니 알기 어렵다. 그리고 성경의 기록을 곧이곧대로 믿기에는 불일치와 각색이 너무 심하다. 예수 탄생 장소를 알고 있는 사람이 있다면 예수의 부모인 마리아나 요셉 정도였을 것이다.

성경의 누가복음서에 나오는 호구 조사 사건을 통해 예수가 베들레헴에 내려갔다는 진술은 무척이나 어색하다. 즉, 예수가 태어날 때쯤에 시저가 호구 조사 명령을 내렸고 다윗의 후손인 요셉(예수의 명목상 아버지)이 베들레헴으로 내려갔다는 이야기이다. 그런데 일개 목수였던 요셉을 다윗의 자손으로 만들어서 베들레헴으로 가서 호구 조사를 한다는 스토리 전개가 무척이나 꾸며졌다는 의심이 들게 한다.

그리고 호구 조사 사건은 누가복음서에만 나온다. 또한, 예수의 탄생을 기록한 누가복음과 마태복음이 서로 일치하지 않는다. 누가복음에는 예수가 베들레헴에서 태어나 그대로 나사렛으로 돌아갔다고 기록되어 있지만, 마태복음에는 베들레헴에서 태어나 헤롯의 박해를 피해 이집트로 갔다고 기록되어 있다. 그렇기에 성경에서 예수에 대한 탄생 기록은 믿을 수 없는 설화적 요소가 분명히 있다는 것이다. 고로 메시아의 베들레헴 탄생 예언의 성취가 예수를 통해 이루어졌다는 기독교 측의 주장은 조작의 의심에서 결코 자유로울 수 없다.

조작에 대한 근거는 일치하지 않는 예수 탄생 설화, 어색한 호구 조사, 목수 요셉이 다윗의 후예인지에 대한 의심 등이다. 예수가 정말로 메시아여서 필연으로 베들레헴으로 가게 되었고, 그곳에서 태어났다고 믿는 것은 자유이다. 하지만 성경은 진실을 가르쳐 주지 못하는데, 그 이유는 그 후의 예수의 행적이 성경에서도 명백히 불일치하기 때문이다. 즉, 메시아 탄생에 대한 이야기는 '베들레헴' 예언의 성취라는 부분에서 신약 성경 저자들은 일치하지만, 그 뒤의 내용은 제각각이니 과연 이들의 진술을 사실이라고 믿을 수 있겠는가? 구약 성서를 인용한 부분만을 일치시켜 사실처럼 서술하고 그 뒤에는 각자의 상상으로 꾸며 쓴 것이 아니었을까?

또 신약 저자들이 인용한 다른 예언들을 분석해 보자. 성경에서는 유대인의 지도자인 헤롯이 메시아가 나올 것을 두려워해서 아기들을 죽였다고 한다. 예수는 부모의 꿈에 천사의 계시를 받아 이를 미리 알 수 있었고 피할 수 있었다는 판타지적 진술이다. 신약 성서 저자들은 구약 성서를 인용하여 그 일이 마치 예언된 것인 것처럼 느끼게 한다. 성경을 살펴보자.

(마태복음 2:16~18)

이에 헤롯이 박사들에게 속은 줄 알고 심히 노하여 사람을 보내어 베들레헴과 그 모든 지경 안에 있는 사내아이를 박사들에게 자세히 알아본 그 때를 기준하여 두 살부터 그 아래로 다 죽이니

이에 선지자 예레미야를 통하여 말씀하신 바

'라마에서 슬퍼하며 크게 통곡하는 소리가 들리니 라헬이 그 자식을 위하여 애곡하는 것이라 그가 자식이 없으므로 위로 받기를 거절하였도다 함이 이루어졌느니라'(이 부분이 구약 성서에서 예언되었다는 구절이다)

그런데 아기 학살이 예언되었다던 구약 성서의 예레미야 구절을 살펴보면 결코 아기 학살에 대한 라헬(이스라엘의 어머니)의 울음이 아니었다는 것을 추론할 수 있다. 이스라엘이 이방 민족의 포로가 되어서 슬퍼하는 라헬을 묘사하고 있지 예수로 인한 아기 학살을 찾을 어떤 근거도 없다. 즉, 신약 성경 저자들이 확실한 근거도 없이 구약 성서를 인용했다는 것을 입증시켜 주는 대목이라고 할 수 있을 것이다.

이렇게 구약을 인용한 예언이 불확실한 억측이라면 나머지 부분도 거짓이 될 개연성이 매우 높아진다. 비록 이사야서 53장이 예수의 모습을 예언한 듯 보이지만 그 외의 다른 예언에서는 억지스러운 조작의 흔적이 너무도 역력하다는 것이다. 그렇기에 구약의 예언을 근거로 예수를 메시아로 입증

하는 기독교의 주장에 곧이곧대로 동의할 수 없는 것이다.

예수의 신성에 대한 의문과 삼위일체설

기독교에서 예수란 인간은 신으로 추앙된다. 즉 신은 한 분이신데 성부와 성자(예수) 성령의 세 위격으로 나누어 존재하고 계시다는 것이 기독교의 삼위일체론이다. 예수의 신성에 대해서 기독교내에서도 찬반논쟁이 있었다. 결국 예수의 신성을 인정하는 쪽으로 교리가 채택 됐고 반대파는 이단으로 몰려 제거 당했다.(신학적 의견이 다르다고 제거하는 기독교인 내부의 분쟁을 보라. 그들이 서로 '사랑'하는가?)

예수가 신이었는지 여부에 대해 기독교의 주장에 몇 가지 반론을 제시해본다.

먼저 예수는 인간이었다. 신과 인간은 다르다. 신은 창조주 즉 피조물을 만든 존재로 정의된다. 인간이란 창조주가 될 수 없는 피조물이다. 이 두 가지 개념은 반드시 구분해야 된다. 예수는 의심할 여지없이 인간이었다. 신격화된 성경의 내용처럼 기적을 행했다고 해도 설령 죽었다가 살아났다고 해도 결국 인간은 인간인 셈이다.

성경 요한복음에서는 예수가 신으로서 태초에 존재했다고 한다. 하지만 이 말은 믿을 수 없는 거짓말이다. 왜냐하면 기독교인의 주장을 받아들이면 신약성경과 구약성경이 명백히 모순되기 때문이다. 기독교는 구약성경을 진리라고 주장하면서 구약성경에 반대되는 진술을 하고 있으니 성립할 수 없는 명백한 거짓이 되는 것이다.

왜 그런지 설명을 하겠다. 성경 구약성서에는 유대인의 신은 한 분이라고 나와 있다. 그리고 기독교인들은 그 '한 명'의 신이 성부(여호와)와 예수 성령이라고 주장한다. 신이 한 명이라면 여호와와 예수 성령 세 명이 될 수 없다. 성경을 살펴보자.

(신명기 6:4)

이스라엘아 들으라 우리 하나님 여호와는 오직 하나인 여호와시니

구약성서에서는 여호와를 설명하면서 '하나'란 표현을 쓴다.

그런데 신약성경 요한복음은 유대인의 신을 언급하면서 예수가 이 한 명인 유대신과 같이 있었고 한 명인 유대신 이었다는 모순된 주장을 한다. 세상에 하나뿐인 신과 같이 존재하는 다른 하나의 신이라는 개념은 필연적으로 주장 자체에 오류를 포함하고 있다. 기독교인들은 신이 하나이면서 여호와와 예수가 동시에 신이라고 주장해서는 안 된다는 것이다. 왜냐하면 이 두 주장을 동시에 참이라고 하는 것은 명백한 거짓이기 때문이다. 즉 신이 한 분이 아니거나 예수는 신이 아니라는 둘 중 하나의 결론으로 귀착 되어야만 명제가 성립할 수 있는 것이다. 즉 구약성경과 신약성경을 모두 받아들이는 사람은 필연적으로 이 오류에 봉착하게 되는 것이다. 필자가 하고 싶은 말은 구약성경이 진리라면 신약성경은 진리가 될 수 없고 그 역(신약성경이 참이면 구약성경은 거짓이 된다)도 마찬가지라는 점이다. 왜 그런지를 살펴보자.

먼저 기독교의 주장을 정리해본다.

1. 신은 한 분 여호와이다.

2. 예수는 신이다.

3. 신은 한 분인데 세 분(위격)으로 존재한다.

이것이 기독교의 논리이다. 하지만 이 논리는 명백한 오류이다. 왜냐하면 신이 한 명인데 세 위격으로 존재한다는 것은 교묘한 말장난이지 진실은 세 명이라는 것이기 때문이다. 3과 1이 다르다는 것은 기독교인들도 알고 있는 진리일 것이다. 성경을 살펴봄으로써 초반부터 시작되는 예수 신성의 허구를 밝혀본다.

(요한복음 1:1)
태초에 말씀이 계시니라 이 말씀이 하나님과 함께 계셨으니 이 말씀은 곧 하나님이시니라

요한복음 1:1절은 논리상 명백히 틀린 진술이다. 예를 들어보자. 태초에 하나뿐인 1(여호와)이 있었다. 하나뿐인 1(여호와)은 2(예수)와 함께 있었다. 2(예수)는 1(여호와)이었다. 이 말이 요한복음 1장 1절을 변형시킨 말이다. 2와 1을 개념적으로 '분리'해놓고 1은 하나뿐이라고 전제하고는 2는 곧 1이라고 한다. 즉 성경은 논리법칙상 성립될 수 없는 오류적 개념을 사용한 것이다.

1이 한 명이라면 2는 1이 될 수 없다. 1이 한명이 아니라면 이미 1이 아니다. 그렇기에 구약성경에서 여호와는 하나라는 주장과 신약에서 예수는 유대신이다 라는 주장은 양립 불가능한 진술이 되고 마는 것이다. 기독교도들은 구약성경을 부정하거나 신약성경을 부정해야만 논리적으로 옳은 주장을 할 수 있을 것이다. 구약성경과 신약성경은 명백히 배치되기에 둘 다 진리라고 주장하는 기독교인들은 '삼위일체론'이라는 개념으로 합리화시켰던 것이다.

구약성경을 보면 신약성경 요한복음 1:1절과 명백히 다르다는 것을 누구나 느낄 수 있다.

(욥기 9:8)

그가 홀로 하늘을 펴시며 바다 물결을 밟으시며

유대인들은 여호와가 한명이라고 생각했다.(물론 창세기에 유대신이 '우리'라는 표현을 사용해서 혼란을 주고 있기는 하지만, 그것은 기독교인들이 풀어야할 성경의 내부적 오류이고 전통적으로 유대인들은 유일신 사상을 가지고 있었다) '홀로'라는 개념을 쓴 것은 여호와를 지칭하는 것이다. 구약성서 욥기 9:8절은 요한복음에서처럼 '예수와 같이' 세상을 만든 것이 아니라고 기술되어 있다.

그리고 기독교도들은 인간인 예수가 세상을 만들었다고 한다. 이는 명백히 틀린 개념이 아닌가? 어떻게 인간인 예수를 신이라고 부를 수 있을 것인가? 예수가 바다 위를 걸었다고 신이라고 생각하는가? 바다 위를 걸으면 누구나 신이 되는가? 신이 인간의 모습으로 와서 바다 위를 걸어 다니시겠는가? 기독교인의 머릿속에 있는 신이란 것은 그런 류의 기적으로 사람을 사로잡는 존재라는 것인가? 그리고 정말 진지하게 예수가 바다 위를 걸었고 그 일이 현실이라고 생각하는 것일까?

만일 신이 계시다면 그분은 예수와 같지 않을 것이다. 신은 기적을 일으켜서 자신을 따르게 하는 존재일 수 없다. 왜냐하면 만약 신이 계시다면 신은 세상 전부를 만드셨고 세상에 법칙을 설정했다면 자신이 만든 법칙을 스스로 어기려 하지는 않으실 것이기 때문이다. 자기가 법을 만들어 놓고 자기가 어긴다면 누가 그를 존경하겠는가? 예수가 한 일은 신이 설정해놓은 물리법칙에 위배되는 일이었을 뿐이지 신을 나타낸 진정한 증거로 인정해 줄 수 없는 일이다. 오히려 바다위에 사람이 걸어 다닐 수 없다는 명확한 진리를 만드신 분이 진짜 신일 것이다.

예수가 신이 아니라는 증거는 또 있다. 예수는 유대신 여호와에게 기도하는 존재였다. 즉 신이 신에게 기도한다. 그러면서 신은 한 분이라고 한다. 말이 되지 않는 주장인 것이다. 기독교인들의 주장을 정리해보면 그 모순점을 쉽게 파악할 수 있다.

1. 예수는 신에게 기도한다.
2. 예수는 신이다.
3. 신은 한명인데 예수가 하나 뿐인 여호와한테 기도한다. 그래도 예수는 신이다.

라는 명백히 억지스러운 오류적 논리를 사용하고 있는 것이다. 종합해보면 예수는 유대신에게 기도하는 인간이었지 결코 여호와도 신도 아니었다는 점은 분명하다.

그리고 예수를 신이라고 가정해도 그는 유대인의 신 여호와가 아닌가? 여호와는 세상의 창조주라고 볼 수 없는 유대인들의 신이다. 이 점은 이 책의 앞부분에 자세히 서술했다. 유대신을 진짜 신이라고 인정해줄 수도 없고 그리고 인간인 예수가 그 유대신 이었다고도 볼 수 도 없다.

그러면 기독교인들의 삼위일체 변증을 들어보자 기독교도들은 자신의 유대신을 사물에 비유하여 전기는 열과 빛 힘이 있는 것처럼 유대신도 성부와 성자 성령으로 나뉘어져 있다고 설명한다.

하지만 성부와 성자 성령은 인격체가 아닌가? 한 인격체와 다른 인격체를 동등하게 생각할 수 없다. 이미 "인격"이 있다는 것은 서로 다른 존재라는 것을 내포하고 있기 때문이다. 예수를 여호와로 인정하려고 하면 예수와 여호와의 '인격'이 동일해야 한다는 것이다. 아버지와 아들은 2명이지 한명이 아니란 이야기이다. 하나라는 표현은 나눠질 수 없는 단일한 개념을 뜻하는 용어이지 한 명인데 세 명이다 라는 것은 이미 하나가 아니라는 것을 밝혀주고 있다는 것이다.

전기란 것은 수를 셀 수 없는 것이다. 기독교 논리대로라면 인간은 수많은 세포로 구성되어 있으니 한 명이 아니라 수많은 세포들의 수로 볼 것인가? 우리가 수를 셀 때에는 다른 것과 개념상 구별되는 고유한 존재를 하나라고 부르는 것이다. 물론 신을 수로써 표현하는 것 자체에 동의하지는 않지만 유대인들은 자기들의 유대신이 한명이라고 주장했으니 기독교인들의 진술이 유대인의 기록과 배치됨을 밝히려는 것이다. 하나인 유대신이 어떻게 3명으로 나누어질 수 있는지는 기독교에게 부여된 입증책임이다. 그리고 기독교는 궤변을 사용해서 한명인데 세 '위격'(위격은 사실상 삼위일체를 만들기 위해 등장한 용어이지 '명'이라고 불러도 좋을 것이다)으로 나누어 동시에 존재한다는 설명을 하는 것이다. 즉 기독교의 말은 분석해보면 '신은 한 명인데 세 명이다.'라는 궤변에 불과한 것이다. 예수에게 고유한 인격이 있다면 이미 여호와와 구분되는 존재가 되는 것이다. 성부도 인격이 있고 성자도 인격이 있다면 성부와 성자는 2명이 되는 것이지 한명이 될 수 없는 것이다. 만일 예수가 자신의 인격이 없고 여호와와 동일한 존재라고 한다면 예수는 여호와에게 기도하지도 않았을 것이고 아버지라고 부르지도 않았을 것이다. 그리고 예수가 신이라면 기도할 대상이 없을 것이다. 왜냐하면 신이 기도한다는 것은 이미 신이 아니기 때문이다. 신을 설명할 때 사용하는 용어로 '전지전능'이 있다. 즉 신은 자신의 의지로 모든 것을 관철시킬 수 있다. 그런데 예수가 신이라면 그는 기도를 하지 않고 자신의 전능함으로 일을 풀어나갔어야 한다. 하지만 성경은 예수가 기도하는 모습을 보여주어 그가 인간임을 보여주고 있다. 그러면서 어떻게 이율배반적으로 예수를 '신'이라고 주장하는 것일까?

기독교의 삼위일체론은 예수를 신으로 만들려는 로마의 종교회의에서 착안된 모순된 궤변에 불과하다. 또한 성경 전체에서 '삼위일체'란 단어가 한 번도 나타나지 않는다. 대다수의 유대인들은 이 삼위일체론을 철저히 멸시하는데 그들은 인간인 예수가 신이 될 수 없다는 것과 자신들의 신은 한분이라는 구약성경의 말을 믿기 때문이다. 이슬람교 역시도 같은 신을 믿으면서 삼위일체를 비판하고 있다.(코란)

다음 신약성경을 보면 기독교인들이 명백히 여호와와 예수를 구별해서 찬송하는 것을 볼 수 있을 것이다.

(요한계시록 7:10)

큰 소리로 외쳐 이르되 구원하심이 보좌에 앉으신 우리 하나님과 어린 양(예수)에게 있도다 하니

보다시피 기독교인들은 하나님과 어린양(예수)를 명백히 구분한다. 이 글을 읽으면 하나님과 예수가 다른 존재임을 알 수 있을 것이다. 삼위일체가 맞으려면 기독교인들은 이렇게 찬양해야 한다.

'구원하심이 한분이신 우리 삼위일체의 하나님께 있도다.'

이렇게 표현해야 할 것이다. 하지만 성경은 명백히 하나님과 예수를 구분했고 이 둘은 다른 분이라는 것을 성경 전체에서 드러냈다. 그러면서도 성경은 예수를 '하나님'이라고 주장하니 명백히 거짓을 말하고 있는 셈이다. 유대교인들과 이슬람교도들이 같은 하나님을 믿으면서 삼위일체설에 동의할 수 없는 것도 당연하다.

기독교도들은 삼위일체론이 인간의 이성으로 이해할 수 없다고 한다.

그들은 삼위일체론이 마치 신비한 개념이라도 되는 듯이 생각하지만 보통 사람이라면 동의할 수 없는 명백한 모순된 개념인 것이다. 기독교가 주장하는 것은 오류일 뿐이지 어떠한 진리도 참된 명제도 될 수 없는 주장이다. 삼위일체는 신비한 개념이 아니라 모순된 개념을 궤변으로 포장한 이론에 불과할 뿐이다. 1+1+1=1 이라는 식을 놓고 이것은 '인간의 머리로 이해할 수 없다.' 라고 말하는 것처럼 우스꽝스러운 일이다.

아울러 계속해서 밝히지만 예수는 신이 아니라 인간이다. 기독교인들도 예수가 인간임을 부정하지는 않을 것이다. 만일 신이 계신다면 신은 창조주 불멸의 존재이지 인간과 같은 육체를 가지고 있는 피조물이 될 수 없는 것이다. 인간이 컴퓨터가 될 수 없는 것처럼 신도 인간이 될 수 없다. 만일 신이 인간이 된다면 그는 그 순간 이미 신이 아닐 것이다.

유대신이 인간으로 왔다고 생각하는 것은 종교의 자유이니 비판하지 않겠다. 하지만 예수가 신이라고 주장하면서 동시에 신이 하나라고 주장하는 것은 양립 불가능한 주장이라는 점을 이 글을 통해 밝힌다. 기독교는 하나를 포기해야만 한다. 예수가 유대신이 아니라고 생각하든지 유대신이 하나가 아니라는 것 둘 중의 하나를 선택해야만 할 것이다. 그들의 명제가 참이라고 부를 수 있으려면 말이다. 기독교는 진퇴양난에 빠질 것이다. 구약성경에서 분명히 신은 하나라고 했는데 신약성경에서는 예수가 신이라고 말하니 혼란이 올 것이다. 그래서 기독교는 삼위일체를 만들어냈지만 결국 진실을 가장 잘 알고 있는 것은 기독교인들일 것이다. 기독교인들이 기독교의 신에게 기도할 때 누구한테 기도하고 있는지는 스스로가 가장 잘 알 것이라고 생각한다. 결코 한 명으로 만들 수 없는 세 명에게 기도하거나 따로 나누어서 기도하고 있을 것이다. 이 글을 읽는 기독교인이 있다면 스스로의 기도행위에서 신이 한 분이었는지 세 분이었는지를 생각해 보기를 바란다.

이상 예수의 신성에 대한 의문과 삼위일체론의 모순에 대한 지적이었다.

기독교의 3분 카레 전도 비판

여기서는 사회에서 흔히 보게 되는 기독교의 전도 행위를 비판하려 한다. 기독교인들은 인간은 죄인이고 예수님이 죄를 위해 죽으신 후 부활하셨다는 것을 믿으면 구원받는다고 한다. 기독교가 주장하는 이 진리를 설명하기 위해서는 3분도 걸리지 않는다.

하지만 '진리'가 정말 기독교에서 말하는 것처럼 간단할까? 결코 그렇지 않다. 필자는 기독교의 전도를 3분 카레 진리라고 평가한다. 마치 3분 만에 식탁에 올라오는 카레처럼 단순하고도 깊이 없는 진리론이 기독교의 전도 행위에 숨어 있다.

많은 기독교인들이 예수를 믿으라고 일방적으로 말한 후에 기도하고 예수를 받아들이면 구원받았다고 한다. 아무런 일도 일어나지 않았는데 그들은 인간을 세뇌시켜 스스로 구원받았다라고 사고하게 만든다.

기독교의 전도는 깊이 있는 사랑이나 정의, 평화와 거리가 멀다. 심지어 그 사람이 누구인지도 고려하지 않는다. 어떻게 살아왔는지 어떤 사상을 가지고 있는지도 문제 삼지 않는다. 단지 '예수'란 사람을 믿기만 하면 누구나 구원받을 수 있다고 말한다.

그 사람이 일급 살인범이든 히틀러처럼 인종 학살을 한 독재자이든 상관하지 않고 구원을 준다고 한다. 그리고 그 사람이 선행을 베푸는 훌륭한 사회 복지사이든 무엇이든 고려하지 않고 죄인이라고 한다. 이러한 기독교의 전도를 '진리'라고 부르는 것은 진정한 '진리'에 대한 실례일 것이다.

물론 기독교의 주장처럼 구원이 무상으로 주어진다면 기쁜 일일 것이다. 하지만 기독교에서 말하는 '믿음'의 대상이 정말로 진리인지에 대해서는 검토를 요한다. 자연의 일반 법칙을 거스르는 기적을 믿는 것으로 구원을 준다는 기독교의 조건은 이상하기 그지없다.

부활을 믿는 자에게는 구원을 주고 믿지 않는 자에게는 지옥을 준다는 것은 합당한 방식이 아니다. 오히려 비현실적인 것을 믿으라고 하고 믿으면 선물을 준다는 것은 거짓일 확률이 높다.

그리고 '믿음'이 진실을 만들어 주지는 못한다. 아무리 많은 사람들이 예수님의 부활을 믿어도 그가 부활하지 않았다는 것이 사실이라면 믿음은 깨진다.

사람들의 '바람'과 '현실'은 엄연히 다른 것이다. 즉 '믿음'이 거짓을 사실로 바꾸어 주지 못하는 것이다. 기독교인들에게는 '예수님의 부활'이 사실로 믿어질 수 있겠지만, 엄연한 객관적 현실은 기독교인들의 믿음과 상치될 수 있다는 것이다. 사고하는 사람이라면 자신의 믿음이 틀릴 수도 있다는 것을 인식해야 한다. 하지만 이러한 것을 기독교는 원천봉쇄하고 있으며 '구원을 받으려면 부활을 믿으라'고 명령하고 있다. 그렇기에 기독교인들은 진퇴양난에 빠져 자신의 정당한 의심이 악한 것으로 인식하고 미신에 빠져들게 된다. 그리고 예수의 부활을 기정사실화하여 사람들에게 진실이란 포장지를 씌워 전하고 있다. '기적'을 받아들이는 것을 '구원의 요건'으로 삼은 기독교에는 본질적인 허점이 있다.

예컨대 죽은 자가 살아나는 것을 보았다고 가정해 보자. 그러면 사람들은 놀라고 신기해할 것이다. 하지만 그것은 정당한 '진리'를 설파하는 현자의 모습이 아니라 단지 '놀라운 일'로 존경심을 끌어내는 일종의 'Show'에 지나지 않는 것이다. 예수가 정말로 인류에게 증거를 주기 원했다면 부활해서 계속해서 영원히 이 땅에서 살면 되지 않겠는가? 굳이 보이지 않는 천국에 올라가서 보이지 않게 세상을 통치할 이유라도 있는가? 예수의 부활 승천은 만들어진 이야기일 것이다.

기독교인들은 예수만이 유일한 구원의 길이라고 믿고 있다. 그렇기에 남 역시도 그렇게 생각해야 된다고 믿고 있다. 자신이 믿는 것이 진리라고 인식하여 남의 생각을 고려하지 않고 절대화시킨 오류가 기독교의 전도 행위에 숨어 있다. 불교도에게도 무신론자에게도 자신의 진리를 절대화시켜서 설명한다. 남을 배려하지 않는 기독교의 사상은 우물 안에서 세상을 바라보는 개구리의 시각에 지나지 않을 것이다.

그리고 기독교인들이 정말로 모르는 사람까지 사랑해서 전도 행위를 하는 것일까? 기독교의 전도는 거의 '사랑'에서 우러나오는 것이 아니다. 교회에 끌어들이는 것이 기독교의 목적이지 그 사람을 진심으로 사랑하는 것이 그들의 목적이 아니다. 단지 예수를 전파하겠다는 일념 하나로 모르는 사람에게까지 열심히 설명하는 그들의 마음에는 진정한 사랑이 흐르지 않는다는 것을 느낄 수 있을 것이다. 상대방의 생각을 고려해 주지 않고 자신의 것을 들이미는 전도 행위에서 누가 사랑을 느낄 것인가? 알지도 못하는 사람을 구원하겠다는 기독교의 전도 행위는 교회 확장의 목적이지 영혼을 사랑해서 진리를 전파하는 사랑의 모습이 아니다.

아울러 기독교인들은 교회의 지도에 맞추어 전도하는 경향이 강하다. 목사의 입장에서는 당연히 전도 행위는 좋은 일이다. 하지만 그 목적으로 부당하게 성도들을 이용하고 있는 것이 아닌지 성도들은 무상으로 부당하게 이용당하고 있지는 않은지 검토를 요한다.

그리고 기독교인들은 예수 천국 불신 지옥을 말하기 전에 믿지 않는다고 지옥에 던져 넣는 자신들의 신이 정당한지를 생각해 보아야 할 것이다. 아울러 예수만 믿으면 모든 죄가 용서된다는 쉬운 교리에 대해서도 깊이 생각해 보아야 할 것이다. 예컨대 피해자의 마음은 누가 위로해 주는지, 범죄자에게 내려지는 정의의 형벌이 사라지면 어떻게 되는지 등도 고찰해 보아야 할 것이다. 그리고 답을 내린 후에 깊이 있게 전도해야 할 것이다. 기독교의 전도는 매우 단순하면서도 쉽지만 깊은 지식 없는 이야기들이다.

죄인들을 구원하겠다는 기독교의 취지 자체를 문제 삼지 않겠다. 다만 예수의 부활이란 것은 현실에서 있을 수 없는 이야기이다.

기독교의 성악설

기독교는 로마서에서 모든 인간이 죄를 지어 하나님과 떨어졌고, 죄로 인해 영벌을 받아야 하는 존재라고 가르친다. 그리고 구원은 오직 예수님을 믿는 믿음만으로 가능하다고 가르친다. 그러나 여기서 기독교의 성악설을 비판하겠다.

인간의 본성에 관하여 동양의 학자들 간에 논쟁이 있었다. 맹자는 인간의 마음에 인의예지의 4단이 있다고 가르쳤고, 순자는 인간은 이기적이고 질투하는 악한 본성이 있다고 가르쳤다. 그 외에도 인간은 백지 상태로 태어난다는 백지설 역시 있었다.

인간에게는 선한 측면도 있고 악한 측면도 있다. '인간이 모두 악하다.'거나 '인간이 모두 선하다.'는 명제는 틀린 것이다. 왜냐하면 예외가 있기 때문이다.

인간의 본성에는 선도 있고 악도 있지만 선한 측면을 개발하면 선한 사람으로 나아가는 것이고 악한 본성을 개발하면 악하게 변질된다고 본다.

그러나 기독교는 인간의 본성을 악하다고 가르친다(로마서 3:10). 교회는 세상의 흉악 범죄들을 집중 조명하여 성경이 맞는 것처럼 느껴지게 한다. 하지만 세상의 선한 가치(남을 돕는 손길, 사랑하는 마음, 이타적인 마음)에는 중점을 두지 않는 교회의 시선에는 맹점이 있다.

세상에는 악도 있고 선도 있다. 악한 마음을 품는 사람들도 있지만, 선한 마음을 품고 선한 행동을 하는 사람들 역시 많다. 그리고 사람들 대부분은 사랑하며 산다. 이러한 선악이 혼재된 인간을 오직 원죄로 정죄하며 지옥에 갈 존재라고 매도하는 기독교의 원죄론, 성악설에 심각한 문제가 있는 것이다.

기독교는 처음에는 인간이 선했지만 아담이 사탄(악마)의 꼬드김으로 악해졌다고 한다. 신화를 가지고 논하는 것도 우습지만 굳이 비판해 보자면 이브와 아담이 선악과를 먹을 때 하나님은 알고 계셨을 것이다. 그런데 그분께서는 사탄이 이브를 유혹하여 죄악에 빠지게 하는 것에 대해 아무런 사전 제재도 가하지 않으신다. 오히려 등장하지 않으신다.

집안에 위험한 칼이 있는데 나쁜 친구가 와서 그 칼로 자해를 하라고 한다. 그런데 부모가 그것을 보고 있다면 당연히 말려야 하는 것이 아닌가? 자식을 사랑하는 부모라면 그것이 정상일 것이다. 하지만 여호와 하나님은 자신이 탐스럽게 만들어 놓은 선악과나무를 방치한 후 먹지 말라는 명령만을 내렸고, 먹는 것에도 아무런 제재도 가하지 않으신다. 그리고 선악과를 먹자 나타나셔서 인간을 벌주고 아담과 이브뿐만 아니라 모든 인간을 원죄 아래에 두신다고 한다.

그렇다면 이러한 여호와 하나님의 행위는 부당한 것이 아닌가? 첫째로 선악과를 따 먹는 것을 방지하지 못했고 둘째로 아담과 같은 죄를 짓지 않는 사람에게 죄의 굴레를 씌우는 연좌제를 적용하신다. 그리고 선악과를 따 먹었다는 죄목으로 영원한 형벌을 내리시겠다고 한다. 마지막으로 사는 길은 자신이 보낸 예수님을 믿는 길이라고 하신다.

이것은 엄연히 부당하다. 하나님께서 인간을 만드셨다면 당연히 '보호 의무'를 지시는 것이 아닐까? 사탄의 유혹으로부터 타락하는 것을 '방지'하셔야 할 의무가 여호와 하나님께 있는 것이 아닐까? 아담이 타락하는 것을 방치하시고 그 후에 인간을 죄인으로 규정짓고 오직 예수만이 구원의 길이라는 기독교의 성악설에 동의하지 않는다.

인간을 악하게 보고 스스로 선하게 될 수 있다는 희망을 빼앗고 오직 신에 대한 복종과 비현실적인 기적을 믿는 행위만으로 의롭게 된다고 하는 성경에는 분명히 문제가 있다.

기독교인들은 두 가지 오류를 가지고 있다고 본다. 첫째로는 인간이 모두 악하다고 인식하는 오류이고, 두 번째로 기독교 외에 세상에 선한 가치가 없다고 생각하는 오류이다. 기독교의 가르침을 받아들인 사람들은 인간을 원죄 아래 있는 저주받은 존재로 본다. 그리고 인간의 악한 면에 초점을 두고 세상을 판단하게 된다. 하지만 인간은 기독교가 말하는 것처럼 악하지 않다. 맹자의 가르침처럼 인간에게는 인의예지의 4단과 그 이상의 좋은 마음이 있다.

세상에는 선한 가치가 존재한다. 불교에도 선한 가치가 있고 기타 종교에서도 사랑과 평화를 가르친다. 그리고 종교를 가지지 않는 사람들 중에도 선한 마음을 가지고 선한 일을 하시는 분들이 많다. 그런데 오직 '세상은 모두 악하고 기독교만이 선하다.'라는 독선에 빠져서 세상을 바라보고 세상의 선한 가치를 원죄로 몰아 타락했다고 보는 기독교의 세계관에는 심각한 문제가 있는 것이다.

사람이 세상을 바라보는 창은 중요하다. 자신의 마음에 선을 가지고 세상의 선한 것들을 찾아보는 것은 어떨까? 인류는 죄악으로 저주받은 종種이 아닌 사랑받고 축복받아야 할 존재들이라고 생각한다.

선과 정의와 기독교

현대 실존하는 기독교를 보자. 찾아보면 기독교 내부의 다툼과 분쟁 범죄를 흔히 볼 수 있다. 목사들이 성도들의 돈을 가로채고 성도들끼리 분쟁하고 다투는 일이 비일비재하다. 기독교인의 범죄율은 정말로 높다. 왜 그런 일이 일어나는 것일까?

원인은 기독교의 쉬운 구원에 있다. 즉, 기독교는 무가치하게 맹목적인 믿음을 요구한다. 그리고 그 믿음만 있으면 OK다. 현실적인 선행이나 선한 마음에 따라 구원을 결정짓는 것이 아닌 단지 비현실적인 사건을 믿는 것만을 구원의 조건으로 달기 때문에 사람들은 선한 행동을 하는 것에 열심이지 못하다. 그렇기에 사람들은 믿음만으로 선하게 되는 줄을 믿고 악한 일을 버리지 못하고 범죄하고 다투는 속물적인 모습을 보여줄 뿐이다. 찬송하고 성경을 열심히 읽지만, 정작 선한 마음을 가지지 못하는 기독교는 본질적인 문제에서 파생되는 허점이 있는 것이다.

그리고 기독교는 신의 뜻이라는 미명하에 절대적 복종을 강요한다. 그렇지만 무엇이 신의 뜻인지 인간에게 생각할 겨를을 주지 않는다. 성경, 목사님의 설교 등을 신의 뜻이라고 전제해 버리는 오류가 있다. 이것은 대단히 맹목적으로 주객이 전도될 위험이 있다. 쉽게 말해 기독교 자체를 선이라고 하고 신의 뜻으로 규정하는 기독교인들의 인식에는 오류에 빠질 수밖에 없는 함정이 있다. 그런 오류에 빠진 인간은 기독교를 선으로 인식하여 자기 자신이 기독교를 믿기에 선을 따른다고 믿으면서 객관적으로 악을 행할 수 있는 것이다.

선의 도구인 종교가 역치되어 종교의 도구가 선으로 바뀐다. 진정 선을 따르기 위해 종교를 찾는 것이 아니라 종교를 포장하기 위해 선한 행동들을 하는 것이다. 기독교 범죄가 만연한 것은 자신의 수양 없이 자신의 변화 없이 예수님의 이름으로 모든 죄를 용서받는다는 쉬운 교리에 있는 것이다.

기독교 자체는 선이 아니다. 오히려 기독교에 대한 맹목은 악할 수 있다. 많은 기독교인이 신의 뜻으로 악을 합리화 했던 것을 보라(가나안 전쟁, 십자군 전쟁, 마녀 사냥).

선은 종교와 별개로 혹은 융합되어 존재하는 것이다. 그렇기에 맹목적인 믿음을 선으로 포장하거나 신의 뜻이라면 무조건 선이라고 오류적으로 인식하는 현대의 지배적 종교인 기독교에 대한 반론을 제시하는 것이다.

진정한 사랑과 정의

진정한 진리라면 선을 추구해야 할 것이다. 조건 없는 사랑을 가르치고 남을 불쌍히 여기는 자비심을 함양하며 악한 마음 이기적인 마음을 버리도록 유도하고 정의로운 세상을 만들기 위해 노력해야 할 것이다.

이것이 진정한 종교의 요건이다. 하지만 기독교는 그렇지 못하다. 교회는 사람들에게 선행을 가르치기보다는 믿음만을 강조하여 믿음만으로 천국에 들어갈 수 있다고 한다. 하지만 상식적으로 믿음이 있는 사람과 선한 사람은 다른 사람이다.

아무리 신을 열심히 믿어도 마음이 악하다면 그 사람은 악한 사람일 것이다. 반면 비현실적인 기적을 믿지 않는 사람이라 하더라도 선한 마음을 가지고 선한 일을 한다면 선한 사람인 것이다. 즉, 종교의 진정한 가치는 사랑과 정의이지 결코 비현실적인 기적을 믿는 믿음이 될 수 없다.

기독교에도 선을 가르치는 내용이 있음을 인정한다. 하지만 기독교가 궁극적으로 하고 싶은 말은 결국은 선善이 아닌 기적에 있다. 즉, 예수의 죽음과 부활이 기독교의 핵심이고 선善에 대한 추구는 부차적이라는 것이다.

아울러 기독교는 좋은 가르침도 있지만, 배타성, 이분법, 독선 등의 나쁜 가르침도 역시 존재한다. 그렇기에 기독교를 완전한 진리, 완전한 선의 종교라고 부를 수 없다. 기독교가 정당성을 가지기 위해서는 성경에 있는 본질적인 악惡들을 고치지 않으면 안 된다. 하지만 기독교가 성경을 바꿀 수는 없을 것이다. 그렇기에 기독교는 존재 자체에 이미 하자가 있는 셈이다.

기독교의 천국과 지옥론 비판

기독교는 사람들에게 천국을 준다고 약속했다. 아무 고통 없는 금으로 깔린 천국을 보여 주며(요한계시록) 사람들에게 천국에 갈 수 있다고 말한다. 하지만 진정한 천국이 있다면 금으로 깔린 곳이 아니라 선한 사람들이 사는 평화로운 곳일 것이다.

기독교는 예수님을 믿지 않는 자들은 선악을 불문하고 지옥에 떨어진다고 한다. 하지만 그것은 옳지 못하다. 인간에게 고통만을 주는 지옥, 두려움에 빠지게 하고 혼란을 주는 지옥, 두려움에 사로잡혀 어떠한 신적 존재에게 복종하게 되는 지옥은 일종의 위압감을 준 복종의 수단, 가학적인 장소이지 사람을 진정한 선한 길로 이끄는 수단은 아니다.

기독교인들은 우상 숭배하거나 동성애를 하면 지옥에 떨어진다고 믿고 있다. 예컨대 부처님이나 다른 신을 섬기면 지옥에 떨어지는 줄 알고 있다. 하지만 이것은 사실이 아니다. 여호와의 질투가 만들어낸 협박과 공갈일 뿐 진실된 가르침은 아닐 것이다. 세상에 자기를 믿지 않았다고 영원한 고통을 주는 신이 선한 신일까? 결코 그렇지 않은 것이다. 자기 자신을 믿지 않는다 하더라도 용서해 주고 자비를 베푸는 신이야말로 넓고 자비가 있는 신이라고 부를 수 있는 것이다.

기독교의 천국지옥론이 설득력을 가지려면 선한 사람은 천국에 가고 악한 사람은 지옥에 간다고 가르치는 것이 옳다. 왜냐하면 그것이 공평하고 합당한 방식이기 때문이다. 모든 사람이 지옥에 갈 운명이라고 규정지어 버린 후 예수를 믿으면 누구든 구원받는다는 말은 기독교인들이 만들어낸 거짓말일 확률이 매우 높다.

(요한계시록 21:8)

믿지 않는 자는 불못에 던져지리라 – 예수

사람들은 예수가 주장하는 것이 과연 합당한 심판인지를 생각해야 할 것이다. 어떤 선행을 해도 예수를 믿지 않으면 지옥에 던지겠다는 예수의 말은 분명히 부당하다고 생각한다.

기독교의 종말론 비판

동화 속 양치기 소년이 있었다. 늑대가 나타났다고 사람들을 속여 끌어 모았는데, 결국은 진짜 늑대가 나타났을 때 사람들은 믿지 않았다는 이야기이다. 기독교의 종말론도 이와 비슷하다. 종말이 다가왔다고 속여서 사람들을 현혹시킨 후 자신들의 의도를 관철시킨다. 그들의 목적은 대체로 돈이다. 성도들을 불어나게 한 후 교회를 성장시키려는 것이다.

과학적으로 지구는 언젠가 멸망한다. 그것은 별의 수명에 따른 과학적 법칙이지 성경이 맞는다는 이야기는 아니다. 기독교인들은 종말이 다가왔다고 2,000년 동안 속여 왔다. 그리고 재앙이나 흉악 범죄가 일어나면 말세라고 떠들어댄다. 순진한 사람들은 속아서 걱정하기도 한다. 하지만 정작 가장 불쌍한 것은 기독교인들이다. 자기 자신들이 속아서 매일 걱정하고 오지 않을 예수를 기다리며 마라나타(주 예수여 다시 오시옵소서) 찬양을 하는 것이다.

성경 요한계시록에는 마지막 재난의 징조와 종말에 대해 기록되어 있다. 줄거리는 재앙이 일어나 기독교를 믿지 않는 사람들이 화를 당하고 악마가 정권을 잡고 예수가 나타나 악마를 죽이고 기독교인들을 구원한다는 내용이다.

이 책을 흥미로 읽거나 소설로 받아들이는 것은 자유이다. 물론 신앙도 자유이다. 하지만 필자가 마음 아픈 것은 거짓된 것을 진실로 받아들여 인생을 망치고 있는 사람들 때문이다. 그래서 이 글을 통해 기독교의 종말론의 허구를 밝히고자 한다.

예수는 시한부 종말론자였다. 그는 자기 세대에 종말이 올 것이라고 예언했다. 하지만 예언은 성취되지 않았다. 예수의 제자들은 종말을 가르치며 사람들의 재산을 모금했다. 현대 교회에도 말세가 다가왔다거나 종말이 왔다며 성도들의 재산을 가로채는 수법이 흥행한다. 이것은 매우 오래된 사기 수법이었던 것이다.

예수의 말이 틀렸는데 종말이 다가왔다고 생각할 것은 없는 것이다. 스피노자는 내일 지구에 종말이 온다하더라도 사과나무 하나를 심겠다고 하였다. 비록 세상의 끝이 다가왔더라도 자신은 보람된 일을 하겠다는 것이다. 이러한 스피노자의 말처럼 종말에 대한 불안에 사로잡혀 인생을 종교에 허비하는 것보다 보람차고 밝은 일을 하는 것 국가와 사회 나아가 세계에 기여하는 일들을 추구하는 것이 인간에게 합당한 본분이라고 생각한다.

기독교의 종말론은 거짓이며, 그것은 사람들을 끌어모아 종교를 형성하고 재산과 노동력 등을 착취하려는 오래된 기만일 것이다.

세계 종교의 신의 성품 분석(여호와와 예수를 중심으로)

기독교와 다른 종교의 차이점은 무엇일까? 종교는 신비한 신의 존재를 믿는 점에서 거의 비슷하다. 굳이 차이점이 있다면 신의 성품일 것이다. 이곳에서는 다른 종교의 신들이 어떠한지를 기독교와 비교해서 간략히 언급해본다.

먼저 기독교의 여호와를 살펴본다. 여호와는 질투의 신이다. 자신을 섬기는 것 외에 다른 신을 섬기는 것을 극도로 싫어한다. 그래서 사람들까지 죽인다. 즉 질투에 눈이 먼 신神이라고 본다. 질투는 그리 좋은 감정이 아니다. 더군다나 세상을 창조한 창조주가 질투를 한다니 있어서는 안 될 감정이고 상정하기 어렵다. 기독교는 여호와의 질투를 사랑이라고 포장한다.

하지만 사랑과 질투는 엄연히 다르다. 물론 사랑해서 질투할 수 있다는 것은 인정한다. 하지만 진정한 사랑은 상대방에 대한 배려와 상대방의 뜻을 존중하는 깊은 사랑이 전제되어 있어야 한다고 본다. 질투는 상대방의 뜻을 꺾고 자기 자신의 뜻을 관철시키는 이기적인 행동일 수 있다. 인간에게 있어서도 힘든 감정이지만 창조주가 질투를 한다는 것은 이성적으로 상정하기 어렵다. 질투의 신 여호와의 성격적 결점이 여기에 있다.

기독교의 예수님은 성격의 갈피를 잡기가 어렵다. 물론 그의 제자들은 매우 온유하고 참을성 있고 정의로운 성격의 예수님으로 묘사했다. 하지만 예수님에게는 일종의 증오심이 있었던 것 같다. 당시 지배층인 바리새인을 향한 독설과 저주를 보면 예수님에게 있는 증오심을 느낄 수 있다. 물론 그들이 부패해서 예수님께서 그들을 꾸짖으셨을 수도 있다. 하지만 예수님은 필요 이상으로 바리새인들을 자극함으로써 적을 만들었다고 보인다. 원수까지도 사랑하고 원수를 위해서 기도하라고 하셨던 예수님이 바리새인들에게 보여 준 모습은 언행 불일치를 나타낸다. 그리고 그분은 '믿음'을 너무나 강조하셔서 비현실적인 이야기를 많이 하셨다. 그래서 현실적으로 그분의 말씀을 받아들이기가 어렵다. 그리고 예수님은 성경의 요한복음이란 책에서 자신을 창조주라고 밝히셨다(요한복음 14:9). 하지만 인간인 예수님이 어떻게 창조주가 될 수 있단 말인가?

유대인들은 예수님에게 신성 모독이라는 죄를 씌워 사형시켰지만, 필자는 그렇게 까지 예수님을 몰아세우고 싶지는 않다. 다만 그분이 한 주장에 동의하지는 않는다. 세상을 창조한 창조주가 인간의 몸으로 세상에 왔다는 것을 믿기 어렵다. 그리고 예수님이 말한 창조주라면 질투의 신 여호와일 텐데 그분을 창조주로 인정하지 않는 필자에게는 예수님이 여호와라는 사실 또한 믿기가 어려웠다.

그리고 여호와의 성품과 예수님의 성품은 다르다. 여호와가 구약에서 했던 이야기와 예수님의 이야기를 들으면 같은 분이 아니라는 것을 누구나 느낄 수 있다. 그리고 구약 성서에서는 신은 한 분이라고 가르친다. 그런데 예수님은 자신은 여호와와 하나라고 한다. 말에 치명적 모순이 있는 것이다. 여호와는 한 분인데 성부와 성자로서 존재한다는 것은 논리상 맞지 않기 때문이다.

유대교가 예수님을 여호와로 인정하지 않는 이유도 여기에 있다. 이슬람교도 마찬가지이다. 즉 예수님의 신성에 대한 의문은 계속되는 것이다. 인간인 그분이 창조주였을 리가 없다는 것이 필자의 생각이다.

부처님은 깨달은 분이라는 뜻이다. 그분은 깊은 생각을 하시는 현자이셨다고 생각한다. 그리고 자비를 강조하셨고 자비를 보이신 분이라고 생각한다. 불교에는 신이 많다. 대표적으로 몇 분을 살펴보면 이렇다. 관세음보살이란 분이 계시는데 그분은 자비로우시고 인간의 고통을 들으시는 분이라고 한다. 그분께 기도하면 늘 자비롭게 들으신다고 한다. 탐욕을 제외하고는…… 그리고 그분은 불교도이든 비불교도이든 차별하지 않으시고 자비를 베푸시는 분이라고 한다. 그리고 지장보살이라는 분이 계시는데 그분은 '지옥이 텅 빌 때까지 중생들을 교화하겠다'고 말씀하셨다고 한다. 만일 보살님들이 존재하신다면 인류의 구원을 위해 노력하시는 매우 훌륭한 분들이라고 생각한다.

이슬람교의 경전은 늘 '자비로우신 알라의 이름으로'라고 시작한다(코란의 모든 장의 첫 구절이다). 여기서 한 가지 짚고 넘어가야 할 문제가 있다. 이슬람의 알라와 기독교의 성부(여호와)는 같은 존재일까? 코란을 통해서 이슬람의 알라가 이스라엘의 신 여호와라는 것을 밝힌다. 코란 내용을 살펴본다.

(코란 암소의 장 47절)

이스라엘의 자손들아, 그대들에게 베푼 은혜를 기억하라. 또 내가 다른 모든 백성들 중에서 그대들을 선택한 것을

이 구절을 살펴보면 이슬람의 알라는 이스라엘의 신 여호와와 같은 존재라는 것을 추론할 수 있다. 왜냐하면 이슬람의 알라 역시도 이스라엘을 택했다고 코란에 기록되어 있기 때문이다. 이 외에도 코란에는 기독교의 성경과 겹치는 부분이 많이 나온다. 기독교 성경에 나오는 아브라함, 모세, 예수는 이슬람에서는 선지자이다. 그리고 코란에는 기독교, 유대교의 신과 이슬람의 신이 같다는 문구가 있다. 그런고로 이슬람의 신 알라와 기독교의 신 여호와는 같다고 추론한다. 다만 이슬람교도들은 알라만을 숭배하기에 기독교의 삼위일체설을 인정하지 않고 예수의 신성을 부인한다. 코란에서는 성경처럼 여호와의 질투가 등장하지 않는다. 매우 자비롭다고 묘사되어 있다.

여기서는 코란의 몇 가지 부분을 소개한다. 그리고 코란 내용을 통해 알라를 유추해 보라.

(코란)

알라는 이 세상 모든 것을 주지만 아무 대가를 요구하지 않는다. 마음은 어디까지나 관대하고 자애에 넘쳐 잘 용서하고, 잘 들어 주고, 잘 보아 준다. 알라는 진리이며 빛이며 동도 서도 알라의 것, 어느 쪽을 향해도 알라의 얼굴은 거기에 계신다. 골고루 존재하며 모든 것을 알고 계신다.

이 구절은 매우 멋있는 구절이다. 아울러 이 구절이 사실이라면 알라는

매우 훌륭하고 이상적인 신일 것이다. 하지만 코란 역시도 성경과 비슷하게 불합리한 구절 역시 많았다. 코란 내용에서 불합리한 구절 몇 개를 소개한다.

(코란 여인의 장 34)

남자는 여자보다 우위에 있다. 알라께서 서로 간의 사이에 우열을 붙인 것으로서 또한 남자가 생활에 필요한 돈을 대고 있기 때문에 이러한 점에서 남자가 여자보다 우위에 있으며, 따라서 정숙한 여자는 남자에게 순종하고 또 알라께서 소중하게 지켜 주는 부부간의 비밀을 타인에게 알리지 않도록 하는 것이 중요하다. 반항적으로 되기 쉬운 걱정이 있는 여자는 잘 타이르며 잠자리에 방치해 두고 또 구타해도 무방하다. 만일 그녀들이 타이르는 말을 듣는다면 그 이상의 수단을 써서는 안 된다. 참으로 알라께서는 드높고 위대한 분이시다.

(코란 요나의 장 45)

알라께서 그들을 불러 모은 날 마치 낮 동안에 일각만을 기다린 것같이 서로 상대를 기억하고 있을 것이다. 알라와의 만남을 거짓말이라 하고 바른 길로 인도받지 않은 자들을 반드시 멸망할 것이다.

(코란 금지의 장 9)

오 예언자여 믿지 않는 자나 위선자와 싸워라 그들에게 엄격한 태도를 취하라. 그들이 살 곳은 지옥인 것이다. 얼마나 가련한 말로인가!

코란의 내용을 보면 남성우월주의적 측면과 역시 불신지옥을 이야기하고 있음을 알 수 있다. 아울러 신앙이 다르다고 대적하라는 명령을 내리고 있다. 이러한 가르침은 사람을 옳지 못한 길로 인도할 수 있다. 이슬람 세계에서 일어나는 종교적 문제와 코란은 깊은 관련이 있다. 어찌되었든 이 책의 주제는 성경이기에 코란에 대해서는 심도 있게 다루지 않도록 한다.

이상 세계 종교의 신의 성품을 비교해 보았다. 필자가 이곳에서 한 말은 주관성이 개입되어 있음을 밝혀 둔다. 같은 사람이라도 다른 사람에게는 다르게 보이듯이 신의 성품 역시도 다른 사람들에게는 다르게 보일 수 있을 것임을 인정한다. 기독교인들의 관점에서는 여호와의 질투가 사랑으로 예수님의 증오가 정의감으로 보일 수 있다는 것을 안다. 눈에 콩깍지가 있으면 단점도 장점이 될 수 있으니까…….

예수 가르침의 법전화

예수님의 가르침을 법률로 만들어 보면 이와 같다.

제1조 누구든지 예수를 믿지 않으면 영원한 형벌에 처한다

기독교는 요한계시록 21장 8절에서 믿지 않는 자에게 영원한 지옥을 준다고 하였다. 이 법률을 현실에 적용해 보면 어떨까? 매우 부당한 법이 된다. 왜 예수를 믿지 않는다고 영원한 형벌을 받아야 하나? 기독교는 이에 대해 합당한 설명을 하지 못한다. 예수가 만일 권력을 잡았다면 그는 김일성이나 히틀러와 비슷했을 것이다. 권력에 반대하는 모든 사람을 수용소로 보내는 김일성과 예수는 매우 닮았다. 이렇듯 예수의 법전은 매우 부당성을 내포하고 있다. 그것은 독재자의 만행이다.

다음 조문을 살펴보자.

제2조 누구든지 예수를 믿으면 모든 죄가 사해진다

이 법 역시 부당함을 내포하고 있다. 예수를 믿기만 하면 살인범, 강간범, 절도범 할 것 없이 모든 죄가 사해진다고 한다. 이는 정의 원칙의 위배이다. 죄를 지었으면 그에 마땅한 응보를 받아야 하는 것이 형법이다. 그런데 예수는 자신을 믿으면 모든 죄가 사해진다는 과도한 사면권을 남용하고 있다. 이런 부당한 법전이 현실에 있으면 세상에 범죄자는 없을 것이다. 살해당한 피해자의 한은 누가 달래야 하나? 사회질서는 어떻게 잡아야 하나? 이러한 예수의 가르침은 사회 정의를 짓밟는 부당한 법 조항이다.

제3조 누구든지 예수 외에 신을 섬기는 자는 영원한 형벌에 처한다

이 법 조항은 1조의 연장선상에 있다. 예수는 정확히 말하면 기독교는 우상 숭배자들을 매우 싫어한다. 그리고 영원한 지옥에 간다고 한다. 독재자의 면모를 그대로 보여 주는 대목이다. 오직 자기 자신만을 섬기게 하고 다른 신을 섬기는 것을 엄격히 처벌하는 예수의 가르침에서 사랑과 자비, 관용은 없다. 독재의 목소리만 흐를 뿐이다.

제4조 서로 사랑하여라

이것은 예수가 제자들에게 준 계명이다. 그런데 위의 3조와 비교해 보면 동일인이 이런 가르침을 주는 것 자체가 어불성설임을 느낄 수 있다. 예수는 사랑을 강조했지만 '예수는 사랑을 하지 않았다.' 예수가 정말로 원수까지도 사랑했다면 자신을 따르지 않는 자에게도 선대했어야 한다. 하지만 예수는 자신을 믿지 않는 바리새인들에게 '악마의 자식'이라는 독설을 뱉으며 저주하고 미워했다. 예수는 일개 인간이었지 사랑의 신이나 하나님의 아들은 될 수 없었다. 예수의 좋은 가르침 자체는 문자 그대로 해석하면 좋지만 좋은 가르침이라는 가면 뒤에 숨어 있는 참모습을 놓칠 우려가 있다.

물론 필자가 예수를 직접 본 것이 아니기에 그에 대한 판단은 성경에 의존해야 한다. 예수는 성경에서 분명히 '불신자들을 멸한다.'라고 말하였다. 그렇기에 그의 사랑은 위선이 되는 것이고 그의 가르침은 허구가 되는 것이다. 왜냐하면 자신을 믿지 않았다고 멸한다는 것은 지극히 부당한 개념이기 때문이다. 기독교는 예수를 설명하면서 많은 미사여구를 사용했지만, 예수의 본질적 하자에 대해서는 완고한 태도를 취했다. 세상을 마귀의 지배하에 있다고 보고 오직 예수를 믿는 자만 구원받게 하겠다는 기독교의 가르침은 매우 부당한 위선적인 행위이고, 기독교를 전파하려는 그들의 욕심으로밖에는 보이지 않는 행위라는 것이다.

이상 예수의 핵심 가르침을 법전화해 보았다. 정말 냉정하게 그리고 정당하게 예수의 가르침을 살펴보면 그가 현자이거나 신이 아니라 단지 유대의 한 종교 지도자였음이 드러날 것이다. 기독교의 가장 큰 맹점은 '예수 천국 불신 지옥'이다. 이 부당함을 고치지 않으면 기독교는 진정한 종교가 될 수 없을 것이다. 하지만 기독교인들이 예수의 가르침을 부정하지는 않을 테니 기독교는 이미 존재 자체에 하자를 안고 있는 종교였다고 볼 수밖에는 없을 것이다.

예수의 가르침 종합 비판

예수는 인류에 많은 영향을 끼쳤다. 하지만 그의 가르침을 종합해 보자면 실상은 이미 인류가 알고 있는 것이었거나 유대교의 연장선상일 뿐임을 알 수 있다. 예수의 가르침은 유대교의 율법, 기적, 사랑, 죄의 대속으로 요약해 볼 수 있다. 하나하나 비판한다. 예수가 가르친 율법은 유대교의 연장선상에 있었다. 즉 내 이웃을 내 몸처럼 사랑하라는 구약의 율법의 경전을 인용한 데에 지나지 않는다. 이것은 좋은 말이다. 하지만 행위가 뒷받침되지 못하면 좋은 말도 아무 쓸모가 없게 된다. 유대인의 사랑은 그들만의 사랑이었다. 이방인을 멸시하고 자기끼리 사랑하는 유대의 율법에서 예수는 벗어나지 못했다. 이방인에게 모욕적인 언사를 했던 예수의 언행을 이 책의 초반에서 이미 살펴보았다.

그리고 예수는 유대의 율법을 조금 개조했다. 예수는 '원수를 사랑하라'라고 가르쳤다. 하지만 아무리 좋은 말이라도 행위가 뒷받침되지 못한 이 말은 공허한 메아리일 뿐이다. 예수는 스스로도 원수를 사랑하지 않았다. 그렇기에 그가 보여 준 것은 아무 의미 없는 빈 말이었던 것이다. 예수는 자신의 원수인 바리새인들에게 독설과 저주를 보여 주었다. 그는 원수를 사랑하지 않았고 철저히 비판하며 모욕했던 인물이었다. 예수의 가르침은 실상은 좋은 듯 보이지만 행위가 뒷받침되지 못한 위선적인 가르침일 수도 있다

다음은 예수의 기적이다. 예수의 기적은 무척이나 허황되다. 사실 예수가 인류에게 가장 기대를 심어준 것은 기적이었다. 치유의 기적, 부활의 기적 등이 예수가 인류에게 보여준 가장 영향력 있는 가르침이었다. 하지만 기적은 허구이고 결코 기적 자체가 진리가 될 수 없다는 것도 인식해야 한다. 기적은 일종의 '수단'이지 '진리'로 불릴 수는 없기 때문이다. 기적에 현혹되면 현실을 잃어버리고 예수에게 매달리는 헛된 신앙으로 변질될 우려가 높다. 그렇기에 '믿음'을 강조하며 기적을 바라는 허황된 마음이 자라

나게 되는 것이다. 위의 예에서 예수를 믿다가 뱀에게 물려 죽은 목사 이야기를 살펴보았다.

이렇듯 기적은 허구이고 허망한 것이다. 예수는 기적으로 사람을 모으는 선동가에 가까웠지 진정한 진리로 남들을 교화시키는 현자는 아니었다. 물론 예수처럼 모든 병을 고치는 '의사'가 있다면 매우 좋은 점이라는 것은 부정하지 않겠다. 필자 역시도 몸이 아플 때 예수처럼 만능으로 병을 고쳐줄 수 있는 그런 신적인 존재가 있으면 좋을 것이라는 생각도 한다. 하지만 예수의 기적은 일종의 '편리함'이 될 수 있어도 사람을 진정으로 교화시키고 바꾸는 '진리'는 될 수 없다는 것을 인정해야 한다. 예수처럼 모든 병을 고치는 의사가 있다고 하자. 그런 신의가 있다면 사람들은 그 신의를 매우 좋아하겠지만, 그 신의는 병을 잘 고칠 뿐이지 인류를 진정으로 '계도'했다고 보기는 어렵다. 예수도 이와 같다. 예수가 보여 준 것은 '기적'이었지 진정한 '진리'는 아니었다는 것이다.

그리고 예수가 가르친 사랑에 대해 비판해 보자. 예수가 가르친 사랑은 편협한 사랑이다. 예수는 불신자들을 저주하고 지옥으로 위협했다. 아울러 자신의 가족보다 예수를 따르라고 가르쳤다. 불신자들에게 처절한 저주를 내뿜으면서 어찌 사랑을 논하는가? 가족을 등한시하라고 하면서 어찌 사랑을 가르치는가? 예수의 사랑은 진정한 사랑이 아니다. 사실 많은 사람들이 '사랑'이라는 말에 넘어가 기독교를 좋은 종교로 보고 있다. 하지만 기독교에서 가르친 사랑은 예수를 믿지 않는 자들에게는 적용되지 않는 사랑이었다. 또한, 그 사랑은 맹목적이고 광신적인 사랑, 일종의 맹신에 가깝다. 진정한 사랑은 자신과 다르더라도 받아들여 주고 상대방을 진정으로 존중하는 마음이다. 기독교의 사랑은 그에 한참 미치지 못한다. 그리고 실제로 기독교도들을 보면 그들이 예수의 가르침처럼 서로 사랑하고 있다고 보이지 않는다. 필자가 교회에서 진정한 '사랑'을 발견했다면 기독교의 순기능을 인정하고 성경에 대해서도 좋게 생각했을 수 있다. 하지만 기독교에 진정한 사랑은 거의 찾기 힘들었다. 물론 기독교인들 중에서도 사랑하려고 노력하는 사람들이 있지만, 그들은 매우 극소수이다. 오히려 기독교에 대한 반론을 차단하고 자신들의 믿음만을 절대화시키며 성경의 가르침처럼 이분법, 흑백 논리, 비현실성에 빠진 사람들이 더욱 많았다. 그것은 기독교의 본질적인 한계에서 나오는 문제였던 것이다. 예수는 서로 사랑하라는 한 마디만 남겼지 구체적으로 어떻게 사랑하는지 어떻게 살아야 하는지는 거의 말하지 못했기 때문이다. 예수가 준 가르침은 일종의 원론적인 말이지 실천적인 말이 아니었다.

세인世人들은 마치 예수를 인류에게 사랑을 전해 준 사람으로 생각하는데 그렇지 않다. 예수를 들어보지 못한 사람들도 사랑을 한다. 그리고 동양의 사상에도 사랑을 강조한 묵자 등 여러 사상가들이 있었다. 사랑은 인류가 원래 가지고 있던 미덕이지 예수가 인류에게 가르쳐 준 것은 아니라는 것이다. 오히려 예수는 위에서 살펴보았듯 자신을 따르고 가족을 등한시하게 하여 가족의 본질적인 사랑을 깨뜨렸고 아울러 자신을 믿지 않는 자를 영원한 지옥에 던지겠다고 협박하는 사람이었다. 예수는 진정한 '사랑'을 가르쳐 주지 못했다고 평가한다.

마지막으로 예수의 죄의 대속을 비판해 보자. 죄의 대속이란 것은 범죄자들에게 희소식일 수 있지만, 역시 불합리하고 부당한 유대의 율법의 연장선상에 있을 뿐이다. 즉, 남을 죽여서 자신은 용서받겠다는 희생 제사의 메커니즘에 예수의 십자가가 있었다.

예수의 제자들이 미화한 이론이 바로 죄의 대속이었다. 예수의 죽음을 미화시켜 세상의 구세주로 탈바꿈시킨 작업이 바로 기독교의 성경 로마서였다. 로마서에는 모든 인간이 죄인이고 예수가 모든 인간의 죄를 짊어지고 희생당했다고 나와 있다(로마서 5:10). 죄의 대속, 즉 예수가 대신 죽는다는 것은 부당한 개념이다. 죄에는 합당한 처벌이 행해져야 정의가 세워지는데 예수가 대신 죽는다고 인간의 죄를 용서해줄 수는 없기 때문이다. 쉽게 예를 들어 생각해 보자. 한 살인범이 사람을 죽였는데 예수가 대신 처벌받았다고 그 살인범을 용서해 줄 수 있는가? 재판장이 그것을 허용한다면 그는 부당한 재판장일 것이다. 이렇듯 기독교의 죄의 대속은 사법 정의를 흔드는 부당한 죄의 소멸이라는 점이다.

그리고 현실적으로 예수의 죽음은 인류의 죄와 아무 관계가 없다. 예수는 로마에 반역죄, 선동죄로 그리고 유대 율법에는 신성 모독으로 죽었던 인물이었지, 인류의 죄를 짊어지고 대신 처벌받은 구세주가 아니었다. 예수가 인류의 죄를 짊어지고 죽었다는 기독교 측의 주장에 동의하기가 어렵다.

또한, 여호와의 성격을 구약부터 자세히 관찰만 해도 결코 인류의 죄를 용서하는 신이 아니라 죄가 있으면 저주하는 신이었음을 알 수 있다. 구약의 여호와가 신약의 예수의 아버지이기에 그의 본성은 쉽게 바뀌지 않는 것이다. 구약에서 죄로 인해 죽어간 수많은 사람들을 보라! 그들을 용서하지 않고 처단했던 여호와가 인류의 죄를 사할 수 있겠는가? 그것은 인류를 철저히 속이는 성경의 기만일 뿐이다. 구약 성경에서 그리고 신약 성경에서 죄로 인해 죽어간 인간은 부지기수이다. 그러한 여호와가 자신의 아들을 인류에게 주어 죄를 사했다고 한다는 것은 여호와의 성격을 철저히 기만하는 이론일 뿐이다. 상식적으로 자신의 아들을 죽여서까지 죄인들을 사랑한다는 여호와가 자신의 언약궤를 보았다고 수많은 사람들을 죽이는 그 분이란 말인가?

결론은 기독교의 죄의 대속 이론 또한 정正이 아닌 부당하고 헛된 단편극이라는 것이다. 그리고 여호와는 죄인을 사랑하는 존재가 아니라 죄에 대해 무자비하게 처벌하는 이스라엘의 민족신이라는 것이다.

이상으로 예수의 가르침과 사상에 대해 요약해 보았다. 예수가 보여준 짧은 복음서 기록이 진리로 둔갑하여 인류를 사로잡는 마약이 되어버린 지 오래다. 오랜 꿈에서 깨어나 현실을 바라보는 것, 그리고 진정 선善한 가치를 생각하는 것 그것이 참된 사람의 본분이 아닐까 생각해 보며 글을 마친다.

지금까지 성경에 대한 비현실성 오류 부당성을 비판해 보았다. 그리고 진리에 대해 고찰해 보았다. 기독교는 인류사에 많은 영향을 끼쳤다. 예수가 죽은 이후로 종교로 발전되어 지금은 세계에서 가장 많은 사람이 믿는 종교가 되었다(가톨릭과 개신교를 합친 숫자이다).

하지만 필자는 기독교의 경전인 성경을 분석해 본 결과 인류에게 득得보다 해害가 많다는 것을 깨달았고 글로써 기독교를 비판하기로 했다.

기독교의 주제는 죄를 지은 인간, 죄를 심판하는 하나님, 악마와 불신자들의 멸망, 믿는 자들의 구원으로 요약해 볼 수 있다. 세계 모든 인간을 기독교의 틀에 맞추어서 죄인으로 몰아붙였으니 대단한 이론이라는 점은 인정한다. 하지만 분명한 건 세계 모든 사람이 기독교의 틀에 맞추어져서 예수를 믿는 자는 천국으로 불신자는 지옥으로 간다는 기독교의 논리는 매우 단순하면서 불합리하다는 것이다.

기독교가 정말로 '종교'로서 인정받으려면 비현실적인 기적으로 사람들을 끌어모으는 것이 아니라 입증 불가능한 천국을 파는 것이 아니라 지옥으로 사람들을 협박하는 것이 아니라 진정한 '선善'과 '애愛'와 '정正'을 가르쳐야 할 것이다.

이 글을 통해서 기독교 성경의 오류, 그 안에 내재된 광신성狂神性, 배타성, 이분법 등을 잘 파악했기를 바란다. 아울러 무엇이 진실인지 독자들 스스로 생각해 보는 기회를 가지기를 바란다.

이 글을 읽는 기독교인들은 필자의 생각과 일치하지 않는 부분이 상당히 많았을 것이다. 하지만 진리는 정당해야 하고 진실 되어야 하기에 정당한 비판이 되도록 노력했다. 거짓을 진실로 바꾸는 지록위마의 논리에 굴복하지 않고 거짓은 거짓이라는 합당한 이유를 모두 붙여서 서술했다.

필자는 객관적으로 성경을 모두 분석했고 기독교의 좋은 점에 대해서는 비판하지 않았다. 위에서 살펴보았듯 기독교에도 순順기능이 있을 것임을 부인하지 않겠다. 다만 성경 속에는 모순과 불합리, 인간의 이성을 악惡으로 인도하는 잔인하고 비현실적인 것들이 명백히 존재했고, 진리에 대한 열정의 일환으로 이를 비판했다.

기독교인들이 선입관 없이 나의 책을 읽었으면 좋겠다. 그리고 자기 자신이 믿고 있는 진리가 과연 정말로 진리인지 아니면 부당한 거짓말인지를 스스로 생각해 보고 판단할 수 있는 계기를 가질 수 있었으면 좋겠다.

그리고 기독교에 대해 비판적인 사람에게는 필자의 글이 기독교의 맹점을 찌르는 진실의 글이 되었으면 좋겠다. 아울러 이 책이 인류를 지배해 온 사상에 대한 정당한 반론으로서 기능했으면 좋겠다.

중세 시대라면 이 책은 법질서에 위배되는 행위였을 것이다. 그리고 지금도 이슬람 세계에서는 코란에 대한 반대는 죄로 간주된다. 갈릴레이 역시 사실을 주장하다가 교황청에 불려가 이단이라는 판결을 받았다. 조선시대에 성리학 이외의 학문은 이단시되었다. 하지만 인간의 이성은 자유를 향하고 있으며 정당한 비판을 강요된 폭력으로 제압하려는 부당한 힘에 대해서는 마땅히 저항해야 한다고 생각한다.

아울러 어떤 힘, 폭력, 공포로도 꺾을 수 없는 진실과 정의, 선에 대한 인간의 의지는 계속해서 존재하게 될 것이다.

이 책을 진실과 정의, 자유의 이름으로 독자들과 나를 만들어주신 부모님 그리고 혹시 계실지 모르는 세상을 창조하신 창조주께 바친다.

기독교인들에게 보내는 편지

안녕하세요, 저는 이웅이라고 합니다. 제가 쓴 책은 잘 읽으셨나요? 저는 기독교도였습니다. 누구보다 열심히 성경을 읽고 기도하는 학생이었습니다. 대학에 다닐 때도 수업이 끝나면 대학 교회에서 기도로 시간을 보내는 청년이었습니다.

그러나 어느 날 저의 믿음은 흔들렸습니다. 그것은 성경 속의 오류로부터 시작되었습니다.

저는 하나님에 대해 한 가지 확신이 있습니다. 정말로 정밀하시고 오류가 없는 하나님을 상상합니다. 그리고 우주의 법칙을 보면 제가 생각하는 것이 맞을 것입니다. 하지만 신의 말씀을 적어 놓았다는 성경에서 저는 오류를 보았습니다.

만일 우주를 창조하신 하나님께서 책 저술에 관여하셨다면 그런 오류는 나타나지 않았을 것입니다. 이것이 제가 기독교에 대한 믿음을 잃어버린 첫 번째 요인이었습니다.

그리고 두 번째는 성경의 잔인성이었습니다. 구약 성경에는 전쟁이 자주 나오는데 상당히 잔인합니다. 이스라엘의 입장에서 이민족을 멸망시키는 전쟁 구절을 보고 처음에는 여러분처럼 죄인들이 심판을 받은 것이라고 생각했습니다. 하지만 세상을 걸으며 저는 기독교인 아닌 사람들을 많이 보게 됩니다. 그들은 기독교인과 전혀 다를 것이 없는 사람이었습니다. 예수님을 믿지 않는다고 정죄하고 지옥에 넣는다는 기독교의 가르침에 심한 반감이 들었습니다.

그래서 저는 기독교에 대해 회의하고 괴로워했습니다. 믿음을 지키려 했지만 저의 이성과 제 안에 심어진 정의에 대한 열정은 기독교를 거부했습니다. 오랜 고민 끝에 제 생각을 글로 적어서 세상에 알리려 했던 것입니다.

지금도 저의 친구들 중에는 기독교인들이 많습니다. 그리고 저는 그들을 좋아합니다. 우리가 서로 생각이 다르더라도 공존하고 서로를 인정해주는 그런 관계였으면 좋겠습니다.

이 책을 읽으시면서 어떠한 생각이 들었는지는 모르지만 기독교인이나 저나 모두 하나님을 찾고 있고 선한 권위에 복종하길 원하며 사랑하고 싶어한다고 생각합니다. 그렇기에 우리는 크게 다르지 않을 것입니다.

기독교인 여러분, 성경에 좋은 구절도 있습니다. 사랑과 정의에 대해 말한 구절도 존재한다는 것을 압니다. 우리가 성경에서 배울 수 있는 것은 부분적으로나마 기록된 정의와 사랑일 것입니다.

기독교가 예수님의 말씀처럼 빛과 소금이 되어 세상을 비추는 밝은 빛이 되기를 소망합니다.